대한민국 이야기
《해방전후사의 재인식》 강의

대한민국 이야기

《해방전후사의 재인식》강의

이영훈 지음

기파랑

책을 열며

언제부턴가 글쓰기에 자기검열이 걸렸다. 글을 쓰는 사람이 글의 논리와 실증에 엄밀할 생각은 하지 않고 이런 말을 해도 될까라고 걱정하면서 논점의 핵심을 피하거나 표현을 두루뭉실하게 바꾸는 것이 자기검열이다. 쓴 글을 남에게 읽어 달라고 부탁해도, 논리와 실증과 무관한 한두 마디의 표현을 두고 일본의 우파로 몰릴 위험성이 있다는 고마운 지적을 받는다. 그 역시 자기검열이기는 마찬가지이다. 검열자는 한국의 난폭한 민족주의이다. 벌써 몇 사람이 그 검열자에 걸려 혼이 난 적이 있다. 미리 제시된 객관적인 기준이 있는 것도 아니다. 그저 인민재판식으로 몰아세울 뿐이다. 당하는 사람은 사죄하거나 은퇴하거나 도망칠 수밖에 없다. 재판에 걸린 사람도 있다. 출간된 책이 청소년유해도서로 지정되기도 하고 억지부리로 회수된 경우도 있다.

나는 이 책에서 그러한 검열을 강요하는 한국의 민족주의를 비판하였다. 지난 50년간 민족주의 역사학이 20세기 한국사의 기본 줄기를 얼마나 심하게 왜곡해 왔던가를 드러내고자 하였다. 그러고선 본성이 자유이고 분별력 있는 이기심인 인간 개체가 민족의 대안이라고 주장하였다. 그런 인간을 역사의 기본 단위로 놓고 그들이 엮어낸 생산과 시장과 신뢰와 법치와 국가의 역사로서 20세기 한국사를 다시 써야 한다고 제안하였다. 그러면서 일제의 수탈, 친일파, 위안부, 반민특위 등 한국인의 민족주의 열정과 깊이 관련된 문제들을 건드렸다. 그럴 때마다 자기검열의 잣대가 예민하게 작동함을 느꼈다. 최대한 조심해야지. 그렇지 않았다면 거짓말이다. 그렇지만 그로부터 최대한 자유로워지려고 노력했다. 지식인 계층이 어떤 보이지 않는 손의 난폭한 검열에 걸려 있다면, 그 사회에 밝은 미래는 없다고 생각한다.

　지난 2006년 2월에 출간된 《해방전후사의 재인식》은 탈민족주의의 관점에서 해방전후사를 재해석한 국내외의 좋은 학술논문들을 한데 모은 것이다. 내가 그 책의 편집에 참여한 것은 그 얼마 전에 민족주의의 검열에 걸려 혼이 났던 불쾌한 기억에서 해방되고 싶어서였다. 책이 나오자 신문과 방송에서 대서특필로 홍보해 주었다. 덕분에 기대하지도 않았던 상업적인 성공을 거두었지만 그것은 그리 중요한 일이 아니다. 그 소란 과정을 지켜보면서 한국 사회가, 이 사회를 지켜내는 다수의 중산층이, 지난 50년간 민족이니 민중이니 계급이니 하는 그들의 일상생활과 실체적인 관련성이 없는 역사로부터 얼마나 시달려 왔는지를, 그들이 얼마나 자유와 신뢰와 법치의 문명으로 밝게 쓰인 새로운 역사를 갈망하고 있는지를 절감하였다.

그해 6월에 EBS 라디오방송에서 《해방전후사의 재인식》을 소개해 달라는 부탁이 있어 일주일간 응하였다. 그랬더니 원고지 300매 분량의 강의노트가 생겼다. 그냥 묻어두기는 아깝고, 출간을 권하는 소리도 있어 지난 겨울방학을 이용하여 세 배 분량으로 확장한 것이 이 책이다. 원래 방송을 위해 구어체로 쓰인 노트였는데, 구어체가 독자들에게 좀 더 친근하게 다가감에 도움이 될 것 같아 그대로 두었다. 사실과 인용문의 출처에 관한 주석도 꼭 필요한 대목이 아니면 생략하였다. 사실 그 점은 글을 쓴 사람이 정직과 성실로 책임지면 그만이다. 그런 취지에서 보통사람이면 누구나 편하게 부담 없이 읽을 수 있도록 거추장스런 학술의 형식은 피하였다.

《해방전후사의 재인식》을 두고 지금까지 제출된 평론은 대부분 논박할 가치조차 없는 민족주의의 진부함을 드러내고 있을 뿐이다. 그 중에 한 가지 논박하고 싶은 점은 위 책이 국가주의의 성향을 띤다는 비평이다. 아마 위 책에 실린 나의 논문을 두고 그러한 비평이 가해졌을 터인데, 그 점은 편집위원의 한 사람으로서 위 책에 논문을 허락한 다른 분에게 미안한 점이다. 한국에서 국가주의는, 그런 정치사상의 조류가 있기나 했다면, 필경 민족주의를 가장 강력한 토대로 하고 있을 터이다. 그 민족주의를 해체하고 분별력 있는 이기심을 본성으로 하는 인간 개체를 역사 서술의 단위로 삼아야 한다는 나의 거듭되는 주장이 어떻게 국가주의로 읽히는지는 참으로 이해할 수 없는 일이다.

위 책의 나의 논문에서 나는 "내가 머리에 그리고 있는 문명사에서 출발점은, 그리고 언제나 다시 돌아오게 되는 마음의 고향은 분별력 있는 이기심을 본성으로 하는 호모 에코노미쿠스homo economicus, 그 인간 개체이다"라고 하였다. 나를 국가주의자로 비판한 사람은 내가 우리의 건국사를 남달리 소중하게 평가하는 데서 그런 인상을 받았을지 모른다. 국가가 중요하다는 주장을 국가주의로 읽는 사람이라면 국가주의 또는 자유주의에 대해 아는 것이 아무것도 없는 상태이다. 자유주의에서도 국가는 소중하다. 왜냐하면 거기서 국가는 자유의 최후의 보루이기 때문이다.

책의 원고를 처음부터 끝까지 읽어 주신 몇 분께 감사드린다. 낙성대경제연구소의 박환무 연구위원은 내가 열거한 많은 사실의 연도와 관련 법령까지 꼼꼼하게 점검해 주었다. 연구소의 이우연 박사도 몇 군데나 문장이 안고 있는 논리적 모순을 지적해 주어 요긴하게 교정하였다. 연세대학교 김철 교수도 원고를 읽어 주었는데, 그의 충고에 따라 이 책의 제1장을 거의 다시 썼다. 서울대학교 박지향 교수는 원고를 읽은 다음 이 책의 이름을 고안해 주었다. 이 책에는 출처를 밝히지 않는 인터뷰 기록이 몇 군데 소개되어 있다. 지난 1년간 나와 연구소의 박환무가 함께 농촌을 다니면서 청취한 것이다. 그 부분에 관한 한, 이 책은 그와의 공저라고도 할 수 있다. 당초의 방송노트를 출간하자고 제안한 기파랑의 임왕준 주간은 이 책이 민족주의의 검열에 성공적으로 통과할 수 있도록 충고를 아끼지 않았는데, 그 점은 내가 이 책에서 보다 정확하고 정직해지도록 노력하는 데 도움이 되었다.

2007년 4월 22일
관악산 밑 연구실에서
이영훈

차례

책을 열며…5

제1부 | 역사에의 시선

1. 빗나간 역사의식…14
극단의 20세기/잘못 세워진 나라/《해방전후사의 인식》 비판/역사교과서의 현대사 인식

2. 민족주의의 함정에서 벗어나자…32
근본주의적 사고방식/백두산은 언제부터 민족의 영산이었나?/민족이라는 말의 유래/민족주의의 국가이념화 과정/민족주의의 폐해

제2부 | 문명사의 대전환

3. 조선왕조는 왜 망하였나…50
문화적 민족주의 비판/환경 파괴와 경제 위기/성리학의 정치원리/중화제국의 국제질서/대전환

4. 식민지수탈론 비판…65
역사란 무엇인가?/국사교과서의 수탈론/토지수탈설이 만들어진 과정/만들어진 기억의 상업화

5. 식민지근대화론의 올바른 이해…80
한용운의 자유의 논리/'영구병합'을 위한 근대의 이식/신분제의 해체/근대적 경제 성장/사유재산제도의 확립/수탈의 메커니즘

6. 협력자들…96
제국주의의 조건/중인 출신의 협력자들/협력과 저항의 역설/친일 내셔널리스트/제국의 이등시민으로서

7. 일본군 위안부 문제의 실체…111
위안부와 정신대는 다르다/혼동의 기억이 성립하는 과정/기억의 집단화, 공식화/일본군 위안소의 역사/위안부들의 처지/그녀들은 어떻게 끌려 갔던가?/일본군의 전쟁범죄

8. 그날 나는 왜 그렇게 말하였던가…141
무엇이 문제인가?/군에 의한 여성의 성 약취(1)/군에 의한 여성의 성 약취(2)/군에 의한 여성의 성 약취(3)/식민지 지배라는 수준/남성의 가부장적 지배라는 수준/그날의 토론회

9. 일제가 이 땅에 남긴 유산…167
개발(development)의 뜻/물적 유산/제도적 유산/인적 자본/충성과 반역의 정신세계

제3부 | 나라 세우기

10. 해방은 어떻게 이루어졌나…184
갑작스런 해방/도움은 어디에서?/독립운동의 실태/자본주의 세계체제의 구조 변동/해방의 세계사적 의의

11. 분단의 원인과 책임…200
역사교과서의 난폭한 서술/해방 공간의 사회 실태/소용돌이의 중앙 정치/분단의 선구는 어느 쪽에서?/천황제를 계승한 수령체제

12. 건국의 문명사적 의의…215
헌법을 읽자/자유민주주의 국가/자유시장 경제체제/농지개혁/애비는 종이었다/소경영적 개혁/전통에 바탕을 둔 문명사의 전환

13. 이승만 대통령 바로 알기…233
중상모략/개종과 자유민주주의/그의 정치적 자산/농지개혁과 이승만/1952년 부산 정치파동의 재해석/칼을 물고 뜀을 뛰다/문명개화파의 적자(嫡子)

14. 반민특위를 되돌아 봄…250
반민특위의 좌절/분열의 근원으로서 친일파 문제/박흥식의 재판기록/역사의 아픔을 정신혁명으로

15. 한국전쟁은 누가 왜 일으켰나… 267
전쟁의 상처/커밍스의 수정설/모스크바 문서가 이야기하는 전쟁의 진실/일제가 북한에 남긴 군사공업/끝나지 않은 '나라세우기'

16. 1950년대 재평가…284
1950년대의 암울/절대 가난의 역사적 업보/교육혁명/마지막 소농사회

17. 개발의 새로운 시대를 위하여…298
그 고집불통의 합리성/원조와 수입대체공업화/도덕해이를 피하다/국제환경은 변하는데/그의 시대는 저물고

맺음말 : 역사로부터의 자유를…315

제1부
역사에의 시선

한국전쟁 당시의 피난민 행렬.남으로 쭉 뻗은 그 행렬이
역사에의 시선을 상징하고 있다.

1

빗나간 역사의식

극단의 20세기

지난 20세기는 기나긴 인류역사에서 어느 세기보다 파란만장한 시대였습니다. 두 차례에 걸친 세계전쟁이 있었습니다. 그러고서도 세기말까지 크고 작은 전쟁이 끊이지 않았습니다. 수많은 사람들이 전쟁으로 죽거나 다치거나 학살되었습니다. 대규모 재난도 20세기의 특징이었습니다. 20세기 후반 아프리카대륙에서는 대규모 기근이 발생했습니다. 어떤 연구자는 20세기에 걸쳐 대략 1억 8천만의 사람들이 전쟁과 혁명과 학살과 기근으로 죽었다고 하는군요. 그렇게 20세기는 전대미문의 살인적인 세기였습니다.

    20세기는 인류의 이상사회를 건설하기 위한 인간이성의 위대한 실험이 행해진 시대이기도 했습니다. 두 차례의 세계전쟁을 전후하여 러시아와 중국에서 사회주의혁명이 성립하였습니다. 인류의 1/3이 사회주의체제에 포섭되었습니다. 그렇지만 이 혁명은 실패하고 말았습니다. 사회주의는 인류의 사회·경제생활이 걸어온 정상적인 진화의 코스가 아니었습니다. 인간을 계급적이며 공동체적인 존재로 규정한 사회주의자들의 인간 이해는 잘못이었습니다.

대조적으로 자본주의는 번영하였습니다. 20세기 전반만 해도 자본주의는 위기의 시대였습니다. 도무지 희망이 없어 보였지요. 그렇지만 20세기 후반 자본주의는 일찍이 누구도 상상한 적이 없는 거대한 성취를 이루었습니다. 1만 년 전 신석기 농업혁명이 있은 이래 최대의 변화가 지구적 범위에서 발생했다고 합니다. 과학과 기술의 놀라운 발전이 그 근본 원인이었습니다. 그 결과 지구상의 많은 지역에서 사람들은 빈곤과 질병의 굴레에서 해방되었습니다. 물질생활만이 아니지요. 대중교육의 보급, 대중민주주의의 확산, 여성의 해방 등 정신생활의 면에서도 20세기 후반의 세계는 위대한 성취를 목도했습니다. 한마디로 20세기는 극과 극이었습니다. 영국의 역사학자 에릭 홉스봄(Eric Hobsbawm)은 20세기를 가리켜 '극단의 시대'(The Age of Extremes)라고 하였는데요, 그 말이 참 적절하다고 생각합니다.

저는 홉스봄의 그 말을 들으면서 20세기 한국사만큼 극단적인 시대가 달리 어디 있을까라고 생각합니다. 1910년 대한제국이 망했습니다. 한반도는 이웃나라의 식민지가 되었습니다. 이후 제

2차 세계대전으로 일제가 패망하자 한반도는 미국과 소련의 분할 점령체제로 바뀌었습니다. 두 강대국의 후견으로 한반도의 남과 북에서는 서로 다른 정치체제의 국가가 세워졌습니다. 그리고는 어떻게 되었습니까. 수백만 명이 죽고 다친 동족상잔(同族相殘)의 비극적인 전쟁이 벌어졌지요. 전쟁이 끝난 뒤 1950년대의 대한민국은 세계에서 가장 가난한 나라의 하나였습니다. 그러다가 1960년대부터 '대질주'(big spurt)라 불릴 만한 고도경제성장의 한 세대가 전개되었습니다. 인간들의 물질생활이 비약적으로 풍족해졌습니다. 오늘날 대한민국은 세계경제에서 교역 규모 11위의 중강국(中强國)에 위치하고 있습니다. 경제만이 아니지요. 1980년대 후반부터는 정치의 면에서도 민주주의가 성립하였습니다. 정치, 사상, 언론, 결사의 자유가 지나치다고 느낄 만큼 넘칩니다. 그래도 큰 혼란이 발생하지 않은 것은 다 대한민국의 저력이라고 하겠습니다. 흔히들 2차대전 이후 독립한 신생국 140여 나라 가운데 대한민국만큼 경제적으로나 정치적으로 성공한 나라는 없다고 합니다만, 사실 그대로라고 생각합니다.

　　최근에는 선진국 진입이 무성하게 이야기되고 있습니다. 선진국이 무엇인지 확실치 않습니다만, 경제적으로나 정치적으로 세계를 리드하는 국가의 반열에 든다는 것이지요. 그러한 정치적 구호를 들을 때마다 저는 무엇에 홀린 듯한 느낌을 받습니다. 지난 20세기의 한국사가 너무나 극과 극이기 때문입니다. 불과 3세대 전에 세계정세의 변화에 적응하지 못해 식민지로 떨어진 나라가 선진국이 되겠다고 하니 그런 일이 가능한 법인가. 역사에서 그런 비약은 있을 수 없는데, 우리가 무엇을 크게 착각하고 있는 것은 아닌가. 저 역시 선진국의 국민이 되고픈 소망이 간절합니다만, 그럴수록 "무언가가 빠져 있어", "이대로는 곤란해"라는 일종의 불안과 두려움 같은 것을 느낍니다. 그 점을 솔직히 고백하지 않을 수 없군요. 빠져 있는 그 무언가는 아마도 정신문화의 영역일 겁니다. 경제나 정치와 달리 정신문화의 진보는 그 속도가 느릴 수밖에 없습니다. 백 년을 단위로 또는 몇백 년을 단위로 겨우 약간의 변화가 관찰되는 것이 정신문화라고 하지요. 그런 정신문화의 영역에서 지난 100년간 우리는 과연 세계적으로 선진적이라고 평가될 만한 변화를 이루어 냈던가. 저는 이 점에 회의적일 때가 많습니다. 특히 정신문화의 기층을 이루는 역사의식과 관련하여 그런 생각을 할 때가 많습니다.

잘못 세워진 나라

한국인들의 역사의식은 개인적이라기보다 집단적이며, 개방적이라기보다 폐쇄적이며, 실체적이라기보다 관념적이며, 실용적이라기보다 도덕적이며, 통합적이라기보다 갈등적입니다. 그러한 역사의식으로는 극과 극을 달렸던 20세기의 한국사를 총체적으로 조화롭게 이해하기 힘듭니다. 마찬가지로 극단의 시대였던 세계사를 이해할 수 없음은 물론이요, 좋든 싫든 한국사가 그 속에서 자리했던 위치를 올바로 잡아내기는 더욱 어렵습니다. 잘못된 역사의식은 사회와 국가를 분열시키고, 이웃 나라와는 부질없는 역사전쟁만 야기할 뿐이지요. 그래서는 결국 정신문화와 국제협력의 영역이라 할 수 있는 선진국 진입이 어려울 수밖에 없다고 생각합니다.

한국인들의 관념적이며 도덕적이며 갈등지향적인 역사의식에 대해 좀 더 설명하겠습니다. 예컨대 한국의 정치지도자들은 대한민국이란 나라가 그리 잘 세워진 나라는 아니라고 생각하는 것 같습니다. 김대중 대통령 시절이었던가요. 전국에서 수만 명이 참가한 제2건국위원회라는 것이 만들어진 적이 있지요. 1948년 8월의 제1건국에 무언가 심각한 하자가 있어 지금까지 문제가 많았는데, 지금부터라도 다시 건국하는 기분으로 잘 해보자라는 취지였다고 기억합니다. 건국사에 대한 도덕적인 비판은 현임 노무현 대통령에 의해 보다 강력한 어조로 표명되었습니다. 취임 직후인 2003년 3·1절의 경축사에서 노무현 대통령은 "우리의 근·현대사

▲ 2003년 3·1절 기념식. "우리의 역사에서 정의는 패배했다"는 노무현 대통령의 연설이 있었다.

는 선열들의 고귀한 희생에도 불구하고 정의는 패배했고 기회주의가 득세했다"라고 했습니다. 노 대통령의 연설만이 아닙니다. 이러한 취지의 건국사 비판은 우리의 주변에서 대학 강단이나 대중 방송을 통해 너무나 흔하게 접하는 것이어서 조금도 이상할 정도가 아니지요.

　무슨 뜻일까요. 비판의 앞뒤를 잘 들어 보면 다음과 같습니다. 일제 하 식민지기에 민족의 해방을 위해 희생한 독립운동가들이 나라를 세우는 주체가 되지 못하고, 엉뚱하게 일제와 결탁하여 호의호식하던 친일세력이 미국과 결탁하여 나라를 세우는 통에 민족의 정기가 흐려졌다는 것이지요. 민족의 분단도 친일세력 때문이라는 겁니다. 해방이 되자 오갈 데 없는 신세가 된 친일세력이 미국에 붙어 민족의 분단을 부추겼다는 겁니다. 그런 반민족세력을 대표하는 정치가가 초대 대통령 이승만이라고 합니다. 예컨대 이승만은 친일세력을 단죄하기 위해 열린 반민족행위특별조사위원회(1949)의 활동을 강압적으로 중단시켰습니다. 그렇게 살아남은 친일세력이 주체가 되어 나라를 세웠으니 그 나라가 잘 될 리가 있겠습니까. 지금까지 60년간 정치가 혼란스럽고 사회와 경제가 부패한 것도 다 그 때문이라고 합니다. 그래서 지금이라도 늦지 않았으니 '제2건국'을 하거나 '과거사청산'을 하자는 것 아니겠습니까.

건국사에 대한 이 같은 비판이 그 주관적 선의에도 불구하고 우리의 역사의식을 선진적인 수준으로 끌어올릴 가능성은 그리 많지 않습니다. 왜냐하면 거기서는 이른바 민족이 역사의 기초 단위로 설정되고 있지만, 그 민족이란 것이 우리가 생각해 왔던 것만큼 확실한 실체가 아니기 때문입니다. 이하에서 누차 강조하겠습니다만, 민족이란 20세기에 들어 구래의 조선인이 일제의 식민지 억압을 받으면서 발견한 상상의 정치적 공동체입니다. 민족은 20세기의 한국사를 조명하는 중요한 시각이긴 합니다만, 그것만이 유일하게 중요한 것은 아닙니다. 오히려 그것보다 더 본질적이고 실체적인 역사의 단위가 있습니다. 저는 그것을 개별 인간이라고 생각합니다. 인간의 본성은 자유이고 도덕적 이기심이고 협동능력입니다. 그러한 본성의 인간들이 상호 경쟁하면서 또 상호 협동하면서 건설해 가는 생산과 시장과 신뢰와 법치와 국가의 역사가 진정한 역사라고 저는 생각하고 있습니다. 저는 그것을 문명사라고 자주 이야기하고 있습니다. 그러한 문명사의 시각에서 지난 20세기를 보면 민족사에만 초점을 맞출 때와는 상이한 역사가 보입니다. 인간들의 삶을 규정한 여러 차원의 질서에서 적잖은 변화와 발전이 있었음을 관찰하게 됩니다. 식민지기에 독립운동이 중요했음을 부정할 사람은 아무도 없겠습니다만, 그것만이 역사의 전부가 아님에 유의할 필요가 있습니다. 해방 이후 국민국가를 건설할 주체로서 근대문명을 이해하고 실천할 능력의 인간군이 생겨나고 있었음도 식민지기에 있었던 마찬가지로 중요한 역사이지요. 민족이 분단되었다고 해서 대한민국이 잘못 세워진 나라라는 주장은 관점을 돌려놓기만 하면 애당초 성립하기 어려운 주장이지요.

《해방전후사의 인식》 비판

이 책은 그러한 탈민족과 문명사의 관점에서 지난 20세기의 한국사를 전면적으로 재해석하고자 한 것입니다. 무모하다고나 할까요, 아직은 시작에 불과한 것입니다. 서술의 대상은 20세기 전체가 아니라 대한제국의 패망 이후 식민지기를 거쳐 대한민국이 성립한 초창기인 1950년대까지입니다. 흔히들 그 시대를 해방전후사라고 합니다. 이제부터 그 해방전후사를 대상으로 지금까지 지배 학설이었던 민족주의 역사학을 논리적으로 또 실증적으로 치열하게 비판하면서 나름의 대안을 제시해 가도록 하겠습니다.

우선 비판의 표적을 명확히 하기 위해 《해방전후사의 인식》(한길사, 1979~1989, 이하 《인식》으로 약칭)이란 여섯 권의 책을 소개하겠습니다. 《인식》은 해방전후사를 민족주의의 관점에서 해석한 결정판입니다. 이 책은 1980~1990년대에 대학을 다닌 한국인들에게 너무나 큰 영향력을 미친 것으로 알려져 있습니다. 읽지 않은 대학생이 거의 없을 정도여서 여섯 권 합하여 100만 권 가까이나 팔려 나갔다고 하는군요. 재야 시절의 노무현 대통령도 이 책을 탐독했다는 신문기사를 읽은 적이 있습니다. 현 집권세력의 요처에 포진한 이른바 386세대라는 젊은 정치가들의 현대사 인식은 이 책을 통해 형성되었습니다. 현 정부가 20세기 한국사 전체를 대상으로, 심지어는 1894년의 동학농민봉기까지를 대상으로 해서, 무려 16개에 달하는 특별법을 제정하여 이른바 '과거사청산'을 밀어붙이고 있는 것도 이 책을 읽으면 그 역사적 배경을 이해할 수 있습니다.

《인식》의 각 권에는 총론이 있습니다. 총론은 책의 성격과 내용을 대변합니다. 그 총론을 중심으로《인식》각 권의 내용을 소개하겠습니다. 제1권의 총론은 언론인 출신의 송건호 씨가 썼는데, 주로 대한민국의 건국세력에 대한 도덕적 비판으로 채워져 있습니다. 그래서 표현이 거칠고 감정적인 데가 많지요. 예컨대 다음과 같습니다. 해방 후 점령군으로 온 미군정 하에서 "친일파 사대주의자들이 득세하여 애국자를 짓밟고 일신의 영달을 위해 분단의 영구화를 획책하여 민족의 비극을 가중시켰다." 그리하여 "1948년에 성립한 대한민국은 신생정부임에도 부정부패가 만연하고 참신한 기풍을 볼 수 없어 마치 노쇠국과 같았다" 등입니다.

이러한 도덕적 비판을 넘어《인식》이 나름의 논리체계를 세우기 시작하는 것은 제2권부터입니다. 제2권의 총론은 강만길 교수가 썼는데, 그의 유명한 '분단시대의 역사인식'이 거기서 펼쳐집니다. 요컨대 식민지기에는 민족해방이 지상과제였듯이 해방 후의 분단시대에는 민족통일이 지상과제라는 겁니다. 민족통일이 성취되기 이전에는 완전한 시민사회와 근대국가가 성립했다고 이야기할 수 없다. 이에 민족의 지상과제인 통일을 성취하기 위해 남한과 북한의 정치는 민족정치이어야 하고, 경제도 민족경제이어야 하고, 문화도 민족문화이어야 한다. 어떻게 하면 정치와 경제와 문화의 모든 것을 민족적인 것으로 바꿀 수 있는가. 바로 60

년 전 김구 선생이 38선에 섰던 것처럼 우리도 휴전선에 선 중간자의 입장이 되어 남과 북이 갈라지고 전쟁을 치르고 분단을 고착시켜 간 역사적 과정을 비판적으로 객관화할 필요가 있다. 이상이 강 교수가 이야기하는 '분단시대의 역사인식' 입니다.

이렇게 제2권의 총론이 역사인식이라면 제3권의 총론에서는 사회경제의 분석과 그에 기초한 혁명이론이 제시됩니다. 제3권의 총론자는 박현채 선생입니다. 이제는 널리 알려진 사실이 되었습니다만, 박 선생은 한국전쟁 당시 전남 백아산에서 소년 빨치산으로 활동한 분입니다. 박 선생에 의하면 식민지기와 미군정기는 식민지반봉건사회(植民地半封建社會)입니다. 세계사적으로 크게 보면 자본주의사회이지만, 아직 제국주의의 지배하에서 지주제를 중심으로 한 봉건적 부문이 강하게 남아 있어 사회경제적 변혁이 반(反)제국주의와 반(反)봉건적 토지개혁을 주요 과제로 하는 사회라는 뜻입니다. 좀 더 풀이하면 아직 자본주의의 발전 정도가 미약하여 공산당이 당장 사회주의 혁명을 수행할 객관적 여건은 아니라는 겁니다. 그래서 우선 인구의 다수를 차지하는 농민들의 이해관계를 대변하여 민주주의적인 토지개혁을 수행해야 한다는 겁니다. 그렇게 농민의 지지를 확보하여 정권을 확실히 장악한 다음, 적당한 때를 보아 사회주의 혁명으로 나가자는 주장이지요.

아시아의 정치사에서 이러한 사회주의 혁명의 이론을 개발하고 실천한 사람이 누구입니까. 바로 중국 공산당의 마오쩌둥(毛澤東)이지요. 그는 위와 같은 2단계 혁명을 신민주주의혁명이라 불렀습니다. 해방 후 한국의 공산주의자들은 마오의 이 같은 혁명이론을 수용하고 실천했습니다. 박현채 선생도 그러한 사상을 계승한 사람이지요. 그래서 위와 같은 혁명이론을 주장하였던 것입니다. 1970년대까지 한국에서 그러한 주장을 공개적으로 제기하기는 힘들었습니다. 그런데 한국 자본주의가 중진 단계로 발전한 1980년대 중반부터 사상과 학문의 자유가 주어졌습니다. 그러자 다시 마오의 혁명이론으로 해방전후사를 재해석하고자 했던 것이 제3권의 총론이라고 하겠습니다.

제4권의 총론은 최장집은정해구 두 교수가 함께 쓴 것인데 《인식》여섯 권 전체를 하나로 아우르는 중요한 위치에 있는 논문 입니다. 두 교수는 앞의 세 권까지의 도덕심판과 역사인식과 혁명 이론을 전제한 위에 한국전쟁의 기원과 성격에 관해 설명을 덧붙 임으로써 해방, 분단, 건국, 전쟁에 이르는 전 역사 과정을 총괄하 고 있습니다. 이 글은 그야말로 스케일이 큰 논문입니다. 여기서 주목되는 것은 북한 정권의 성격에 관한 언급이 나오기 시작한다 는 점입니다. 두 사람의 주장을 들어보면 북한은 혁명적인 소련군 의 지원하에 혁명적인 공산주의자와 혁명적인 민중이 연합한 정 권으로서 미제와 반민족·반혁명 세력의 지배하에 있는 남한을 해방시킬 '민주기지'였습니다. 한국전쟁은 남한과 북한의 그러한 성격 차이 때문에 거의 불가피했던 내전이었습니다. 그렇지만 미국이 전쟁에 개입함으로써 남한의 해방과 혁명은 좌절되고 말았다는 겁니다. 이렇게 그야말로 대한민국의 역사적 정통성을 부정하는 이야기가 대한민국 내부에서, 그것도 제도권에 속한 대학사회에서, 최초로 제기된 아슬아슬한 대목이 바로 제4권의 총론이라고 하겠습니다.

제5권의 총론은 김남식 씨가 썼습니다. 이 분의 경력에 대해서는 잘 알지 못합니다만, 어쨌든 여기서는 일층 대담무쌍하게 북한의 역사적 정통성이 주장되고 있습니다. 북한을 두고 김남식은 반제반봉건(反帝反封建)민주주의혁명에서 사회주의혁명으로 나아가는 혁명국가라고 주장하고 있습니다. 그러한 북한의 역사와 현실을 이해하기 위해서는 주체사상으로 접근할 필요가 있다고 김남식은 역설하고 있습니다. 마지막 제6권의 총론은 박명림 교수가 썼는데, 제4권의 총론과 대동소이한 내용의 반복이라는 느낌을 주고 있기 때문에 자세히 소개할 필요는 없겠습니다.

이상과 같이 《인식》은 마오의 신민주주의혁명론에 입각하여 대한민국의 건국사를 비판한 다음, 북한의 주체사상에 기대어 민족통일을 전망하는 것으로 끝을 맺고 있습니다. 아니 그것, 시대착오적인 이야기가 아닌가. 그런 황당한 주장을 펼치는 사람이 아직도 있는가. 과연 그렇습니다. 다 아시는 대로 1990년대 이후 사회주의 국제체제가 해체되었습니다. 사회주의 중국도 사실상 자본주의체제로 바뀐 가운데 고도성장을 거듭하고 있습니다. 반면에 그러한 변화를 거부하고 있는 북한에서는 1990년대에 들어 대규모 기근이 발생하였습니다. 세계사의 현실이 엄연히 그러할진대 지금도 신민주주의혁명론이나 주체사상을 신봉하고 추종할 사람들이 얼마나 되겠습니까. 그렇다면 새삼스레 《인식》을 비판할 필요조차 없지 않을까요. 비판보다는 오히려 《인식》의 시대적 역할에 대해 좀 더 우호적으로 평가할 필요가 있지 않을까요. 《인식》을 비판할 때마다 그런 반비판이나 불평을 자주 듣습니다. 예컨대 《인식》의 제1권이 출간된 1979년은 박정희 대통령의 유신체제가 서슬도 시퍼렇게 사람들의 정치적 권리를 억압하고 있던 때입니다. 그 시절에 나온 《인식》은 갖은 정치적 박해를 무릅쓰면서 한국의 민주주의를 앞당기는 역할을 수행하였다는 겁니다. 사실 그 점을 평가함에 인색할 필요는 없다고 생각합니다. 그렇지만 그렇게 대충 얼버무릴 일은 아니지요. 제가 《인식》을 물고 늘어지는 것은 현실 사회주의의의 실패에도 불구하고 거기서 제시된 대한민국 건국사에 대한 비판과 그 바탕을 이루는 민족주의 역사의식만큼은 여전히 오늘날 한국의 사회와 정치를 좌지우지하는 힘으로 살아 있기 때문입니다. 그뿐만이 아닙니다. 중·고등학교 역사교과서의 서술체계로까지 공식화하여 다음 세대의 역사의식까지 지배하는 권위로 군림하고 있는 실정이지요.

역사교과서의 현대사 인식

예컨대 《한국근현대사》라는 현행 고등학교 교과서를 봅시다. 7종의 검인정 교과서가 대개 마찬가지입니다만, 가장 널리 채택되고 있는 금성사판 교과서를 예로 들지요. 이 교과서에서 한국 현대사가 시작되는 제4부 이하를 보면 맨 먼저 해방과 건국을 규정한 국제정세로서 다음의 세 가지가 소개되고 있습니다. 첫째는 "무기 없는 전쟁에서 무력충돌로"로서 곧 미국과 소련 간의 냉전을 가리킵니다. 둘째는 1949년의 "중화인민공화국의 성립과 변화"입니다. 셋째는 '제3세계의 형성'으로서 1955년 반둥회의에서 성립한 제3세계의 비동맹을 말합니다. 첫째의 동서냉전은 그렇다 칩시다. 둘째의 중화인민공화국의 건국과 셋째의 제3세계 비동맹은 무슨 이야기입니까. 그것들과 우리의 현대사와는 무슨 관계가 있습니까. 중국은 한국전쟁에 개입하여 한국과 군사적으로 대립했던 나라입니다. 그리고 한국은 제3세계의 반둥회의에 참가하지 않았습니다. 이른바 제3세계는 한국을 위시한 신흥공업국가가 놀라운 경

▲ 근현대사 교과서에 실린 반둥회의(좌)와 중화인민공화국 수립을 선포하는 마오쩌둥(우)

제성장을 거두자 사실상 해체되고 말았습니다. 역사적 사실이 그러할진대 어찌하여 중화인민공화국과 제3세계의 성립을 두고 대한민국의 건국을 규정한 세계사적 조건으로 평가할 수 있을까요.

제가 보기에 대한민국의 성립이나 발전과 관련하여 1945년 이후 미국이 주도한 자본주의 세계체제를 빼놓는다면 아무것도 설명되지 않습니다. 이 점은 모두가 다 아는 상식과도 같은 것입니다. 한국이 해방된 것은 미국이 아시아·태평양전쟁에서 일본제국주의를 해체했기 때문이 아닙니까. 1960년대 이후 한국이 고도 경제성장을 이룰 수 있었던 것도 미국이 펼친 세계 자유무역체제라는 판 위에서였지요. 교과서는 당연히 구래의 제국주의체제를 대신하여 1945년 이후 세계자본주의를 주도한 미국 헤게모니체제와 그 성격을 한국 현대사의 전제조건으로서 서술해야 합니다. 그럼에도 불구하고 교과서는 어찌하여 실패하거나 해체되고 만 중국 사회주의와 제3세계의 비동맹을 그렇게나 중시하고 있을까요. 어렵게 생각할 필요 없습니다. 교과서의 서술체계를 잡은 교육부의 검증위원들, 그리고 교과서의 집필에 참여한 역사가들이 실제 그렇게 생각하고 있기 때문입니다. 다시 말해 《인식》의 영향하에서 의식적이든 무의식적이든 마오쩌둥의 신민주주의혁명론이나 북한의 주체사상에 입각해서 한국 현대사를 바라보기 때문입니다. 그래서 《인식》을 두고 아직도 지배적인 힘으로 살아 있다 한 것입니다.

다소 극단적인 이야기가 될지 모르겠습니다만, 저는 《인식》과 그에 입각한 현행 역사교과서를 그냥 두고서는 대한민국의 미래는 없다고 생각합니다. 그런 관념적이고 후진적인 역사의식으로는 선진국 진입에 요청되는 정신문화 영역에서의 도약을 기대하기가 힘들기 때문입니다. 지금 이 책을 쓰기 시작한 것도 그런 이유에서입니다. 실은 작년 2월에 뜻을 같이 하는 동료 교수들과 함께《해방전후사의 재인식》(책세상, 2006, 이하《재인식》으로 약칭) 이란 두 권의 책을 출간하였습니다. 탈민족주의의 관점에서 해방전후사를 재인식하는 데 도움이 될 학술적으로 우수한 국내외의 논문 28편을 묶은 것입니다. 그러자 세간에서 적잖은 호응이 있었습니다. 그런데 원래 학술지에 실린 논문들이라서 보통 사람들이 읽기엔 어렵다는 불평이 많이 들렸습니다. 좀 쉽게 해설해 줄 수

▲ 《해방전후사의 재인식》, (박지향, 김철, 김일영, 이영훈 엮음, 책세상, 2006.2)

없느냐는 부탁도 있었지요. 제가 이 책을 쓰기로 마음 먹은 다른 한 가지 이유는 거기에 있습니다. 그러니까 이 책에서 저는 《재인식》에 실린 논문을 한두 편씩 언급하면서 그것들을 해설해 가는 기분으로 한 장씩 써내려 갈까 합니다. 그렇지만 이 책이 《재인식》의 단순한 해설판은 아닙니다. 그 점을 명확히 해두고 싶군요. 생각하고 말을 하는 주체는 어디까지나 저이고, 제 생각을 펼치는 데 유력한 근거를 제시하는 차원에서 각 논문을 끌어와 설명하고 있을 뿐입니다. 제가 굳이 이 말을 해두는 것은 각 논문을 쓴 사람의 원래 취지와 저의 생각이 어긋날 수도 있기 때문입니다. 일단 활자화된 논문은 저자의 손을 떠난 공공재(公共財)로서 그것을 어떻게 소화하는가는 읽는 자의 몫이기도 하지요.

2

민족주의의 함정에서 벗어나자

근본주의적 사고방식

앞서도 지적했습니다만, 한 나라가 잘못 세워졌다는 주장이 나라 밖이 아니라 나라 안에서, 그것도 명망 있는 학자들에 의해서, 심지어 대통령을 위시한 정치 지도자들에 의해서 제기되고 있음은 다른 나라에서 쉽게 찾을 수 없는 참으로 특이한 현상이라 하겠습니다. 이 지구상에 어디 그런 나라가 있습니까. 모든 나라는 자기 나라가 정의로운 역사에 기초해 있다고 믿고 있습니다. 그러한 역사의식을 자라나는 세대에게 애국심으로 심어 주고 있습니다. 나라의 역사를 용비어천가(龍飛御天歌)를 쓰는 식으로 날조하자는 이야기는 아닙니다. 그렇게 국가의 역사를 신성시하는 국가주의적 발상은 위험합니다. 그렇지만, 나라의 역사에 자긍심을 갖는 건전한 애국심의 국민을 교육하는 일은 국가에 부과된 포기할 수 없는 사명의 하나이지요. 국가가 잘못한 일이 있으면 숨겨서는 안 됩니다. 드러내고 비판을 해야지요. 그러나 그것은 어디까지나 사회와 국가의 도덕 수준을 드높이기 위한 성찰의 일환이지 않으면 안 됩니다.

한국사회의 지도자들이 자기 나라가 잘못 세워진 나라라고 생각하는 데는 무언가 특수한 문화사적 내지 정신사적 배경이 있습니다. 저는 그 한 가지로서 19세기까지 지배적이었던 성리학의 영향을 들고 싶습니다. 성리학은 일종의 근본주의적 철학입니다. 거기서는 사물의 인과가 오직 어떤 근본적인 한 가지 요인으로 설명됩니다. 예컨대 지난 60년간 한국의 정치가 혼란스럽고 사회가 부패한 것은 애초에 친일파를 청산하지 못했기 때문이라는 주장이 그 좋은 예입니다. 최근에 어떤 영향력 있는 사람은 한국에서 아파트 투기가 자꾸 일어나는 것도 친일파 때문이라고 주장하였지요. 그런데 그런 명제들은 경험적인 자료로 증명될 수 없는 것입니다. 반증(反證)이 가능한 경험적인 근거 위에서 제기된 과학적인 명제가 아니지요. 그것들은 일방적이며 선험적이며 종교적입니다. 그러한 비과학적인 사고방식과 명제들이 큰 영향을 미치는 사회라면 제대로 근대화된 사회라고 할 수 없지요. 중세사회와 근대사회의 중간에 놓여 있는 과도기 사회이지요. 솔직히 말해 한국사회는 아직 근대화의 역사가 짧기에 이러한 과도기적 특질을 자주 보이고 있습니다.

그런데 보통의 한국인들에게 가장 친숙한 근본주의적 명제 하나를 들라면 무엇이겠습니까. 저는 주저하지 않고 우리 한국인은 유사 이래 반만년 전부터 하나의 민족이었다는 한국의 민족주의, 그것을 들겠습니다. 민족의 분단을 초래했기 때문에 대한민국의 건국은 처음부터 잘못이라든가, 통일이 되기 전에는 역사는 미완성이라는 식의 《인식》의 주장도 크게 보면 다 민족이라는 근본주의적 명제에서 파생하는 것입니다. 이들 주장에서 알 수 있듯이 현대 한국에서 민족은 국가보다 더 높은 자리에 있습니다. 그래서 사실상 국가를 부정하는 이야기가 민족의 이름으로 행해지고 있습니다만 보통의 한국인들은 그에 대해 별로 이상하게 여기지 않습니다. 그만큼 오늘날 보통의 한국인들은 대한민국의 국민이기 이전에 한민족이란 민족의 일원으로 존재하고 있습니다. 예컨대 저도 젊은 시절에 몇 번 경험했습니다만, '우리의 소원은 통일' 이란 노래를 부르면 가슴이 뭉클해지고 눈시울이 붉어졌습니다. 대학시절에 그 노래를 부르면서 누가 시키지도 않았는데 통일의 전사가 되겠다고 속으로 맹세했습니다. 저의 이러한 체험은 보통의 한국인이면 누구에게나 한두 번은 있었을 것입니다.

그러나 저는 감히 이야기합니다. 그러한 근본주의적 열정과 감성의 체계로서 민족주의는 대한민국을 세계의 선진사회와 선진

국가로 발전시키기에 역부족이며, 자칫 잘못하면 대한민국의 선진국 진입을 가로막는 역사의 족쇄로 작용할 위험성이 크다고 말입니다. 왜 그럴까요. 이제부터 그에 대해 차분히 생각해 봅시다.

우선 민족이란 무엇입니까. 세계 곳곳에는 수많은 민족이 존재하고 있습니다. 그 모두에 합당한 민족의 정의를 내리는 것은 불가능한 일입니다. 일찍부터 여러 사람이 그런 시도를 해봤지만 모두 실패하였지요. 그래서 우리 사회의 통념에 따라 다음과 같이 간단히 정의하도록 합시다. 민족이란 단일 인종으로서 단일 언어를 쓰고 단일의 역사적 문화적 배경을 가지면서 스스로 공동의 운명공동체라고 믿는 주민 집단이라고 말입니다. 이러한 집단의식은 그에 상응하는 상징이나 신화를 발달시킵니다. 신화는 대개 민족의 성립과 관련된 건국신화인 경우가 많습니다. 예컨대 우리 한민족은 하늘에서 내려온 환웅의 아들 단군의 자손이다. 우리는 한 핏줄, 곧 한 겨레이다. 바로 그런 것 말입니다.

오늘날 보통의 한국인들은 이러한 민족의식을 너무나 자명한 것으로 받아들이고 있습니다. 과연 5천 년 전부터 한국인은 하나의 민족으로서 하나의 공동체였을까요. 막상 이렇게 따지고 물으면 아무도 확실하게 대답을 하지 못합니다. 그런데도 모두 그렇게 믿고 있지요. 그것이 바로 민족이 지닌 신화로서의 힘이지요. 하지만, 저는 그렇게 생각하지 않습니다. 결론을 미리 말하자면, 오늘날 한국의 민족주의는 20세기에 들어와 일제의 억압을 받은 고난의 시기에 생겨난 것입니다.

백두산은 언제부터 민족의 영산이었나?

그 점을 명확히 하려고 저는 《재인식》에 실은 저의 논문, 〈왜 다시 해방전후사인가〉에서 백두산을 예로 들었습니다. 오늘날 보통의 한국인들에게 백두산은 민족의 영산입니다. 국사교과서가 그렇게 가르쳐 왔습니다. 제가 국민학교 다닐 때의 교과서가 생각납니다만, 교과서의 맨 뒷장을 보면 '우리의 맹세'가 있는데, 그 가운데 "백두산 영봉에 태극기 날리자"라는 구절이 있었습니다. 곧 이승만 대통령의 북진통일 주장이지요. 어쨌든 어린 저에게 백두산은 처음부터 영산이자 영봉이었습니다. 제가 백두산에 오른 것은 나이 39인 1990년의 일이었습니다. 그때 백두산 정상의 천지를 보고 얼마나 감동했는지 모릅니다. 같이 간 동료 교수 가운데는 그 진한 감동을 한시로 지은 사람도 있었습니다. 단군 할아버지가 이곳에 강림하셨으니 여기서 우리 민족의 기틀이 마련되었다. 이 기상을 이어받아 만주 고토를 수복하자. 대강 이러한 내용이었다고 기억하고 있습니다.

▲ 민족의 성소 백두산 천지

그런데 역사의 기록을 뒤지면 전혀 딴판입니다. 1778년, 조선 왕조 정조 연간에 서명응이란 당대 최고의 학자이자 고급관료가 백두산에 올랐습니다. 백두산 꼭대기에서 그는 이곳은 중국 땅도 아니고 조선 땅도 아닌 아득한 변방으로서 천 년에 한두 사람이 올까 말까 한 곳인데, 마침 내가 올라와 보니 이 큰 연못의 이름이 없구나, 하늘이 내게 이름을 지으라는 뜻이 아니겠느냐고 하면서 태일택(太一澤)이라고 하였습니다. 태일이란 삼라만상이 태극에서 발원하였으니 삼라만상은 원래 태극으로 하나라는 뜻입니다. 그렇게 서명응은 백두산 꼭대기의 뻥 뚫린 화산구와 그에 담긴 큰 연못을 보고 만물의 근원인 태극을 연상하여 그런 뜻의 이름을 붙였습니다. 과연 당대의 성리학자다운 발상이었습니다. 그러한 그에게서 오늘날 백두산 천지에 올라 여기가 단군 할아버지가 강림한 곳이라고 흥분하는 한국인의 모습을 찾기란 어렵습니다. 서명응 이외에 18~19세기에 걸쳐 서너 사람이 백두산에 올라 글을 남겼는데, 자세한 것은 제 논문을 직접 참조해 주십시오. 어떤 사람은 백두산을 천하 으뜸인 중국 곤륜산의 맥을 정통으로 이은 산이라고 하였습니다. 다른 어떤 사람은 백두산 위에서 조선 땅을 내려다보며 '기자(箕子)의 나라'가 조그마하게 펼쳐 있다고 노래하였습니다.

이렇게 조선시대의 백두산은 성리학의 자연관과 역사관을 대변하는 산이었습니다. 조선의 성리학자들은 조선의 문명이 중국 고대의 성인 기자가 동쪽으로 건너와 세운 기자조선에서 출발한다고 믿었습니다. 기자조선의 마지막 왕인 기준(箕準)이 남으로 내려와 마한으로 흡수되었고 그 마한이 신라로 흡수되었으니 조선 역사의 정통이 기자조선에서 마한으로, 신라로, 고려로, 그리고 조선왕조로 이어졌다는 것이지요. 조선왕조의 역사학은 이러한 기자정통설을 신봉하였습니다. 조선왕조가 단군을 몰랐던 것은 아닙니다만, 소홀히 여겨 뒤편으로 제쳐 놓았지요. 18세기가 되면 단군의 고조선이 조선 역사의 첫머리를 장식하는 약간의 변화가 나타납니다만, 그래도 문명의 정통은 기자조선에서 출발한다는 기존의 역사관에는 변함이 없었습니다. 앞서 본 대로 백두산을 두고 곤륜산의 적장자라 하거나 조선왕조를 '기자의 나라' 라고 했던 것도 다 그러한 역사관 때문이지요.

그렇게 조선시대의 역사관이 중국 중심이었다면, 그 시대에 오늘날과 같은 민족의식이 있었다고 보기는 어려울 것입니다. 관련하여서 한 가지 예를 더 들지요. 15세기 초 세종 연간의 일이었습니다. 기자정통설이 막 성립하던 시기였지요. 당시의 양반 학자들이 왜 기자정통설을 도입했던가, 그 이유를 보면 다음과 같습니다. 당시는 인구의 3~4할이 노비라는 천한 신분이었습니다. 양반들은 그들이 노비를 마음대로 지배해도 좋을 근거가 어디에 있느냐는 질문에 봉착했습니다. 그러자 기자 성인이 캄캄한 야만의 동쪽으로 오셔서 8조금법을 내렸는데, 그 가운데 도둑질한 사람을 노비로 삼는 법이 있지 않으냐, 그러니까 노비란 원래 성인의 가르침을 어긴 야만인이고 우리 양반은 성인의 가르침을 깨우친 문명인이다, 그래서 양반이 노비를 지배하는 것은 세상의 풍속을 바로 잡도록 한 성인의 뜻이었다. 이런 식의 논리가 개발된 것이지요. 기자정통설이 출현한 현실적 이유는 이와 같습니다. 그러한 사회에서 서로 다른 신분의 인간들이 우리는 하나의 혈연으로서 운명공동체라는 의식을 나누어 가졌을까요. 저는 천만의 말씀이라고 생각합니다.

민족이라는 말의 유래

조선시대에 민족이란 말은 없었습니다. 민족이란 말은 20세기 초에 일본에서 수입된 것이지요. 연후에 최남선 선생이 1919년 3·1 독립선언서에 그 말을 씀으로써 비로소 대중화되었다고 저는 생각하고 있습니다. 그렇다면, 동포라는 말이 있지 않았느냐. 이런 반론이 예상되는군요. 조선시대에 동포라는 말의 쓰임새는 아래의 세 가지였는데, 모두 오늘날의 민족이란 뜻과 무관하였습니다. 첫째는 같은 어머니의 배에서 태어난 형제라는 뜻입니다. 이것이 동포의 원래 뜻이지요. 둘째는 임금님의 동포라는 말이 있었습니다. 모든 사람은 임금님의 신하로서 임금님이 낳은 아기와 같다는 뜻이지요. 셋째는 우리 인간은 모두 하늘이 나은 자식과 같은 뜻의 동포입니다. 퇴계 선생의 《성학십도》에 나오는 "사람들은 나의 동포"(民吾同胞)라고 한 말이 그 예입니다. 이에 따르면 조선인이나 중국인이나 일본인이나 모두 동포이지요.

그렇다면, 겨레라는 말이 있지 않았느냐는 또 하나의 반론이 예상되는군요. 그에 대해서는 겨레라는 말은 한글학자 최현배 선생이 민족이라는 외래어에 대항하여 조선시대의 겨레붙이라는 말에서 고안해 낸 것이라고 대답할 수 있습니다. 조선시대의 겨레붙이는 피붙이, 곧 일가친척이란 뜻입니다. 그렇더라도, 다시 말해 말이 없었더라도, 민족이란 의식만큼은 있었다는 최후의 반론이 예상되는군요. 글쎄요. 철학자들은 언어를 개념의 틀 또는 의미의 감옥이라고 이야기하고 있습니다. 말이 없는데 개념이 있을 수 있을까요. 어쨌든 어느 분이든 조선시대의 것으로 민족에 해당하는 말을 찾아내면 저는 저의 주장을 철회할 준비가 되어 있습니다.

요컨대 한국의 역사에서 민족이라는 집단의식이 생겨나는 것은 20세기에 들어 일제하 식민지기의 일입니다. 일제의 억압을 받으면서 소멸의 위기에 봉착한 조선인들은 그들을 하나의 정치적 운명공동체로 새롭게 발견하면서 민족이란 집단의식을 공유하게 되었습니다. 백두산이 민족의 영산으로 변하는 것은 바로 그 과정에서이지요. 제가 아는 한, 백두산을 신성시한 최초의 사람은 최남선 선생입니다. 그는 백두산에서 발생한 불함(弗咸)문명이 조선문명의 근원이라는 학설을 만들어 냈는데, 그것을 증명하려고 1927년 백두산에 오릅니다. 그때 《백두산근참기》라는 책을 짓는데, 제목 가운데의 근참(覲參)이란 단어에서 명백하듯이 그에게서 백두산은 이미 민족의 성소였습니다. 그에게서 백두산은 소멸해 가는 조선인들이 다시 태어날 어머니의 자궁과 같은 곳이었습니다. 그렇게 시작된 백두산의 영산화 작업이 해방 후 남한과 북한에서 각기 어떠한 모양으로 전개되었는지는 《재인식》에 실린 저의 논문을 참조해 주십시오.

민족주의의 국가이념화 과정

그렇게 식민지기에 발견된 민족의식은 해방 후 남과 북에서 지배적인 국가이념으로 발전해 갔습니다. 신생 대한민국은 1949년의 교육법에서 민주주의, 민족주의, 과학주의를 교육의 기본 이념으로 채택하였습니다. 과학주의를 별도로 한다면 교육은 기본적으로 민족주의 교육이었습니다. 크게 보아 민주주의는 곁따라 오는 것이었습니다. 일제 천황의 신민이었던 조선인을 대한민국의 국민으로 바꾸기 위해, 국민소득 40~60달러에다 문맹률 7할의 전근대 소농들을 근대적 국민으로 만들기 위해, 민족이란 깃발이 높이 걸렸습니다. 그래서 이승만 정부는 조선시대 내내 기자에 밀려 있던 단군을 나라의 조상으로 모신 다음 단기(檀紀)라는 연호를 쓰고 개천절이란 국경일을 만들어 냈지요. 그 뒤 박정희 정부는 어땠습니까. 조국근대화의 깃발을 높이 내건 다음, 1968년에 제정된 국민교육헌장에서 "우리는 민족중흥의 역사적 사명을 띠고 이 땅

▲ 1968년 12월 5일 국민교육헌장 선포식

에 태어났다"고 선포하였지요. 1972년 박 대통령은 평화통일을 위한 남북대화를 명분으로 걸고 영구집권의 10월유신을 단행하였습니다. 그때 헌법에다 "대통령은 조국의 평화적 통일을 위한 성실한 의무를 진다"라는 규정을 삽입하였습니다. 뒤이어 집권한 전두환 대통령은 헌법의 총강에다 "국가는 전통문화의 계승발전과 민족문화의 창달에 노력해야 한다"라는 규정을 추가하였지요. 이들 민족주의 조항들은 1987년 민주화세력에 의해 헌법이 개정될 때 폐지되지 않고 그대로 현행 헌법에 이르고 있습니다. 이런 점을 보면 이른바 민주화세력이라 해도 권위주의시대의 민족주의에는 아무런 저항감이 없었다고 하겠습니다. 그 뒤 민주화세력을 대표하는 김대중 대통령은 어땠습니까. 그 역시 민족의 이름으로 평화통일을 내걸고 햇볕정책을 펼쳐 노벨상을 받지 않았습니까. 그렇게 민족주의를 정치적 자산으로 활용한 점에서 저는 박정희나 김대중 두 사람에게서 아무런 차이를 발견할 수 없습니다.

요컨대 민족이란 우리가 일반적으로 믿고 있는 것처럼 불변의 고정적인 실체가 아닙니다. 그 점을 분명히 하고 싶습니다. 민족은 역사에서 모든 것이 다 그러하듯이 성립, 발전, 좌절, 해체의 과정을 밟는 역사적 현상의 하나일 뿐이지요. 그것은 지난 20세기에 생겨나 발전하다가 지금쯤 그 전성기에 있는 것 같습니다. 앞으로는 누가 뭐라 해도 민족주의는 점점 쇠약해질 것입니다. 자본과 노동의 국제이동이 얼마나 심해지고 있습니까. 벌써 젊은이의 1/10이, 농촌 청년의 대략 1/3이 국제결혼을 하고 있지 않습니까. 이제 한국도 선진국처럼 슬슬 다인종사회로 접어들고 있습니다. 선진국처럼 엄격한 법치의 원리에 따라 피부색과 무관하게 서로서로 자유롭고 평등한 인간으로 대우하고 협동하는 질서로 사회와 국가를 통합해 갈 수밖에 없는 시대가 된 것이지요.

민족주의의 폐해

그렇다면, 굳이 소리를 높여 민족주의를 비판해야 하는 이유가 무엇입니까. 다름 아니라 아직은 다른 어떤 이념도, 예컨대 민주주의나 자유주의도, 상대가 되지 않을 만큼 민족주의의 위력이 너무 거세기 때문입니다. 그 민족주의의 거대한 동원력이 정치적으로 악용된다면 그 후환은 정말 감당하기 어렵다고 생각합니다. 그 점이 진정 두렵기 때문에 민족주의를 비판할 수밖에 없는 것이지요. 우리와 우리 자손의 물질생활과 정신생활을 풍요하게 만들어 감에 민족주의라는 집단적인 열정의 한계는 너무 명백합니다. 그보다는 자유와 인권과 평등과 같은 인류 보편의 가치가 훨씬 창조적인 역할을 수행합니다. 민족주의는 1945년 이전 구제국주의 시대의 어두운 정신사에 속한 것입니다. 민족주의를 내건 천황제의 일제와 나치즘의 독일이 주변 민족에 얼마나 큰 상처를 안겨 주었습니까. 유감스럽게도 그 민족주의의 폐해를 오늘날 우리는 천황제와 나치즘보다 훨씬 지독한 북한의 수령체제를 통해 추체험(追體驗)하고 있습니다. 북한 수령체제의 기본원리는 다 잘 아시는 대

◀ 2000년 6월 15일 포옹하는 남과 북의 두 정상. 이 장면이 무엇을 의미할지는 두고 두고 역사가의 논란거리가 될 것이다.

로 혈연원리의 민족주의입니다. 거기서는 국가와 민족이 하나의 유기체입니다. 그리고 수령은 유기체의 뇌수로서 생명 그 자체이고 당과 군대는 몸체이고 인민은 수족에 불과합니다. 이것이 주체사상의 정치원리이지요. 거기서는 오늘날 우리가 향유하고 있는 자유, 인권, 법치, 사유재산, 시장, 자기책임 등과 같은 문명의 기초 요소는 없습니다. 그런데 한국의 민족주의는 그러한 수령체제에 대한 비판에 소극적입니다. 오히려 친화적인 면까지 보이기도 하지요. 왜 그럴까요. 민족주의인 이상 서로 통하는 점이 있기 때문에 그렇지요. 그래서 어떤 현실이 벌어지고 있습니까. 중·고등학교 교과서를 보십시오. 자유민주주의에 입각한 통일의 원칙이 명확히 제시되지도 않은 채, 남북한의 정상이 서로 껴안고 있는 사진을 몇 번이나 보여주면서, 마치 통일이 임박한 것처럼 이야기하고 있습니다. 그 통일은 도대체 누구를 위한 통일입니까. 통일을 이루려면 우선 북한의 수령체제가 해체될 필요가 있다는 비판은 교과서에 보이지 않습니다. 참으로 위험한 민족주의의 함정이 아닐 수 없지요. 그래서 민족주의 비판은 여전히 필요하고 또 중요하다고 생각합니다.

제2부 문명사의 대전환

〈북조선 일본질소비료의 사업 조감도〉

3

조선왕조는 왜 망하였나

문화적 민족주의 비판

《재인식》에 실린 논문의 주제는 아닙니다만, 가만히 생각해 보니 해방전후사의 재인식과 관련하여 제가 하고 싶은 이야기를 체계적으로 펼치려면 한 가지 피해갈 수 없는 문제가 있군요. "조선왕조는 왜 망하였나"라는 문제가 그것입니다. 이 문제만 나오면 사람들은 신경이 날카로워집니다. 잘못 말했다가 큰 봉변을 당할 수 있기 때문이죠. 실제로 그런 사람이 없지 않았습니다. 그래서 그런지 역사학자들은 조선왕조가 망한 원인에 대해 잘 이야기하지 않으려 합니다. 역사교과서를 보더라도 조선왕조가 망한 원인에 관해서는 아무런 설명이 없습니다. 문맥 그대로라면 일제가 쳐들어왔기 때문에 조선왕조는 망했다는 겁니다. 그것은 어김없는 사실입니다만, 의미 없는 동어반복에 불과하지요. 그런 식이라면 역사로부터 아무것도 배우지 않겠다는 무책임한 자세에 불과합니다. "일제가 쳐들어왔는데 왜 막지 못했는가" 하고 진지하게 되물어야 합니다. 조선은 큰 나라입니다. 일본에 비해 국토가 2/3나 되고 인구가 1/2이나 되지요. 그런 큰 나라가 왜 그렇게 맥없이 무너졌던가. 고통스럽지만 그러한 질문을 성찰의 화두로서 던져야 합니다.

역사학자들이 그러한 질문을 잘 던지지 않은 것은 한 가지 그럴듯한 모범답안이 제시되어 있기 때문인지도 모릅니다. 저는 한영우 교수가 그의 《다시 찾는 우리역사》(경세원, 1997)에서 제시한 '선량한 주인'과 '강포한 도둑'이라는 비유가 그런 것이라고 생각합니다. 그에 의하면 조선왕조의 문화와 도덕은 아름다운 보석과도 같은 것이었습니다. 조선왕조의 문민정치는 이미 서유럽의 근대 민주주의와 다를 바 없는 수준이었지요. 그러한 조선왕조가 망한 것을 두고 조선왕조의 탓으로 돌리는 것은 '강포한 도적'은 놓아 두고 '선량한 주인'만을 탓하는 어처구니없는 짓이라는 겁니다. 도둑이 들어왔으니 싸움을 하자고요. 그것은 무(武)를 중시하는 야만인들이나 하는 일이죠. 다시 말해 조선왕조는 너무나 선량하여 강포한 외적을 막지 못했다는 겁니다.

그런데 이 같은 한 교수의 '선량한 주인론'은 20세기 전체의 역사적 이해와 관련하여 다음과 같은 주장으로 발전할 논리적 필연을 안고 있습니다. 그래서 좀 더 주의 깊게 그의 주장에 귀를 기울일 필요가 있습니다. 요컨대 강포한 도적이 든 이후 조선의 선량한 문화는 모조리 망가지고 말았습니다. 이 점은 해방과 건국 이후의 역사에서도 마찬가지입니다. 경제개발에 성공해서 그런대로 물질은 얻었습니다만, 그 대가로 우리의 아름다운 문화와 정신은 잃어버렸다고 합니다. 그렇게 지난 20세기는 좌절과 상실의 시대였습니다. 그래서 어떻게 해야 합니까. 한 교수는 저 아름다웠던 조선왕조의 이념과 도덕을 다시금 친근하게 쳐다볼 필요가 있음을 역설하고 있습니다.

저는 이 같은 한영우 교수의 근·현대사 해석을 문화적 민족주의라고 규정하고 싶습니다. 전장에서 소개한 대로 《인식》 여섯 권의 현대사 해석은 마오쩌둥의 혁명이론에 기초하고 있습니다. 그래서 계급적 민족주의 또는 좌파 민족주의라고 할 수 있지요. 그에 비해 한 교수의 민족주의는 전통시대의 문화에 대한 강한 자부심에 기초하고 있습니다. 그래서 문화적 민족주의 또는 우파 민족주의라고 부를 수 있지요. 우파라는 규정에 대해서는 좀 설명이 필요합니다. 제가 보기에 한 교수의 '선량한 주인론'은 보통의 한국인들이 쉽게 공감하는, 좀 더 강하게 표현하면 그들의 역사에 대한 욕구를 시원하게 채워 주는, 그래서 감동적인 이야기입니다. 요사이 전통시대 특히 18세기의 문화에 관한 연구서가 대중적인 베스트셀러의 목록에 자주 오르는 것을 볼 수 있습니다. "아, 우리 문화는 얼마나 아름답고 훌륭하였나. 이미 그때에 현대 문명이 앓고 있는 인간 소외의 문제를 해결할 담론들이 활발히 펼쳐지고 있었어." 대개 이런 내용이지요. 제가 보기에는 이런 연구들이 오늘날 한국의 인문학계에서 주류를 차지하고 있습니다. 그 대중적 기반은 이런 이야기에 귀를 기울이면서 기분 좋아하며 기꺼이 책을 사보는 중산층에 있다고 하겠는데, 그들의 정치적 성향은 대개 우파이지요. 그래서 우파 민족주의라고 한 것입니다.

문화적 또는 우파 민족주의의 사회적 기반은 계급적 또는 좌파 민족주의보다 훨씬 넓습니다. 계급노선에 기초한 좌파 민족주의는 이미 사회주의 국제체제가 붕괴한 마당에 점차 그 영향력을 잃어갈 수밖에 없습니다. 그런데도 그들이 아직 한국의 현실 정치와 남북관계에 강한 영향력을 미치고 있는 것은 무엇 때문입니까. 바로 문화적 민족주의라는 우군이 있기 때문이지요. 실은 문화적 민족주의의 정치적 성향은 대단히 불안정하고 기회주의적입니다. 우파인 이상 그들의 현실 인식은 대개 보수적입니다. 그럼에도, 조금이라도 민족문제와 관련된 이슈가 제기되면 쉽게 좌파 민족주의에 동조하지요. 그쪽으로 휩쓸려 버리는 겁니다. 최근에 어느 토론회 자리에서 들은 이야기입니다만, 한국의 중산층은 "오른쪽으로 살면서 왼쪽으로 생각한다"(live right, think left)고 하는

군요. 그렇게 한국의 중산층은 몸과 마음이 따로따로인 정체성 위기의 상태입니다. 오른쪽인지 왼쪽인지 자신도 헷갈리지요. 지식인들도, 교수라는 사람들도 대개 마찬가지예요. 몸과 마음이 따로따로여서 여기서는 이 말, 저기서는 저 말, 도대체 종잡을 수 없는 사람이 한두 사람이 아닙니다. 그 중요한 이유를 저는 문화적 민족주의의 기회주의적 속성에 있다고 생각합니다.

환경 파괴와 경제 위기

과연 조선왕조의 문화는 우수하였습니다. 저도 그렇게 생각합니다. 저는 조선왕조 시대에 이룩된 문명의 성과를 전제하지 않는다면 한국의 현대문명을 절반도 설명하지 못한다고 생각합니다. 개인, 가족, 촌락, 단체, 관료제, 시장, 사유재산 등의 여러 문명의 요소에서 조선왕조는 세계적으로 비교적 높은 수준에 있었지요. 저는 그런 생각으로 지난 세월에 적잖은 논문을 써왔습니다. 그것들을 종합한 것으로 〈민족사에서 문명사로의 전환을 위하여〉(《국사의 신화를 넘어서》, 휴머니스트, 2004)라는 논문이 있으니 참고해 주시면 감사하겠습니다. 그런데 그런 문명의 요소들을 하나로 묶어 국가라는 형태로 통합했던 또 다른 차원의 문명 수준에서 조선왕조는 오늘날의 근대국가와 큰 차이를 보입니다. 큰 단절이 있지요. 그렇게 연속은 연속대로, 단절은 단절대로 종합적으로 보는 시각이 필요합니다. 한쪽만 보는 것은 부당합니다. 양편을 골고루 공정하게 살펴야 합니다. "조선왕조는 왜 망하였나"라는 문제에 대해서도 그러한 균형 잡힌 시각에서 차분하게 접근할 필요가 있습니다.

조선왕조가 망한 원인은 한두 가지가 아닙니다. 한 나라가 망한다는 것은 몇 백 년 만에 한 번 있을까 말까 한 희귀한 사건입니다. 정치에만 문제가 있었던 것이 아니지요. 경제, 사회, 문화, 사상 등 모든 방면에 걸쳐 총체적으로 문제가 있었지요. 그래야, 한 나라가 망하는 법이지요. 여기서 그 모두에 대해 이야기하는 것은 가능하지도 않고 또 그럴 장소도 아닙니다. 다만, 어느 정도의 추상 수준에서 매우 중요하다고 생각되는 것 한두 가지만 지적한 다음, 그것에 내포된 역사적 의미를 성찰해 보도록 하겠습니다. 우선 제 전공과 관련하여 지난 몇 년간 경제사 연구자들이 새롭게 밝혀낸 사실부터 소개하겠습니다. 18세기 중반 이후 한반도의 환경이 파괴되어 갔습니다. 산이 헐벗기 시작했다는 말입니다. 인구가 늘어나 식량에 대한 수요가 증가하자 나무를 베어내고 산지를 개간하였습니다. 또 온돌 난방에 필요한 연료인 장작의 수요도 증가하여 나무를 베었지요. 그렇게 산림이 점점 황폐해져 19세기 말

▲ 구한말 서울 근교. 일하는 농부들 뒤로 헐벗은 산이 보인다.

이 되면 북부 고원지대와 강원도의 깊은 산속을 제외한 대부분의 산지가 발갛게 헐벗고 말았습니다. 19세기가 되면 한반도에서 호랑이가 거의 사라집니다. 그것도 산림이 황폐해져서 그랬지요. 산림이 황폐하자 조금의 비에도 홍수가 생겨 토사가 논밭으로 흘려 내렸습니다. 그 결과 농업생산이 감소하기 시작했습니다. 지금까지 경상도와 전라도에서 도합 열셋 정도의 사례가 발굴되었는데요, 18세기 중엽에 비해 19세기 말이면 거의 1/3 수준으로 토지생산성이 감소해 있음을 보여주고 있습니다.

그렇게 농업생산이 감소하자 분배를 둘러싸고 정치적 사회적 갈등이 심화하였습니다. 특히 조선왕조의 각종 조세가 감면되지 않아 농가의 큰 부담이었습니다. 1840년대부터 전국 곳곳에서 민란이 발생하기 시작한 것도 그 때문이었습니다. 민란의 물결은 1860년대부터 더욱 거세게 일어 1894년 동학농민봉기에서 절정에 달했습니다. 그 과정에서 조선왕조의 정치적 통합력은 현저히 약해졌지요. 저는 동학농민봉기의 1894년을 전후하여 조선왕조는 사실상 해체되고만 형편이라고 생각합니다. 무슨 외부로부터의 충격이 거세서 그런 것은 아닙니다. 이미 19세기 초부터 그러한 방향의 변화가 진행되어 왔던 것이지요. 이 같은 19세기의 경제적 침체와 정치적 혼란은 조선왕조의 일만도 아니었습니다. 19세기의 중국도 그러하였습니다. 화북지방의 중국에서도 산림의 황폐에 따라 운하와 수로가 막히고 그에 따라 시장이 축소되고 생산이 감소하여 정치적 사회적 갈등이 심화하였습니다. 인류의 긴 역사에서 보면 이렇게 어느 문명이 어느 발전단계에서 자연자원의 고갈로 쇠퇴의 내리막길로 접어드는 것은 조금도 이상하지 않은 일입니다. 조선왕조가 망한 것도 크게 보면 이 같은 인류사의 한 단면일 뿐입니다. 서글프지만 대범하게 그 점을 전제해 둘 필요가 있습니다.

성리학의 정치원리

그런데 어느 문명이 해체되는 것은, 아주 예외적으로 홀로 고사(枯死)하는 예도 있습니다만, 대부분의 경우는 이미 쇠약해진 단계에서 다른 강대한 문명의 충격을 받아 성공적으로 대응하지 못한 결과로 그렇게 되는 것입니다. 다 잘 아시는 대로 20세기의 위대한 역사학자 아놀드 토인비(Arnold J. Toynbee)는 문명과 문명의 접촉과정을 도전(challenge)과 응전(response)의 패러다임으로 설명하였습니다. 강대한 문명으로부터 도전이 주어졌을 때 성공적으로 응전한 문명은 살아남고 그렇지 못한 문명은 소멸합니다. 성공적인 응전에는 창조적 소수의 지도적 역할이 매우 중요합니다. 도전의 성격을 이해하고 올바른 대응을 강구하는 것은 대중이 아니라 소수의 창조적 지성이지요. 그리고 대중이 창조적 소수의 지도를 신뢰하고 따라줄 필요가 있습니다. 그러한 좋은 순환의 신뢰관계가 성립해 있는 문명은 응전에 성공하여 살아남을 수 있습니다. 대조적으로 창조적 소수가 제 역할을 하지 못하고 또한 대중이 그에 따라주지 않는다면 그 문명은 실패할 수밖에 없습니다. 저는 메이지유신의 일본이 전자의 경우라고 생각합니다. 유감스럽게도 조선왕조는 후자에 속하지요. 김옥균을 위시한 이른바 개화파라는 창조적 소수가 없지 않았습니다만, 그들의 세력은 너무나 미약하

▲ 문명개화파의 선구자 김옥균

였고 또 대중이 그들을 이해하지도 못했습니다.

그렇게 조선왕조의 위정자들이 제국주의의 침입에 성공적으로 응전하지 못한 이유는 앞서 설명한 대로 이미 오래 전부터 체제의 혼란이 있어 온 데다 인간, 사회, 국가, 세계를 바라보는 그들의 질서 감각이 낡은 문명의 원리에 너무 깊숙이 고착되어 있었기 때문입니다. 그 점에서 조선의 전통문명은 견고한 자기완결성을 특징으로 했다고도 볼 수 있습니다. 예컨대 조선왕조의 정치이념을 살펴봅시다. 조선왕조는 성리학의 정치원리에 기초하여 백성을 통치하였습니다. 거기서 왕은 하늘을 대신하여 세상을 다스리는 자로서 신성불가침의 권위를 누렸습니다. 하늘은 무엇입니까. 삼라만상을 만들어 낸 지극한 이치로서 앞서 잠시 언급한 태극이지요. 태극의 지극한 이치는 인간사회의 성립과 관련해서는 삼강오륜(三綱五倫)의 도덕을 의미하였습니다. 왕은 하늘을 대신해서 이 도덕을 대변하고 수호하는 사람이었습니다. 이에 백성이 그 왕에게 충성을 다하고 자식이 그 부모에 효도를 다하고 아내가 그 남편을 정성으로 섬기면, 하늘도 부응하여 세상만사가 평화롭고 풍요로워진다는 것이 성리학의 정치원리였습니다. 이 성리학의 정치에서 백성은 왕의 발가벗은 어린아이와 같은 존재였습니다. 왕은 어린 백성을 자애롭게 보살펴야 했고, 백성은 부모를 섬기듯 왕에게 충성을 바쳐야 했지요. 이렇게 가족제적 혈연 원리에 기초한 정치에서 백성은 정치적으로 무권리였습니다. 조선왕조의 시대에 나라[國]라 하면 어디까지나 왕과 양반관료들의 나라로서 곧 조정(朝廷)을 의미하였지요. 오늘날과 같은 민권사상이나 대의제적 정치에 입각한 국가관은 조선왕조와 무관하였습니다.

중화제국의 국제질서

조선왕조를 둘러싼 국제질서도 크게 보면 같은 원리에 기초하였습니다. 오늘날의 세계와 같은 평등한 주권국가끼리의 국제질서가 있었다고 생각하면 큰 착각입니다. 19세기까지 동아시아와 동남아시아에는 중국이 중심이 된 중화제국이란 국제질서가 존재하

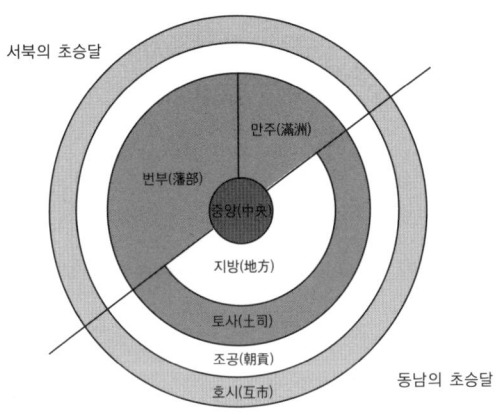

▲ 청조 중화제국의 구조(《국사의 신화를 넘어서》, 휴머니스트, 145쪽)

였습니다. 이 국제질서에서 성리학이 이야기하는 하늘을 직접 대변하는 존재는 중국의 천자(天子)였습니다. 나머지 모든 나라의 왕은 천자를 통해 간접적으로 하늘과 관계를 맺는 식이었습니다. 천자가 다스리는 중국은 나라라 하지 않고 천하(天下)라 하였습니다. 그 천하는 한족들이 사는 지역이 한가운데 중심을 이루는 가운데 3겹의 동심원이 둘러싼 형태였다고 설명되고 있습니다. 그 바깥 고리는 동북·몽골·신강·티베트로 이루어진 이른바 번부(藩部)였습니다. 대개 이 고리까지가 오늘날의 중화인민공화국을 이루고 있지요. 다음의 바깥 고리는 조선과 베트남과 같은 조공국(朝貢國)이었는데 열둘 정도가 있었습니다. 이들 나라는 이후 제

3. 조선왕조는 왜 망하였나 61

국주의의 침입을 맞아 중화제국에서 분리된 부분에 해당합니다. 맨 바깥의 고리는 호시(互市)라 하여 중국과 평등하게 교역하는 일본이나 로마 등 서유럽의 먼 나라들로 구성되어 있습니다. 이렇게 천자의 덕화가 미치는 정도와 형식에 따라 동심원적 질서를 취하는 것이 천하로서 중국의 개념이었지요. 그 속에서 나라[國]라 하면 중국이 아니라 천자로부터 책봉을 받고 조공을 바치는 제후(諸侯)의 조정을 의미하였지요.

15세기 이후 조선왕조의 지배자들은 이러한 중화제국의 질서를 수용하였습니다. 왕이 바뀔 때는 천자로부터 책봉을 받았는데, 그것은 조선의 왕이 누린 움직일 수 없는 권위의 기초였습니다. 그 대가로 조선왕조는 1년에 4~5차례 중국에 조공을 위한 사신단을 파견하였습니다. 조선왕조가 자주독립하고 번영을 누린 것은 다름 아니라 이러한 중화제국의 국제질서 속에서였지요. 오늘날과 판이한 국제질서의 이러한 역설을 제대로 이해하지 못하면 조선왕조의 역사를 온전하게 이해할 수 없습니다. 전장에서 소개한 기자정통설은 그러한 국제질서를 뒷받침한 역사관입니다. 17세기 이후가 되면 같은 오랑캐 출신인 여진족이 청 제국을 세웁니다. 그러자 조선왕조의 지식인들은 소중화(小中華)라 하여 세계문명의 중심이 조선으로 옮겨왔다고 믿었습니다. 소중화 사상은 18세기 후반 중국의 발전상이 알려지면서 많이 후퇴하였습니다. 그런 가운데 역설적으로 중화제국의 국제질서에 관한 전통적인 감각만큼은 더욱 공고해진 채로 끝까지 뻗쳤던 셈이지요.

조선왕조의 시대를 이렇게 넓은 시각으로 바라보면, 조선왕조가 망한 원인과 그 역사적 의미가 어렵지 않게 이해됩니다. 조선왕조가 망한 것은 왕과 양반의 조정으로서 나라가 망한 것이지요. 백성의 나라는 아니었습니다. 동시에 중화제국의 질서 속에서 위치한 한 제후의 나라가 망한 것이지요. 그리고 그런 나라가 망한 것은 그런 국가관과 국제질서의 감각을 해체할 만한 지성의 창조적 변화가 그 나라에서 생겨나지 않았기 때문입니다. 그것들은 너무나 단단한 갑옷과 같았습니다. 견갑(堅甲)으로 둘러싸인 전통문명은 보기에 따라 무척이나 아름답지요. 그러나 그에 현혹되어서는 곤란합니다.

대전환

20세기의 한국사는 전통 왕조와 문명에 대한 이러한 시각 조정이 전제될 때 비로소 그 역사적 의의가 제대로 이해될 수 있습니다. 그러니까 20세기의 한국사는 나라를 빼앗겼다가 독립운동으로 다시 나라를 되찾았던 역사만이 아닙니다. 그것보다는 문명사의 일대 전환이 있었던 겁니다. 중국문명권에서 이탈하여 서유럽문명권으로 편입된 역사가 20세기 한국의 역사입니다. 유교문명권에서 기독교문명권으로, 대륙농경문명에서 해양상업문명으로의 일대 전환이 있었던 겁니다. 지금까지 한국의 역사학은 세계적 수준에서 보면 너무나도 자명한 이 같은 관점을 무슨 영문인지 우리의 근·현대사에 적용하는 데 그렇게도 망설여 왔습니다. 문명사의 대전환을 직접 강요한 세력이 원래 같은 문명권에 속했던 일본이어서 쉽게 알아차리기 어려워서 그랬던가요. 아니면 섬나라 오랑캐라고 가볍게 여기던 일본에 당한 자존심의 상처가 너무 깊었던 것일까요. 제가 보기에 '선량한 주인론'의 문화적 민족주의는 이런 식의 마음의 병을 어루만지는 자위행위에 불과합니다. 지금부터는 20세기의 한국사를 일본과의 관계로만 국한된 좁은 시각에서 벗어나 문명사의 대전환이라는 넓디넓은 시각에서 다시 바라볼 필요가 있습니다. 그러면 모든 것이 달리 보입니다. 그렇게 과거를 훌훌 털고 앞으로 나아가야 합니다. 그것이 해방전후사의 재인식을 위한 기본 전제입니다.

4

식민지수탈론 비판

역사란 무엇인가?

역사란 무엇입니까. 주제가 빗나가는 듯합니다만, 이 문제를 잠시 생각해 봅시다. 흔히들 역사란 과거에 일어난 사건이라고 합니다. 그러나 그것은 역사에 대한 정확한 정의가 아닙니다. 과거에 일어난 사건에 대한 사람들의 기억, 그것이 역사이지요. 기억되지 않은 과거사는 아무것도 아닙니다. 허무이지요. 어려운 문제는 다음부터입니다. 과거에 일어난 사건에 대한 객관적 기억은 가능한가. 저는 이에 대해 회의적입니다. 언제 홍수가 발생했고 언제 일식이 일어났는지, 자연현상에 대한 객관적 기억은 어느 정도 가능하겠지요. 그렇지만 이해관계가 서로 다른 인간들이 서로 다툰 사회현상에 관한 기억은 이해관계가 다르면 다르게 기억되고 해석될 수밖에 없습니다. 그래서 역사에 있어서 절대적인 객관은 없다고 저는 생각하고 있습니다. 그렇다면 역사학이란 학문이 과연 성립할까요. 무엇 때문에 역사가는 먼지 묻은 고문서를 뒤지면서 과거의 사실을 캐고 있나요. 저는 《재인식》에 실은 저의 논문 〈왜 다시 해방전후사인가〉에서 '직업으로서의 역사학'이란 절을 두어 이 문제에 대한 저의 평소 고민을 펼쳐 보았습니다.

조금 이상하게 들릴지 모르겠습니다만 저는 역사가란 '역사와 투쟁하는 지식인'이라고 정의하고 있습니다. 역사가가 투쟁하는 역사란 대중의 과거사에 대한 집단기억을 말합니다. 대중의 집단기억은 자연발생적으로 생겨난 것일 수도 있지만 특정 이해관계 집단이나 정치가에 의해 만들어지거나 조작되어 대중에게 주입된 것일 수도 있습니다. 특히 최고수준의 집단기억이라 할 국가와 민족의 역사에서 후자의 경우를 자주 봅니다. 우리 한국인은 반만년 전부터 하나의 민족이라는, 오늘날 한국인이 공유하고 있는 민족의식이 그 좋은 예입니다. 사실이 그렇지 않음에 대해선 제2장에서 쓴 그대로입니다. 역사가는 이러한 대중의 집단기억에 매몰되어서는 곤란합니다. 역사가는 대중의 집단기억이 정치적으로 기획되거나 조작되었을 수 있음을 사료에 기초하여 대중에 알리는 전문 직업인이지요.

역사가의 비판을 통해 대중은 그들의 과거사에 대해 성찰할 기회를 갖습니다. 보다 나은 미래를 모색할 지혜를 과거사의 성찰에서 찾는 것이지요. 그러한 성찰의 화두를 대중에 던지는 직업 능력의 소지자가 역사가입니다. 역사가의 고발이 틀릴 수도 있습니다. 역사가는 자기의 발언이 객관적이거나 법칙적이라고 주장해서는 안 됩니다. 내가 사료를 보니 이렇게 저렇게 통념과 다르더라고 이야기할 뿐입니다. 선진사회라면 대중은 그러한 역사가의 발언을 경청하지요. 대중이 역사가의 발언을 무시하면 그 사회는 후진사회입니다. 일단은 경청할 필요가 있습니다. 왜냐하면, 자기가 직접 먼지 묻은 고문서를 뒤지면서 얻은 지식이 아니니까요. 그러면서 다른 역사가의 다른 의견과 견주면서 어느 의견이 옳은가를 스스로 판단해야 합니다. 저는 대중과 역사가 사이에 이러한 민주적인 분업관계가 성립해 있는 사회야말로 진짜 선진사회라고 생각합니다.

국사교과서의 수탈론

지금부터 저는 이 같은 역사가의 직업의식에서 1910~1945년 일제하의 식민지로 있었던 우리의 불행했던 역사에 대해 이야기하겠습니다. 다 잘 아시는 대로 그 시대에 대해 보통의 한국인들이 가지고 있는 집단기억은 한마디로 요약하여 '수탈'입니다. 일제의 조선 통치는 수탈 이외에는 아무것도 아니었습니다. 정당한 대가를 치르지 않고 남의 재산을 빼앗는 행위가 수탈입니다. 일제는 무자비하게 우리 민족의 토지와 식량과 노동력을 수탈하였지요. 그래서 우리 민족은 초근목피로 겨우 목숨을 부지하거나 해외로 유랑할 수밖에 없었습니다. 지난 60년간 국사교과서가 그렇게 국민을 가르쳐 왔습니다. 그래서 오늘날 대부분의 한국인이 그렇게 믿고 있지요.

국사교과서를 조금 더 자세히 소개하겠습니다. 2001년에 발행된 고등학교 국사교과서를 보면 "일제는 세계사에서 그 유례를 찾아 볼 수 없을 만큼 철저하고 악랄한 방법으로 우리 민족을 억압, 수탈하였다"라고 적혀 있습니다. 예컨대 총독부는 토지조사사업(1910~1918)을 통해 전국 농지의 4할이나 되는 많은 토지를 국유지로 수탈하였으며, 이 토지를 일본에서 이주한 일본농민이나 동척[동양척식주식회사]과 같은 국책회사에 헐값으로 불하하였습니다. 또 총독부는 생산된 쌀의 절반을 빼앗아 일본으로 실어 날랐습니다. 농사를 다 짓고 나면 경찰과 헌병이 총칼을 들이대고 절반을 빼앗아간 것처럼 그렇게 해석될 수 있는 문맥으로 학생들을 가르쳐 왔습니다. 또 일제는 노동력을 수탈하였습니다. 1940년대의 전시기에 약 650만 명의 조선인을 전선으로 공장으로 탄광으로 강제 연행하였으며, 임금을 주지 않고 노예와 같이 부려먹었다는 겁니다. 그 가운데 조선의 처녀들이 있었습니다. 정신대(挺身隊)라는 명목으로 조선의 처녀들을 동원하여 일본군의 위안부로 삼았는데, 그 수가 수십만에 이른다고 교과서는 기술하고 있습니다. 제가 직접 제 강의를 듣는 학생들에게서 확인한 사실입니다만, 국사 교실에서 이 대목이 나오면 선생도 울먹이고 학생도 울었답니다. 그렇게 악독한 수탈을 당한 조상들이 너무 서럽고 분하여 울지 않고 어떻게 배기겠습니까.

그러나 저는 감히 말하겠습니다. 이런 교과서의 내용은 사실이 아닙니다. 아예 사실이 아닌 것도 있고 비슷한 사실이 없지 않으나 과장되거나 잘못 해석된 것이 대부분입니다. 깜짝 놀랄 분들이 많으시겠지만, 거두절미하고 말한다면 이런 이야기들은 모두 교과서를 쓴 역사학자들이 지어낸 이야기입니다. 그에 관해서는 제가 이전에 〈국사교과서에 그려진 일제의 수탈성과 그 신화성〉(《시대정신》 28, 2005)이라는 논문을 쓴 적이 있는데요, 혹 참고가 되면 좋겠습니다. 대중의 집단기억으로서 역사가 정치화된 역사가에 의해 또는 역사화된 정치가에 의해 인위적으로 만들어진 것이라는 역사의 본질을 국사교과서의 수탈설만큼 적나라하게 잘 보여 주는 다른 사례는 아마도 없을 것입니다.

생산된 쌀의 거의 절반이 일본으로 건너간 것은 사실입니다. 하지만, 쌀이 건너간 경로는 빼앗아 간 것이 아니라 수출이라는

▲ 일본으로 수출하기 위해 인천항에 야적되어 있는 쌀

시장경제의 경로를 통해서였습니다. 당시는 수출이 아니라 '이출'(移出)이라 했습니다. 수탈과 수출은 매우 다르지요. 수탈은 조선 측에 기근 이외에 아무것도 남기지 않지만, 수출은 수출한 농민과 지주에게 수출소득을 남깁니다. 쌀이 수출된 것은 총독부가 강제해서가 아니라 일본의 쌀값이 30% 정도 높았기 때문이지요. 그래서 수출을 하면 농민과 지주는 더 많은 소득을 얻게 됩니다. 그 결과 조선의 총소득이 커지면서 전체 경제가 성장하게 되지요. 모자라는 식량은 만주에서 조나 콩과 같은 대용 식량을 사와서 충당하였습니다. 그래서 구체적인 추계에 의하면 인구 1인당 칼로리 섭취량이 줄었다고도 반드시 이야기할 수 없는 실정입니다. 또 수출소득으로 면제품과 같은 공산품을 일본에서 수입하거나 아예 기계나 원료를 수입하여 방직공장을 차릴 수도 있습니다. 실제 김성수 선생의 경성방직(京城紡織)이 그렇게 해서 세워진 공장입니다. 요컨대 수출을 하면 수탈과는 전혀 딴판으로 전체 경제가 성장하게 마련이지요. 그런데도 무슨 이유로 한국의 교과서는 이 평범한 경제학의 상식을 거꾸로 쓰고 있을까요.

토지수탈설이 만들어진 과정

토지의 수탈설도 근거가 없기는 마찬가지입니다. 농지의 4할이나 되는 대량의 토지가 수탈당했다는 것은 사실이 아닙니다. 사실이 아니기 때문에 당시 사람들로부터도 그러한 이야기를 들을 수 없습니다. 그 점을 저는 1923년에 쓰인 신채호 선생의 '조선혁명선언'에서 확인합니다. 이 선언문은 다음과 같이 일제의 수탈을 고발하는 내용으로 시작하고 있습니다.

> 강도 일본이 우리의 국호를 없이하며, 우리의 정권을 빼앗으며, 우리의 생존적 필요조건을 다 박탈하였다. 경제의 생명인 산림·천택·철도·광산·어장 내지 소공업 원료까지 다 빼앗아 일체의 생산기능

을 칼로 베이며 도끼로 끊고, 토지세·가옥세·인구세·가축세·백일세
(百一稅)·지방세·주초세(酒草稅)·비료세·종자세·영업세·청결세·소
득세… 기타 각종 잡세가 날로 증가하여 혈액은 있는 대로 다 빨아
가고 (이하 생략)

 신채호 선생이 '강도 일본'의 각종 수탈을 비난하는 어조는
신랄하기 그지없습니다. 그런데 그 수탈의 종목 가운데 쌀의 수탈
은 물론, 토지의 수탈도 보이지 않습니다. 토지조사사업이 끝난
지 5년밖에 되지 않은 시점이지요. 실제로 농지의 4할이나 수탈당
했다면 신채호 선생이 그에 대해 침묵했을 리가 없지요. 선생이
열거하고 있는 수탈의 목록은 새로운 국가권력으로 들어온 일제
가 공유 자원을 개발하거나 각종 세금을 부과한 내용으로 채워져
있습니다. 죄다 공권력에 의한 공적 통치행위의 영역입니다. 선생
의 주장이 과연 옳은지는 별도의 논쟁거리입니다. 어쨌든 타인의
재산을 대가도 치르지 않고 빼앗는 그러한 수탈은 위에 포함되어
있지 않습니다.
 일제가 조선인의 토지를 대량 수탈했다는 신화가 최초로 학
술 논문의 형태로 제시되는 것은 1955년 일본 도쿄[東京]대학에 유
학 중이던 이재무에 의해서입니다. 이재무는 토지조사사업 당시
총독부가 농민들로 하여금 소유 농지를 신고하게 한 조사방식이

실은 수탈을 위한 것이었다고 주장하였습니다. 당시 농민들은 소유권 관념이 희박하였고 신고라는 까다로운 행정절차에 익숙하지 않았다. 총독부는 이러한 농민들에게 기한부 신고를 강요하여 대량의 무신고지가 발생하도록 유도하였다. 연후에 그 토지를 국유지로 몰수하여 일본 이민과 동척 회사 등에 유리하게 불하하였다는 겁니다. 이러한 주장을 펼치면서 이재무가 무슨 실증적 근거를 내세운 것은 아니었습니다. 그저 그렇다는 개인적인 신념에 근거한 일방적인 추론이었지요. 이재무의 개인적 신념은 오늘날의 연구 수준에서 보면 허허롭기 짝이 없습니다. 조선시대의 사람들은 토지를 가리켜 '사람의 목숨줄'[人之命脈]이라 하였습니다. 소유권 관념이 희박했다니요. 천만의 말씀이지요. 또 조선시대의 우리 조상들은 500년간 3년에 한 번씩 국가에 호적을 신고해야 했습니다. 신고 절차에 익숙지 않았다니 그것도 처음부터 말이 되지 않은 이야기였습니다.

이렇게 만들어지기 시작한 토지수탈설이 교과서에 최초로 실리는 것은 1962년 역사교육연구회라는 단체가 만든 중등 국사교과서에서입니다. 이 교과서는 일제가 토지조사사업을 통해 토지를 수탈한 결과 일본인의 토지가 전국의 거의 절반이나 되었다고 하였습니다. 역시 무슨 근거가 제시된 것은 아니었습니다. 뒤이어 1967년 민영규가 쓴 교과서에 전국 국토의 40%가 수탈당했다는 기술이 나옵니다만, 그 역시 무슨 근거가 있는 주장은 아니었습니다. 그런데 1960년대의 교과서는 검인정 제도였습니다. 여러 사람이 쓴 여러 교과서가 있었는데, 모든 교과서가 다 그렇게 쓴 것은 아니었습니다. 그러다가 1974년부터 교과서가 국정 제도로 바뀝니다. 그때부터 지금까지 30년 이상 민영규가 만들어 낸 40% 수탈설이 정설로 교과서에 실려 왔습니다. 앞서 말한 식량 수탈설도 마찬가지입니다. 1960년대까지의 교과서에는 그러한 기술이 없었습니다. 국정 교과서로 바뀐 뒤부터 일제가 식량의 절반을 실어 날랐다는 식의 난폭한 서술이 등장하지요.

국정으로 바뀐 교과서의 서술이 거칠어진 이유는 무엇일까요. 전장에서 비판한 바입니다만, 당시는 박정희 대통령이 민족의 이름으로 단행한 유신의 시대였습니다. 민족주의가 더 없이 강세를 떨치던 시기였지요. 역사가들은 이 같은 시대적 추세에 무비판적으로 순응하였습니다. 뿐만 아니라 어떤 역사가는 있지도 않았던 사실을 만들어 냄으로써 정치가와 대중의 민족주의적 욕망에 부응하였지요. 교과서의 서술이 난폭해진 것은 이 같은 시대적 배경에서였습니다.

교과서와 별도로 일제의 토지 수탈에 관한 학술 연구서가 나오는 것은 1982년의 일이었습니다. 이 해에 신용하 교수가 출간한 《조선토지조사사업연구》(지식산업사, 1982)는 뒤늦게나마 일제의 토지 수탈을 입증한 연구라고 크게 환영을 받았습니다. 당시 대학원생이던 저도 그 책을 읽고 감명을 받았던 기억이 납니다. 그런데 그 뒤 제 나름대로 한국의 토지제도사를 연구하면서 저는 신 교수의 위 책이 진지한 실증의 산물이 아님을 알게 되었습니다. 선배 교수에 대한 무례한 언사인 줄 알고 있습니다만, 대중의 역사인식에 관한 매우 공적인 문제라 어쩔 수 없군요. 이재무와 달리 신 교수는 일제의 국유지 수탈에 초점을 맞추었습니다. 일제가 민유지를 국유지로 수탈하고자 광분했던 모습을 신 교수는 "한 손에는 피스톨을 다른 한 손에는 측량기를 들고"라고 매우 선정적으로 묘사하였습니다. 그 증거로서 신 교수는 일제가 수탈했던 국유지의 여러 사례를 제시하고 있습니다. 그렇지만, 그 모두는 1918년에 출간된 토지조사사업의 보고서에 소개된 분쟁사건을 신 교수가 편리한 대로 각색한 것에 불과하지요. 예컨대 경남 김해의 어떤 땅을 두고 경남 도장관은 국유지임을, 민간인 누구는 민유임을 주장하는 분쟁에 대해 보고서는 각각의 주장은 이렇고 저렇다는 식으로 중립적으로 소개하고 있을 뿐입니다. 그것을 신 교수는 분쟁의 결과는 보나 마나 뻔한 것이라 하여 모조리 국유지로 판결이 난 것처럼 바꾸어 썼습니다. 그런 식이라면 제대로 된 실증이라고 할 수 없지요.

신용하 교수가 위 책을 출간한 그 해에 경남 김해 군청에서 토

▲ 토지조사사업 당시 경기도 고양군에서 대지를 측량하고 있는 광경

지조사사업 당시에 작성된 문서들이 대량으로 발견되었습니다. 그 자료를 이용한 논문이 나오기 시작하는 것은 1985년부터입니다. 저도 그 과정에서 한 몫을 했습니다만, 결론적으로 이야기해서 총독부는 국유지를 둘러싼 분쟁의 심사에서 공정하였으며, 나아가 기존의 국유지라도 민유인 근거가 어느 정도 충족되면 민유지로 바꾸어 판정하는 데 인색하지 않았습니다. 그렇게 분쟁을 거쳐 남은 국유지는 전국의 총 484만 정보의 토지 가운데 12.7만 정보에 불과했습니다. 그것마저 대부분 1924년까지 일본 이민이 아니라 조선인 연고 소작농에게 유리한 조건으로 불하해 버렸습니다.

만들어진 기억의 상업화

1997년 저를 포함한 몇 사람의 연구자들이 토지조사사업 당시의 원 자료에 기초하여 《조선토지조사사업의 연구》(민음사, 1997)라는 연구서를 출간하였습니다. 이후 이전과 같은 난폭한 수탈설은 많이 수그러들었습니다. 그럼에도, 교과서의 서술은 지금까지도 변하지 않고 있군요. 한번 만들어진 기억은 쉽게 지워지지 않는 법입니다. 선진사회라면 그러한 일이 있기 곤란합니다. 거기서는 학술세계를 지배하는 엄격한 심판자 그룹이 있어서 옳고 그름에 대해 거역할 수 없는 판정을 내립니다. 그에 비해 후진사회는 엄격한 심판자 그룹이 존재하지 않기 때문에 뭐가 옳고 그른지를 대중은 물론 연구자조차 잘 구별하지 못하는 경우가 비일비재하지요. 대중의 집단기억과 관련된 문제라면 더욱 그러하지요. 한번 권력화한 대중의 집단기억은 좀처럼 자신의 기득권을 놓지 않으려 합니다. 좀 불쾌하게 들릴지 모르겠습니다만, 저는 한국사회는 아직 이 같은 후진사회의 특질을 많이 안고 있다고 생각합니다.

한국사회가 그런 후진적 양상을 떨치지 못하는 데는 상업화된 민족주의의 역할이 크다고 생각합니다. 예컨대 신용하 교수가 "한 손에는 피스톨을 다른 한 손에 측량기를 들고"를 이야기했지만 실제 피스톨이 발사된 사건을 하나라도 제시한 것은 아니었습

▲ 실제로 있지도 않은 사건을 실제로 있는 당산나무 사진에다 오버랩시켜 역사를 만들어 내고 있는 조정래의 《아리랑》. - 조정래 문학관에서

니다. 역사가의 그런 한계는 역사소설가에 의해 곧잘 매워집니다. 1994년부터 나오기 시작한 조정래의 장편 역사소설 《아리랑》 아홉 권이 그 좋은 예이지요. 다 합하여 무려 3백만 부가 팔린 소설이라고 합니다. 이 소설의 앞부분은 토지조사사업 당시를 무대로 하고 있습니다. 그 무대에서 사업의 실무를 맡은 조선인 모리배들이 일본인 순사와 결탁하여 신고가 무엇인지 모르는 어리석은 농민들의 토지를 수탈하고 있습니다. 토지를 빼앗기게 된 농민이 모리배에 항의하다 몸을 밀쳐 상처를 입힙니다. 그러자 일본인 순사가 그 농민을 나무에 묶어 놓고 즉결 처분으로 총살하는 장면이 나옵니다. 소설가의 상상력이 지나쳐 소름이 끼칠 지경입니다. 이 소설가는 당시가 비록 식민지기이지만 법이 있었다는 사실을 완

전히 무시하고 있습니다. 일개 순사가 사람을 즉결로 처형하다니요. 일제가 1911년에 공포한 조선형사령(朝鮮刑事令)이란 법에 그런 조항이 있는지 묻고 싶군요. 그렇게 그 시대는 한 소설가에 의해 더없는 야만의 시대로 그려졌습니다. 마치 포르투갈의 모험 상인들이 아프리카와 남미의 미개 지역에 들어가 마구 분탕질치는 식으로 식민지기의 농촌사회를 그리고 있습니다. 본의가 아니겠습니다만, 그 소설에서 우리 민족은 동네 사람이 죄 없이 총살당해도 그저 보고만 있는 나약하고 비겁하기 짝이 없는 야만인들로 그려져 있습니다. 과연 그랬던가요. 어쨌든 그 소설을 읽은 수많은 젊은이가 그 시대를 야만의 시대로 알겠지요. 그리고선 야만인처럼 난폭하게 지난 20세기의 역사를 사고하겠지요. 그것이 두려워서 하는 말입니다.

5

식민지근대화론의 올바른 이해

한용운의 자유의 논리

흔히 사람들은 일제가 토지와 식량을 수탈했다는 교과서의 서술이 사실이 아니라고 하면 "그렇다면, 일제의 식민지 지배를 미화하자는 말이냐"라고 불쾌해합니다. 저는 제국주의 비판의 논리가 그렇게 단순해서는 곤란하다고 생각합니다. 제국주의는 수탈 여부로 비판할 것이 아니지요. 수탈 여부와 무관하게 제국주의는 그 자체로 비판의 대상입니다. 왜 그럴까요. 다름 아니라 인간 본성에 반하는 체제가 제국주의이기 때문입니다. 이 점을 다른 누구보다 명확히 한 사람이

▲ 한용운

3·1운동 당시 33인의 한 분이신 한용운 선생이라고 저는 생각합니다. 일본인 검찰의 심문에 대응하여 한용운 선생이 작성한 '조선독립의 글'이란 문장의 첫머리는 다음과 같이 시작합니다.

> 자유는 만물의 생명이요 평화는 인생의 행복이다. 그러므로 자유가 없는 사람은 죽은 시체와 같고 평화를 잃은 자는 가장 큰 고통을 겪는 자이다. 압박을 당하는 사람의 주위는 무덤으로 변하는 것이며 쟁탈을 일삼는 자의 주위는 지옥이 되는 것이니 세상의 가장 이상적인 행복의 바탕은 자유와 평화에 있는 것이다.

그렇지요. 자유가 없는 사람은 시체와 다를 바 없지요. 인간 생명의 본질은 자유입니다. 한용운 선생이 일제의 조선 지배를 비판하고 조선 독립의 당위성을 주장한 것은 바로 이 자유의 논리에서였습니다. 그것이면 충분하지 다른 무엇이 더 필요합니까. 전해 오는 말에 의하면 한용운 선생의 글을 읽고 일본인 검찰은 마음으로 승복하고 경의를 표했다고 합니다.

인간의 본성은 자유입니다. 그에 비출 때 일제의 조선 지배체제는 모순에 가득 찬 것이었습니다. 각종 세금은 거두어 가면서 정치적 권리는 인정하지 않은 것이 일제의 지배체제였습니다. 그런 모순은 어차피 오래갈 수가 없습니다. 모순을 해소하는 한 가지 방책은 조선인을 모조리 일본인으로 동화시키는 것입니다만, 그런 일은 불가능하였습니다. 제2장에서 썼습니다만, 차별을 받는 가운데 조선인들은 그들이 하나의 운명공동체인 민족임을 자각하게 됩니다. 민족의식은 역설적으로 일제의 동화교육을 많이 받은 지식인일수록 더욱 강했습니다. 그러니까 동화정책은 실패할 수밖에 없는 것이지요. 다른 하나의 방책은 조선인에게도 정치적 권리를 인정하는 것입니다. 실제로 일제는 1942년 조선의 청년들을 일본군대로 동원할 계획에서 1946년부터 조선인의 참정권을 인정할 방침을 세웁니다. 일제가 일찍 패망하는 통에 이 방침은 공수표가 되었습니다만, 실제 실현되었더라면 장기적으로 어떤 결과가 초래되었을지는 짐작하기가 별로 어렵지 않습니다. 그래서 저는 일제의 조선 지배체제는 조만간 해체될 수밖에 없는 모순에 가득 찬 것이었다고 보지요.

그런데 일본인 검찰을 감복시킨 한용운 선생의 자유정신은 어디에서 온 것입니까. 저는 "자유가 없는 사람은 죽은 시체와 같다"는 선생의 외침에서 문득 미국 독립혁명의 사상가인 패트릭 헨리(Patrick Henry)의 "자유가 아니면 죽음을"이라는 연설을 떠올렸습니다. 그렇지요. 그것은 바다를 건너 온 정신이었습니다. 전통 성리학의 정신세계에서 그런 인간 자유론이 생겨날 여지는 별로 크지 않습니다. 이 점에 특별히 유의하지 않으면 안 됩니다. 한용운이란 당대의 지식인은 더 이상 전통 성리학의 세계에 머물지 않았습니다. 그의 정신세계는 인류 보편의 자유 가치를 찾아 동서양을 훨훨 날아다니고 있었습니다. 그의 제국주의 비판이 일본인 검찰에게 경의로 받아들여진 것도 그가 이미 세계인이었기 때문이지요. 그 한용운 선생의 정신세계에서 저는 제가 앞서 이야기한 '문명사의 대전환'의 가장 훌륭한 예를 발견합니다. 중화제국이라는 문명권의 일부로 위치했던 조선 문명이 자유를 인간의 본성으로 알고 개인을 궁극의 실체로 인정하는 서유럽 문명권으로 포섭되어 가는 그 대전환 말입니다. 제가 식민지기를 이해하고 또 일제의 지배체제를 비판하는 시각은 바로 그러한 '문명사의 대전환' 입니다. 그러한 시각을 가리켜 세간에서는 흔히들 식민지근대화론이라고 부르고 있습니다만, 그 진의가 올바로 이해되지 않은 가운데 편견에 가득 찬 비판만이 횡행하고 있습니다. 이제부터 그에 대해 해명하도록 하겠습니다.

'영구병합'을 위한 근대의 이식

식민지근대화론은 일제가 조선을 지배한 목적에서부터 기존의 수탈론과 이해를 달리합니다. 일제가 조선을 식민지로 지배한 기본 목적은 이른바 '영구병합'이었습니다. 일제가 남긴 통치사료를 보면 '영구병합'이란 말이 지겨울 정도로 자주 나옵니다. 영구히 일본의 영토로 삼겠다는 것이지요. 일본사람들은 여기에 20~30년 간 살다가 돌아가려고 온 것이 아닙니다. 영구히 살려고 왔습니다. 이 점을 똑바로 응시할 필요가 있습니다. '영구병합'이란 거창한 목적을 달성하려면 어떻게 해야겠습니까. 조선의 사회와 경제를 일본과 같은 것으로 만들어야지요. 조선의 정신과 문화를 그대로 두어서도 안 되지요. 그럴 목적에서 일제는 그들의 법과 제도와 문화를 조선에 이식하였습니다. 한갓 수탈이나 자행하여 민심을 잃기보다 좀 더 근본적인 이러한 프로젝트에 매달렸던 것이 일제의 조선 지배 35년간이었습니다.

그 대표적인 프로젝트의 하나로서 1912년에 공포된 조선민사령(朝鮮民事令)이란 법을 들 수 있습니다. 그때 시행된 일본의 민법은 지금 대한민국의 민법으로 이어지고 있습니다. 두 법을 대조하면 조항의 내용과 순서가 변하지 않고 그대로인 경우가 많습니다. 근대 민법의 핵심 원리는 무엇입니까. 그에 대해 법학자들은 '사적 자유의 원칙'을 이야기합니다. 인간은 국가나 다른 사람에게 구속되지 않은 자유로운 존재로서 그 사회생활과 경제생활은 자신의 자유로운 의사에 따른다는 뜻이지요. 그렇다고 일제가 조선에다 자유민주주의 정치원리를 도입했다는 말은 아닙니다.

일본 자신이 정치적으로 자유민주주의 이전의 단계였지요. 그들이 만든 근대국가는 가족주의적이며 전체주의적인 정치원리에 기초한 천황제 국가였습니다. 일본이 자유민주주의의 정치원리를 실천하는 것은 미국에 의해 천황제 국가가 해체된 1945년 이후부터이지요. 그렇지만, 일제는 천황제라는 정치체제하에서 사회생활과 경제생활의 원리로서 근대적인 민법을 서유럽에서 도입하여 자기류로 정착시켰습니다. 그 서유럽 기원의 민법이 1912년 조선민사령을 통해 조선에 이식된 것입니다.

신분제의 해체

이후 조선에서는 다시 뒤로 돌아갈 수 없는 운명적인 변화가 시작되었습니다. 서로 다른 두 문명이 접합하여 서로 다른 유전자를 섞으면서 새로운 문명을 만들어 가는 과정이었다고 할까요. 이하에서는 그러한 변화를 상징하는 두 가지에 대해 이야기하겠습니다. 첫째는 신분제의 해체입니다. 이른바 사민(四民)평등의 시대가 찾아 왔습니다. 1909년 경상도 예천군의 맛질이란 양반 마을에서의 일입니다. 오랫동안 마을을 지배해 온 박씨 양반가는 어느 날의 일기에서 다음과 같이 적었습니다. "대저 을사(乙巳) 이후에 양반과 이속(吏屬)들이 겁탈당하고 궁민과 평민이 때를 만났는지라. 동리의 상한(常漢)들이 양반을 칭하고 옛날 호칭은 간데없고 다툴 때는 호이호군(呼爾呼君)하니(하략)"(《맛질의 농민들》, 일조각, 293쪽).

을사조약이 맺어진 1905년 이후 마을의 상놈[常漢]들이 양반을 업신여기고[겁탈하고] 서로 다툴 때는 막말을 하는[呼爾呼君] 사태가 생겼다는 겁니다. 양반으로는 불쾌하기 짝이 없는 이러한 변화가 왜 생겼습니까. 일제라는 새로운 지배자의 세상이 되었기 때문이지요. 일제는 양반과 상놈의 신분 차별과 무관한 중립 권력이었습니다. 한 인간이 다른 인간을 신분으로 차별하는 일은 일제로서는 용납하기 어려웠습니다. 동화정책에 어긋나기 때문입니다. 1908년 같은 마을에서의 일입니다. 동네 앞을 지나는 도로를 닦는데 노동력이 동원되었습니다. 예전에는 양반가의 자제들은 그러한 부역에서 면제되었습니다. 그러나 일본인 관리들은 그런 일을 더 이상 용납하지 않습니다. 양반가의 자제들도 삽을 들고 도로에 나가 흙을 파고 날라야 했습니다. 그런 일이 반복되다 보니 자연히 양반과 상놈이 말을 트는 평등의 시대가 찾아 온 것이지요.

1920년대가 되면 형평사(衡平社)라는 백정(白丁)의 단체가 백정의 신분해방을 위한 운동을 벌입니다. 조선왕조의 시대에 백정은 소나 돼지를 도살해 주고 그 가죽으로 신발 등을 만드는 직업인이었습니다만, 보통 사람으로서 대우를 받지 못했습니다. 인간이 아니기에 성도 없었고 호적에도 등록되지 못했습니다. 그런데 일제는 1909년 호적을 만들면서 백정에게도 등록을 강제했습니다. 그 통에 백정들은 성도 갖고 본관도 갖게 되었습니다. 드디어 백정의 자녀가 학교에 다니게 되었습니다. 형평사 운동 당시의 일이지요. 그러자 양반들이 들고일어났습니다. 어찌 내 자식을 백정의 자식과 같은 교실에서 공부하게 할 수 있느냐고 분통을 터트렸습니다. 특히 경상도 예천 지방에서 양반의 데모가 심했다고 알려져 있습니다. 조선시대에는 양반을 국가의 간성(干城)이라 하여 양반들이 데모를 하면 국왕도 함부로 하지 못했습니다. 그러나 전통과 무관한 외래 권력자들은 그렇지 않았습니다. 양반의 데모대는 총독부의 경찰에 의해 간단히 진압되었습니다.

  얼마 되지 않아 백정 신분은 죄다 사라지고 보통사람의 대열에 합류하고 말았습니다. 백정과 비슷한 존재가 일본에는 아직도 있습니다. 부락민(部落民)이라고 하지요. 자기 나라의 전통과 관습이니까 쉽게 없어지지 않는 겁니다. 그에 비하면 조선에 온 제국주의 권력은 차별의 해소에 훨씬 더 적극적이었던 셈입니다. 현지의 전통과 관습과 무관한 외래 권력이었기 때문이지요. 물론 식민지기의 신분제 해체는 어디까지나 공적 영역에서의 일이었습니다. 관습과 의식의 영역에서 신분차별은 쉽게 없어지지 않았습니다. 거기서 신분은 인간관계의 사회적 결을 가르는 차별로 끈질기게 살아남았습니다. 크게 보아 1950년대까지의 농촌사회가 그러하였습니다. 그에 대해서는 나중에 제16장에서 다시 이야기하겠습니다.

근대적 경제 성장

두 번째의 상징적 변화는 근대적인 경제 개발과 성장입니다. 식민지기에 관한 경제사 연구는 지난 몇 년간 큰 발전을 보였습니다. 낙성대경제연구소라는 곳에 모인 경제사 연구자들은 식민지기의 각종 생산통계, 무역통계, 재정통계 등을 망라하여 오늘날 한국은행이 매년 추계하고 있는 국민계정과 동일 수준의 경제통계를 작성하였습니다. 동 연구소에서 나온 《한국의 경제성장 1910~1945》(서울대학교 2006)라는 책이 그 종합판입니다. 그에 따라 우리는 식민지기에 한반도라는 지리적 범위에서 어떠한 경제적 변화가 있었는지를 한층 소상하게 알게 되었습니다. 그 대강의 내용에 관해서는 《재인식》에 실린 김낙년 교수의 논문, 〈식민지 시기의 공업화 재론〉을 참고할 수 있습니다. 위 책은 김낙년 교수가 중심이 되어 편집한 것입니다. 그에 따르면 1910~1940년 조선의 경제는 연평균 3.7% 성장하였습니다. 동기간 인구증가율이 연평균 1.3% 이니까 일인당 실질소득은 연평균 2.4% 증가한 셈입니다. 이 같은 성장률은 같은 기간 주요 자본주의 국가가 정체와 위기의 시대였기 때문에 세계적으로 높은 수준이었습니다. 경제성장에 따라 1차산업 농업의 비중이 줄고 2차산업 공업의 비중이 증가하는 산업구조의 변화가 있었습니다. 공장과 노동자의 수도 증가하였습니다. 경제란 무엇입니까. 가계와 기업과 정부 간의 재화와 서비스와 소득의 흐름이지요. 이 흐름에서 일부가 아무런 대가 없이 바깥으로 빠져나간다고 칩시다. 경제는 마치 풍선에서 바람이 빠지듯이 점점 쭈그러들지요. 이것이 바로 수탈론이 주장해 온 내용입니다만, 실제 일어난 경제적 변화는 그 반대 방향이었습니다. 재화와 소득의 흐름은 연간 3.7%의 속도로 점점 더 커지고 있었습니다. 제가 보기엔 수탈론은 이제 더 이상 설 자리가 없는 것 같습니다.

혹자는 경제성장이 있었던 것은 사실이지만 전부 일본인 차지였는데 우리 조선인과 무슨 관계가 있는가 하고 냉소적으로 이야기하고 있습니다. 그에 대해서는 《재인식》에 실린 주익종 박사의 논문, 〈식민지 시기의 생활수준〉을 참조해 주십시오. 아주 훌륭한 반비판입니다. 여기서는 인구 2~3%의 소수에 불과한 일본인이 연간 3.7%의 경제성장의 과실을 모조리 다 차지하면 논리적으로 어떤 모순이 발생하는가를 여러 가지 가정의 시뮬레이션을 통해 잘 보여 주고 있습니다. 경제성장을 일본인 자본이 주도한 것은 사실입니다. 그래서 민족 간 소득격차가 벌어지고 있었던 것도 사실입니다. 그렇지만 이 논문은 조선인의 평균 소득도 증대하였음을 설득력 있게 지적하고 있습니다. 생활수준을 반영하는 지표에는 일인당 소득수준 이외에 일인당 칼로리 섭취량, 신장, 보건위생, 교육수준 등 여러 가지가 있습니다. 흔히 쌀이 대량으로 일본으로 건너가 조선인의 영양상태가 퍽 악화된 것으로 알려져 있습니다만, 주익종은 만주에서 들어온 곡물과 지금까지 관심 밖이었던 채소·과일·통조림 등의 보조식품까지 합하면 그런 결론이 나올 수 없다고 주장하고 있습니다.

사유재산제도의 확립

어떻게 하여 이 같은 경제성장이 가능하게 되었을까요. 경제성장에는 여러 가지 요인이 있습니다만, 저는 식민지기와 같은 체제의 전환기에는 사유재산제도의 확립이 가장 중요하다고 생각하고 있습니다. 사유재산제도가 성립해 있지 않으면 누구도 저축을 하려하지 않습니다. 언제 누가 와서 강제로 빼앗아 갈지 모르니까요.

또 누구도 투자를 하려 하지 않지요. 투자의 과실이 자기 것이 된다는 보장이 없으니까요. 실제 오늘날 아프리카나 남미의 여러 나라가 좀처럼 경제성장의 궤도에 올라서지 못하고 있는 가장 중요한 이유도 사유재산제도의 미비에 있는 것으로 지적되고 있습니다. 그 비슷한 상황을 19세기의 조선왕조를 찾은 많은 외국인이 이야기했습니다. 예컨대 청일전쟁 이후 한반도를 두루 여행한 저명한 지리학자 이자벨라 비숍(Isabella B. Bishop) 여사는 당시의 지배계급 양반을 가리켜 '면허받은 흡혈귀'라고 표현하였지요. 그만큼 일반 민중들은 양반관료의 자의적 수탈의 대상으로 무방비 상태에 있었습니다.

한국사에서 유·무형 재산의 포괄적인 범위에 걸쳐 사유재산제도가 성립하는 것은 1910년대 초의 일이었습니다. 전술한 대로 1912년에 일본의 민법이 이식되었습니다. 재산권에 관한 근대 민법의 기본 원리는 다음의 두 가지입니다. 첫째는 '소유권 절대의 원칙'입니다. 소유권은 절대적이며, 국가도 이를 임의적으로 침해하거나 제한할 수 없다는 것입니다. 둘째는 '계약자유의 원칙'입니다. 이는 재산권을 양도하거나 처분함에서 소유자의 자유의사에 기초한 계약만이 법적으로 유일하게 유효하다는 것입니다. 이 두 가지 원리를 보장하기 위해 민법은 모든 재산권은 국가가 정한 법에 따라 등기되어야 한다고 규정하고 있습니다. 그에 맞추

어 1912년에 '조선부동산등기령'이 공포됩니다. 그보다 앞서 1910년에는 '특허법 등을 조선에 시행하는 건'이 공포되어 일본에서 시행 중인 특허법, 의장법(意匠法), 실용신안법(實用新案法), 상표법, 저작권법이 조선에도 시행되었습니다. 그렇게 무형의 지적재산에서도 사유재산제도가 성립하였습니다.

▼ 흥남 일본질소비료공장의 완성된 전경(全景)

　이렇게 재산제도를 정비한 다음 일제는 조선과 일본을 하나의 단일 시장으로 통합하였습니다. 1920년까지 사치품 몇 개를 제외하고 대부분의 관세가 폐지되었습니다. 그렇게 상품과 자본이 오가는 데 장애가 없어졌습니다. 요사이 말로 FTA[자유무역협정]가 완벽하게 이루어진 것이지요. 그에 따라 두 지역 간의 수출입

무역이 크게 늘었습니다. 그리고 많은 자본이 일본에서 건너와 조선의 농토를 개간하고 수많은 공장을 세웠습니다. 그렇게 식민지의 경제성장을 이끈 요인은 일본의 시장과 투자였습니다.

수탈의 메커니즘

그런데 그런 식의 경제성장이 계속되면 결국 어떻게 됩니까. 조선의 토지와 자원과 공업시설은 점점 일본인의 소유가 되지요. 바로 그것이 진정한 의미의 식민지적 수탈이지요. 빼앗아 간 것이 아니라 투자를 하여 한반도의 자원과 공업시설을 일본인의 소유로 만들어 가는 것입니다. 그 점에서 동화정책에 따른 실질적인 수탈의 무서운 결과를 보게 됩니다. 이 점을 명확히 할 필요가 있습니다. 식민지근대화론이라 하면 사람들은 일제의 조선 지배를 미화한다고 여기고 있습니다만 천만의 말씀입니다. 진정한 의미의 수탈과 차별이 어떠한 메커니즘을 통해 벌어졌는지를 제대로 보자는 것이 식민지근대화론이지요. 문자 그대로 식민지적으로 이루어진 근대화였습니다.

　그런데 식민지근대화론은 이러한 제국주의 비판에만 머물지 않습니다. 제국주의의 지배가 법과 제도와 시장을 통한 것인 만큼 그것은 새로운 인간관과 사회원리의 새로운 문명이 이식되어 전통과 충돌하고 접합하면서 나름의 형태로 정착하는 과정이기도 했습니다. 그 점을 동시에 보자는 것이 식민지근대화론입니다. 왜 그렇게 해야 합니까. 바로 그 과정에서 조선인 자신이 스스로 변하고 있었기 때문이지요. 그들은 시대의 변화에 적극적으로 대응하면서 자신을 근대인으로 개발하고 있었습니다. 식민지의 경제 규모가 커지는 과정에서 일본인과의 차이가 벌어지고 있었습니다만 조선인의 소득도 커지고 있었지요. 원래 그럴만한 문명 능력의 전통이었습니다. 그 점을 함부로 과소평가하면 역사적 허무주의 밖에 남지 않습니다. 그렇다면, 식민지기는 해방 후의 역사에 무엇을 남겼나요. 그에 관해서는 나중에 제9장에서 이야기하도록 합시다.

6

협력자들

제국주의의 조건

제국주의가 식민지를 지배할 수 있었던 것은 두말할 것도 없이 그들의 군사력이 강력했기 때문입니다. 18세기까지만 해도 중국과 서유럽의 군사력은 비등했다고 합니다. 그러다가 영국을 필두로 서유럽의 여러 나라가 산업혁명을 수행하고 난 19세기부터는 사정이 완전히 달라졌지요. 동아시아에서 서유럽의 제국주의 지배체제가 성립한 것은 필경 그 때문이었습니다. 서유럽의 무기는 막강하였습니다. 예컨대 1898년 영국군은 20정의 기관총을 가지고 불과 몇 시간 내에 1만 1,000명의 수단인을 사살하였습니다. 영국군의 사상자는 불과 348명에 불과했습니다. 그렇게 제국주의의 상징은 총이었습니다. 이외에도 제국주의를 가능케 한 것으로 전신, 증기선, 철도 등을 들 수 있습니다. 이들 교통·통신혁명으로 제국주의의 군대는 신속하게 원주민의 저항을 진압할 수 있었을 뿐 아니라 식민지 지배의 경제적 수익성을 드높일 수 있었습니다. 키니네의 발견이 제국주의를 가능케 했다는 재미있는 이야기도 있지요. 유럽인들이 열대 지역에 진출할 수 있었던 것은 말라리아로부터 그들을 보호할 수 있는 키니네의 덕분이라는 겁니다.

그런데 제국주의의 지배는 물리적인 것만은 아니었습니다. 실제로 일제의 조선 지배를 보더라도 총으로 상징되는 물리적인 힘이 노골적으로 동원된 것은 3·1운동 당시의 1회로 국한되지 않을까 싶습니다. 제국주의의 지배는 정신적이며 문화적인 것이기도 했습니다. 제국주의는 새로운 질서였습니다. 제국주의는 진보의 화신처럼 보였습니다. 그렇게 제국주의는 자기 자신을 새로운 문명의 메신저로 선전합니다. 그리고 식민지의 많은 사람이 그러한 선전에 동의하게 됩니다. 그들은 슬슬 제국주의의 협력자로 변해 가지요. 그들은 그들의 협력으로 그들의 민족이 제국과 같은 선진 문명으로 발전해 갈 것으로 믿습니다. 그래서 자발적으로 협력했던 것이지요. 따지고 보면 식민지에서 제국주의자들은 소수에 불과했습니다. 손에 총을 들고 있긴 했지만 그들은 낯선 지방에서 다수의 적대적인 원주민에 둘러싸여 두려워하였습니다. 그들의 식민지 지배가 가능하였던 것은 그들에게 우호적인 다수의 협력자가 있었기 때문입니다. 협력자를 더 이상 끌어낼 수 없거나 협력자들이 등을 돌릴 때 제국주의는 위기에 처합니다. 그러니까 제국주의의 역사는 동시에 협력자의 역사이기도 했습니다.

　식민지 조선에 거주한 일본인은 가장 많을 때 75만여 명으로서 전체 인구의 2.7% 정도였습니다. 그들은 주로 도시와 항구에 거주하였으며 내륙이라도 철도가 통하는 지역을 멀리 벗어나지 않았습니다. 순 농촌부로 들어가면 한 면에 주재소 순사, 소학교의 교장과 교사, 수리조합과 금융조합의 직원 등을 합쳐 그 수가 대여섯을 넘지 못했습니다. 그럼에도, 총독부의 지배체제는 꽤 강건하게 효율적으로 작동하였습니다. 다수의 자발적인 협력자 덕분이었습니다. 이제까지 한국의 역사가들은 민족의 부끄러운 면이라 하여 이에 대해 잘 이야기하지 않았습니다만, 더 이상 그럴 필요가 없습니다. 되풀이되고 있습니다만 민족만이 역사의 주체는 아니지요. 역사에 있어서 궁극의 주체는 개별 인간입니다. 그렇게 역사에 대한 시선을 조정한 다음 식민지기를 살았던 인간들의 삶 자체를 중심에 놓고 역사를 풀어가야 마땅하지요.

중인 출신의 협력자들

협력자들은 주로 전통 조선시대에 신분이 억눌린 계층에서 많이 배출되었습니다. 전장에서는 경상도 예천의 어느 마을에서 을사조약 이후 상민들의 신분이 해방되어간 예를 들었습니다만, 비슷한 이야기는《재인식》2권의 말미에 실린 편집자들의 대담 가운데에서도 나오고 있습니다. 1945년 8월 일제가 망하자 양반 마을에서는 환성이 울려 퍼졌지만 상민 마을에서는 조용했다는 겁니다. 서북인들, 곧 평안도 출신의 사람들에게서도 비슷한 이야기를 들을 수 있습니다. 조선왕조가 망하자 평안도 사람들은 속으로 만세를 불렀다고 합니다. 조선왕조는 평안도 사람들을 차별하였습니다. 그들에게는 과거시험의 기회가 부여되지 않았습니다. 그렇게 집단적으로 차별받은 주민이라면 왕조의 멸망을 기뻐했을 가능성은 충분하다고 생각합니다.

협력자를 대표한 세력은 주로 아전(衙前)이라는 구래의 중인 신분에서 나왔습니다. 그들은 대를 이어 군현의 행정 실무를 담당한 계층이었습니다. 글을 읽고 셈을 할 줄 아는 전문적인 지식인이었지만 그들의 사회적 진출에는 엄연한 한계가 있었습니다. 그들은 양반관료로부터 심한 차별을 받았습니다. 1876년 개항 이후 새로운 세계가 전개되자 그들은 다른 어느 계층보다 재빨리 그에 적응합니다. 원래 실무와 정보에 밝았던 그들이었지요. 그들은 상인으로 또 지주로 변신하여 경제적으로 성공하였습니다. 이후 식민지기의 농촌사회는 이들 중인출신의 신흥지주에 의해 지배되었습니다. 반면에 구래의 양반신분으로서 시대의 변화에 성공적으로 적응한 사람은 적었습니다. 그들에게 이민족이 지배하는 식민지기는 하늘의 도가 무너진 난세와 같았습니다. 이에 정통 양반신분의 사람들은 대개 은둔의 생활 자세를 보이거나 소극적으로 시세에 적응할 뿐이었습니다.

신흥지주들은 대체로 그들의 사회적 성공을 가져다 준 일제의 식민지 지배에 협력적이었습니다. 그들은 직접 총독부의 관료로 진출하거나 각급 협의회의 위원으로 활약하였습니다. 예컨대 1925년 전국에 군수를 지낸 250명의 조선인이 있었는데, 그 대부분이 중인 출신이었습니다. 신흥지주들은 대체로 그들의 자식을 일본으로 유학시켰습니다. 일본으로 간 그들의 자식은 동아시아의 새로운 중심인 일본의 신문명에 압도되면서 일제의 협력자로 키워집니다. 하지만, 반드시 그렇지만도 않았습니다. 역사의 진행은 언제나 생각 이상으로 복잡하지요. 유학생들이 배우게 되는 새로운 문명의 기초 가치는 무엇입니까. 인간의 존엄성과 자유정신이지요. 그것은 곧 부당한 차별에 대한 저항이지요. 유학생들은 그렇게 민족의식을 자각하면서 민족의 장래를 기획하고 실천하는 민족적인 지식인으로 바뀝니다. 그들의 정신세계에서 협력과 저항의 경계는 분명치 않았습니다. 한국의 근대 문화와 학문은 대부분 이 같은 정신세계의 일본 유학생들로부터 나왔습니다. 역사학의 최남선, 문학의 이광수, 한글학의 최현배, 경제학의 백남운 등, 예를 들기 시작하면 끝이 없을 지경입니다.

협력과 저항의 역설

우리의《재인식》에는 이 같은 협력의 실태와 정신세계에 관한 좋은 논문들이 몇 편 실려 있습니다. 우선 이혜령 교수의〈한글운동과 근대미디어〉라는 논문을 소개하겠습니다. 한글운동이라 하면 사람들은 식민지기의 대표적인 민족운동의 하나로 알고 있습니다. 그런데 이 논문을 읽으면 반드시 그렇게만 이야기할 수 없는 복잡한 식민지기의 현실을 접하게 됩니다. 한글학자들이 한글의 맞춤법을 통일하고 그것을 보급하는 데는 총독부와의 협력이 절실하였습니다. 그 한 가지 이유는 한글학자들이 서로 다른 방식의 맞춤법을 주장하고 있었기 때문입니다. 예컨대 최현배와 같이 한글파에 속한 학자들은 'ㅆ'이나 'ㄶ'과 같은 쌍받침이나 겹받침의 사용을 주장한 반면, 정음파의 학자들은 그러한 복잡한 받침의 사용에 반대하면서 소리 나는 대로 적을 것을 주장하였습니다. 양파의 팽팽한 대립은 1930년 2월에 한글파의 주장대로 한글 맞춤법이 통일됨으로써 끝이 납니다. 총독부가 한글파의 손을 들어 주었던 것이지요. 정음파의 저항은 이후에도 한동안 계속되었습니다. 기독교의 성경이 원래 정음파의 맞춤법으로 쓰였으니까요. 그렇지만, 통일 맞춤법의 보급에서 결정적으로 중요한 장소는 학교였습니다. 그 학교가 총독부의 통제하에 있고 총독부가 한글파의 손을 들어 준 이상 한글파의 승리는 거역할 수 없는 대세였습니다. 결국, 기독교계도 1937년이면 한글파의 맞춤법 통일안을 수용하게 됩니다. 결과적으로 맞춤법의 통일과 한글의 보급이라는 민족운동은 총독부의 지배정책과 긴밀한 협력 관계에서 이루어진 것이었습니다. 이처럼 저항과 협력의 경계는 불분명하였고 구체적 현실에서 양자는 실타래처럼 복잡하게 얽혀 있었습니다.

저항이 협력이기도 하고 협력이 저항이 되기도 하는 역설적인 관계는 조선처럼 제국주의의 완전 식민지였던 곳에서는 거의 피할 수 없는 운명이었다고 생각합니다. 완전 식민지에서 제국주의의 지배는 정신과 물질에 걸쳐 또는 시간과 공간에 걸쳐 포괄적이며 총체적인 방식으로 이루어집니다. 몇 년 전에 저는 이성시 교수의 〈조선왕조의 상징공간과 박물관〉(《국사의 신화를 넘어서》, 휴머니스트, 2004)이라는 논문을 읽으면서 그러한 생각을 한 적이 있습니다. 일제는 조선왕조의 경복궁, 덕수궁, 창덕궁 세 왕궁을 박물관, 미술관, 동·식물원으로 민간에 개방합니다. 민간은 이전의 왕궁이란 성스러운 공간이 이제는 일제의 완벽한 통제하에 있다는 사실을 새삼스레 깨닫게 됩니다. 그 박물관에 진열된 역사적 유물의 상당 부분은 일본의 일류 고고학자들이 직접 발굴한 것입니다. 아니면 넘어지거나 반쯤 묻혀 있거나 깨진 것들을 모아서 정리하고 보존한 것들이지요. 그 유물을 통해 일제는 너희 조선도 우리 일본처럼 얼마나 훌륭한 문화였던가 하고 이야기를 건넵니다. 그것을 보는 조선인의 심정은 어떠했습니까. 깨어지고 흩어진 자신의 역사를 정리해 준 일에 감사하면서도 다른 한편 일본이 자신의 역사를 마음대로 재단하고 있음을 보고 부끄러워했지요. 실제로 최남선 선생이 그러했습니다. 그는 일제의 고적조사사업에 감사를 표하면서도 "일본인의 손을 통해 처음으로 조선인 생명의 흔적이 천명된 것은 얼마나 큰 민족적 수치인지"라고 탄식해 마지 않았습니다. 솔직히 말해 저도 그런 적이 있습니다. 언젠가 경주의 석굴암이 일본인 고고학자에 의해 발견된 것이고 그때 일본인들이 석굴암이야말로 동양예술의 진수라고 흥분해 마지않았다는 사실을 처음 알았을 때 오히려 부끄러웠던 기억이 납니다.

친일 내셔널리스트

다시 《재인식》으로 돌아오겠습니다. 조관자 교수의 〈'민족의 힘'

을 욕망한 '친일 내셔널리스트' 이광수〉는 친일파의 대표 주자로 알려진 이광수의 정신세계를 분석한 것입니다. 일본 유학생 출신의 이광수는 잘 알려져 있듯이 근대 문학을 개척한 선구자이자 당대에서는 가장 인기 있는 작가의 한 사람이었습니다. 그는 한때 상하이上海로 건너가 임시정부에도 참여하였습니다. 그러했던 그가 협력자로 돌아선 것은 적어도 개인적인 영달을 위한 것은 아니었습니다. 흔히들 친일파라 하면 그렇게 알고 있지만, 조관자의 논문은 그러한 통설적 이해를 정중히 거부합니다. 오히려 이광수는 진지하였습니다. 왜 그랬을까요. 다름 아니라 일본을 조선이 본받아야 할 선진 문명으로 인정했기 때문입니다. 그는 조선의 불결, 무질서, 비겁, 무기력 등에 절망합니다. 그러한 야만의 조선이 일제에 적극적으로 협력하여 일본인처럼 깨끗하고 질서 있고 용감하며 협동하는 문명인으로 다시 태어나는 길이야말로 조선 민족이 재생할 수 있는 길이라고 믿었습니다. 그리고 그 점에서 그는 정직하였습니다. 조관자 교수는 그러한 정신세계의 이광수를 '친일 내셔널리스트'라고 부르고 있습니다. 친일을 하는 민족주의자! 이 얼마나 모순된 표현입니까. 그러나 저는 그러한 모순된 표현에서 이광수만이 아니라 식민지기를 살았던 대다수 지식인의 정신세계를 읽을 수 있다고 생각합니다. 그들에게서 협력과 저항은 신구 두 문명이 격렬히 충돌하는 고통이었으며, 그 속에서 문

▲ 친일문학을 대표하는 이광수와 최정희.
그들의 정신세계에서 협력과 저항은 하나였다.

명인으로 소생하기 위한 실존적 선택의 몸부림이었습니다.

식민지기의 그러한 정신세계는 최경희 교수의 논문 〈친일문학의 또 다른 층위―젠더와 《야국초》〉에서 더없이 섬뜩하게 그려지고 있습니다. 저는 경제사 전공자로서 문학사에 대해선 아는 것이 없습니다만, 이 논문을 읽다가 어느 대목에서 전율을 느꼈습니다. 최정희라는 여류 작가의 《야국초》라는 소설은 1942년 어느 조선인 어머니가 열 살 난 아들을 데리고 일본군 지원병 훈련소를 방문하여 아들에게 훈련소를 견학시키면서 아들이 나이가 차면 일본군으로 보낼 것을 다짐하는 내용입니다. 아시아·태평양전쟁이 한창이던 1942년, 일제는 1944년부터 조선에서도 징병제를 실시할 계획을 발표합니다. 이러한 시국에서 최정희의 《야국초》는 두말할 필요 없이 선전의 목적으로 쓰인 친일문학이지요. 그렇지만, 최경희 교수는 정치적 입장이 그렇다고 하여 소설의 저변에 깔린 문화적 요소의 의미마저 모조리 무시해서는 곤란하다고 하면서 종전까지 소홀하였던 여성의 시각에서 소설을 다시 읽자고 제안합니다. 그 어머니는 간호부라는 직업을 가진 신여성으로서 사회적 지위가 있는 어느 조선인 유부남과 사랑을 나누었습니다만, 아기를 임신하자 남자는 배신하고 맙니다. 어머니는 낙태의 유혹을 이기고 아들을 사생아로 낳지요. 어머니가 그 아들을 일본군에 보내려고 하는 것은 그 아들을 비열하고 무책임한 조선의 사생아가 아니라 정직하고 책임 있는 제국의 아들로 바치고자 하는 뜻입니다. 그렇게 자기를 배신한 조선의 남자에게 복수하는 겁니다. 바쳐진 아들은 결국 전쟁에 나가 죽게 되겠지요. 어머니는 그것을 모르지 않습니다. 결국, 이 소설은 단순한 친일 선전문학이 아니라 남성과 제국의 횡포에 속절없이 순응하며 희생할 수밖에 없는 식민지 여성의 절망과 죽음을, 나아가 작가 최정희 자신의 정신적 죽음을 그린 것입니다. 제가 전율을 느낀 것은 최경희 교수의 섬세한 분석이 이 대목에 미칠 때였습니다. 다시 말해 협력은 절망이고 죽음이었습니다. 그렇다면, 그것은 저항이 아닙니까. 협력과 저항의 경계는 그렇게 다시 한번 애매해졌습니다.

제국의 이등시민으로서

이광수나 최정희와 같은 적극적인 협력자들이 조선이 일제에 적극적으로 협력하여 순수하고 정직한 민족으로 다시 태어나는 것이 조선의 자손들이 살길이라고 생각한 것은 당시 일본제국의 판도가 공간적으로 대폭 확장하고 있었던 객관적 상황과 밀접한 연관이 있다고 저는 생각합니다. 1931년 일제는 만주를 침략하여 만

▶ 대동아공영권의 판도와 선전포스터.
포스터 제목은 1943년 11월 6일에 나온 '대동아공동선언'이다.

주국을 세운 다음, 1937년에는 중국과 전면전을 벌여 중국의 주요 도시를 점령하였으며, 1941년부터는 미국과 태평양전쟁을 벌여 동남아시아와 호주를 제외한 남태평양 전역을 장악하지요. 일본 제국은 실로 솟아오르는 태양처럼 빛나 보였습니다. 그 일제로부터의 독립은 실현 불가능으로 보였습니다. 그 대신 넓어진 제국의 판도는 조선인에게는 자연스럽게 제국의 이등시민 지위를 부여하였습니다. 원래 내선일체(內鮮一體)라 했지 않았습니까. 그렇게 조선인 스스로 이등시민을 자처하면서 반도를 벗어나 만주로, 중국으로, 동남아로 활발히 진출하였던 것이 1930~40년대였습니다.

그 점을 잘 보여주는 《재인식》에 실린 논문이 김철 교수의 〈몰락하는 신생—만주의 꿈과 《농군》의 오독〉입니다. 이 논문도 문학에 문외한인 저에게 큰 자극으로 읽혔습니다. 이 논문에서 김철 교수는 식민지기의 민족문학을 대표하는 것으로 알려져 온 이태준의 소설 《농군》이, 실은 일제의 만주개발 정책에 잘 부응한 국책소설이라고 잘라 말합니다. 친일문학을 지금까지 민족문학으로 간주했다니, 그럴 수도 있는가 싶을 정도로 어이가 없습니다만, 김철 교수의 해부는 날카롭기 짝이 없습니다. 1938년 이태준은 몇 사람의 문인과 동행하여 만주를 여행합니다. 만주로 이민 간 조선 농민의 마을을 시찰할 목적에서였지요. 그 마을은 1931년의 이른바 만보산(萬寶山)사건으로 유명한 그 마을이었습니다.

1931년 만보산에 들어온 조선 농민은 만주의 밭을 논으로 개간하기 위해 20여 리나 떨어진 강에서 물을 끌어들입니다. 그 과정에서 그들이 토민이라고 무시한 주변의 중국 농민과 충돌이 발생합니다. 중국 농민들의 땅을 함부로 침범했던 것이지요. 중국 농민들이 들고일어나 수로를 파괴하자 조선 농민들은 일본영사관에 도움을 요청하여 중국인들을 물리칩니다. 그 과정에서 쌍방에 사람이 죽거나 다친 일은 없었습니다. 그런데 그해 7월 국내의 조선일보가 만주의 중국인들이 조선 농민을 습격하여 많은 사람이 죽고 다쳤다는 오보를 내지요. 그러자 전국 도처에서 화교들에 대한 물리적 공격이 벌어집니다. 평양이 가장 심하였는데, 무려 127명의 화교가 살해당하고 393명이 부상을 입었습니다. 이것이 만보산사건의 전말입니다. 그 사건 7년 뒤 만주를 여행한 이태준은 '식민지 모국의 지식인'처럼 만주의 이 도시와 저 도시를 이국취향으로 즐겼을 뿐 아니라 만보산에 들러 만주 개척의 성공 실태를 확인하고 만족스러워합니다. 만주는 그렇게 조선 농민의 덕분에 마적이나 출몰했던 황무지에서 풍요로운 땅으로 바뀌었습니다. 소설 《농군》은 겉으로 보기엔 고향을 떠나 험한 만주 땅에서 힘써 개간에 성공하는 한 진취적인 조선 농군을 다룬 민족소설 같아 보입니다. 그렇지만, 김철 교수는 소설이 전제하고 있는 시대적 맥락을 위와 같이 짚어 냄으로써 민족소설로 알려져 온 것을 단번에 친일 국책소설로 뒤집어 버렸습니다.

이 글을 읽으면서 저는 1904년 러일전쟁 이후 일본인들이 한반도로 건너와 여기저기에 농장을 차리던 때를 떠올렸습니다. 그때 주변의 조선 농민과 많은 충돌이 발생했는데 그 역시 수리 시설 때문이었습니다. 1930년대가 되니 만주에서 똑같은 문제가 발생하였군요. 앞에서는 일본인이 조선인을 멸시하였는데, 뒤에서는 조선인이 중국인을 멸시하고 있군요. 비슷한 이야기를 싱가포르의 수상 리콴유의 자서전 《일류국가의 길》(문학과 사상사, 672쪽)에서 읽은 기억이 납니다. 리콴유는 자기의 한국인에 대한 첫인상은 좋지 않았다고 합니다. 제2차 세계대전 당시 일본군이 싱가포르를 점령했을 때 한국인 '외인부대'가 뒤를 따라 들어왔는데 몹시 거칠었고 일본군만큼이나 고압적인 태도를 보였기 때문이라는군요. 아마도 일본군의 뒤를 따른 조선인 군속들이었을 겁니다. 그렇게 제국의 판도가 넓어지면서 조선인은 다른 약소민족에 대한 억압자로 변신하고 있었습니다. 협력의 전선이 국제적으로 확장되면서 협력의 내용까지 바뀌어 간 것입니다. 다음 장에서 다룰 일본군 위안부 문제도 그러한 예의 하나라고 할 수 있습니다.

7

일본군 위안부 문제의 실체

위안부와 정신대는 다르다

아시아·태평양전쟁 당시의 일본군에는 군 시설의 일부로 위안소가 있었습니다. 그곳에 젊은 여인들이 위안부로 수용되어 군인과 군속들에게 성적 위안을 제공했습니다. 그 가운데는 상당수의 조선 여인들이 있었습니다. 여인들에겐 행동의 자유가 없었습니다. 성적 위안은 여인들의 의사에 반하여 강요되었으며, 여인들은 거부할 능력이 없었습니다. 심지어는 외출의 자유조차 박탈되었습니다. 그녀들은 노예와 마찬가지 신세였습니다.

요컨대 일본군의 위안소 제도는 여성의 인권을 침해한 반인륜 범죄였습니다. 일본군과 일본국가가 공식 사과하고 책임을 져야 할 전쟁범죄에 다름 아니었습니다. 그런데 오늘날 일본의 정치 지도자들은 그 점을 부인하고 있습니다. 일본국가가 공식적으로 책임질 일은 아니라는 것이지요. 마치 있을 만한 일이 있었던 것처럼 대수롭지 않게 생각하고 있는 것 같습니다. 저는 그 점을 납득할 수 없으며, 참으로 유감스럽게 생각합니다.

그런데 세상사가 다 그러합니다만, 분노가 지나친 격정으로 흐르는 것은 경계할 필요가 있습니다. 실제로 일어난 사건의 내용을 객관적으로 파악하고 냉정하게 책임을 추궁하는 데 격정의 분노는 경우에 따라 장애가 되기 때문이지요. 사건의 내용을 잘못 알거나 본질을 잘못 짚으면 쓸데없는 논쟁만 생기지요. 그래서 우리는 이 전쟁범죄를 다룸에 있어서 마치 재판정에서 진실을 다투는 법률가처럼 엄숙하고 냉철해지지 않으면 안 됩니다. 저는 《재인식》의 편집에 있어서 일본군 위안부에 관한 두 편의 논문을 추천하였습니다. 저의 추천 의도는 그러하였습니다. 여태껏 한국인들이 이 문제와 관련하여 잘 생각해 보지 않았던 사건의 복합적인 측면을 부각시키고 싶었던 것이지요.

우선, 한 가지 지적해 둘 점은 위안부와 정신대(挺身隊)는 별개의 문제라는 사실입니다. 저는 기회가 있을 때마다 이 점을 제 주변의 사람들에게 이야기합니다만, 그때마다 대부분의 사람들은 금시초문이라며 놀라워합니다. 그만큼 오늘날 대부분의 한국인은 정신대 하면 곧바로 일본군 위안부인 줄 알고 있습니다. 일제가 조선의 순결한 처녀들을 정신대라는 이름으로 동원하여 일본군의 위안부로 삼았다는 것이지요. 나중에 소개하겠습니다만, 중·고등학교의 역사교과서에도 그렇게 쓰여 있으니 그렇게 아는 것은 당연하겠습니다. 교과서뿐만이 아닙니다. 제가 쓰고 있는《국어대사전》(금성출판사)에서도 '정신대'를 찾으니 "태평양 전쟁 때 일본군의 위안부로 강제 종군한 한국 여성들의 대오"라고 되어 있군요. 인터넷 네이버 백과사전에서 '정신대'는 "식민지의 여성들을 강제로 징용하여 일본 군인의 성적 욕구를 해소하기 위해 만든 성적 노예집단인 종군위안부를 일컫는 말"로 설명되어 있습니다. 그리고 그 수가 무려 20만이나 되었다고 하는군요. 이 수치는 한때 중·고등학교 역사교과서에서도 인용된 적이 있습니다.

그렇지만 위안부와 정신대는 내용이나 경위가 전혀 별개인 사건이었습니다. 이미 그에 관해서는 〈국사교과서에 그려진 일제의 수탈성과 그 신화성〉(《시대정신》28, 2005)이라는 논문을 쓴 적이 있는데요, 보다 자세하게는 그 글을 참고해 주시기 바랍니다. 한마디로 정신대는 일제가 전시기에 여성의 노동력을 산업현장으로 동원한 것을 말합니다. 제2차 세계대전 당시 미국·영국 등의 연합국도 남자들이 군대에 나가 자리가 비자 여자들을 군수공장으로 동원했습니다. 일제는 그 점에서 연합국보다 오히려 늦었던 편입니다. 일본에서 정신대에 관한 논의가 시작되는 것은 1943년 9월부터이며, 공식 결의가 이루어지는 것은 1944년 3월로 알려져 있습니다. 14세 이상의 미혼 여성들을 자발적으로 학교, 지역, 직장 단위의 정신대로 조직하여 군수공장으로 가게 했던 것입니다. 그런데 별 효과가 없자 1944년 8월 '여자정신근로령(女子挺身勤勞令)'이란 법령을 발동합니다. 이 법에 따라 12~40세의 미혼여성이 국가에 의해 공식 동원되어 군수공장에 보내졌습니다.

조선에서는 이 법이 실행되지 않았습니다. 다시 말해 1944년 그해에 시행된 징병제(徵兵制)나 징용령(徵用令)에서처럼 국가가 행정력을 발동하여 여자들을 공식 동원하지는 않았습니다. 사실상 동원과 같은 강제가 있었던 것은 부정할 수 없겠습니다만, 겉으로는 어디까지나 관의 모집과 알선에 지원해서 나가는 식이었습니다. 예컨대 여학교의 교사가 여학생들에게 나라를 위해 정신대로 나가라고 권유하였는데요, 권유를 받는 여학생의 입장에서는 사실상 강제와 같았던 것입니다. 조선에서 정신대가 조직된 최초의 사례는 1943년 11월 서울시내의 접객업소에 종사한 3,349명의 여자들로 알려져 있습니다. 뒤이어 1944년 3월에 여자정신대 제1대가 평양의 군수공장에, 4월에는 고녀생 제1회 정신대가 인천의 조병창(造兵廠)에 투입되었습니다. 뒤이어 일본으로까지 건너가 군수공장에서 노동한 정신대의 행렬이 있었습니다. 그 정확한 총수에 대해서는 자료가 제대로 남아 있지 않아 알지 못합니다. 다만 나고야에 있는 미츠비시[三菱] 항공기 공장의 300명 등,

▲ 미츠비시 나고야 공장으로 향하는 조선인 여자정신대

알려진 한에서 정신대가 투입된 공장의 사례들을 모두 합하면 약 2,000명 정도 되는 것으로 알고 있습니다.

혼동의 기억이 성립하는 과정

정신대의 실체가 원래 이와 같았기 때문에 1950년대까지만 해도 정신대를 위안부로 혼동하는 한국인의 집단기억은 성립해 있지 않았다고 보입니다. 예컨대 1946년에 나온 이태준의 소설 《해방 전후》에 다음과 같은 장면이 나옵니다.

> 당신은 메칠 안 남았다고 하지만 특공댄(特攻隊)지 정신댄(挺身隊)

지 고 악지 센 것들이 끝까지 일인일함(一人一艦)으로 뻐틴다면 아모리 물자 많은 미국이라도 일본 병정 수효만치야 군함을 만들 수 없을 거요. 일본이 망하기란 하늘에 별 따기 같은 걸 기다리나 보오!

일제가 곧 망할 것이라는 주인공 현의 말을 반박하는 아내의 말입니다. 여기서 정신대는 특공대의 뜻으로 쓰이고 있습니다. 실제 정신대라는 말을 일본어사전에서 찾으면 "위험한 임무를 수행하기 위해 몸을 던지는 각오로 조직된 부대"라고 되어 있습니다(《大辭林》). 그래서 원래 정신대라 하면 '여자정신대'만이 아니라 여러 가지 명칭과 목적의 정신대가 있었던 것이죠. 다시 말해 다양한 목적의 특공대가 있었지요. 그러했기 때문에 이태준도 그의 소설에서 "특공댄지 정신댄지" 라 하면서 이 둘을 동어반복의 형태로 나열했던 겁니다.

뒤이어 1952년이 되면 신석호 선생이 지은 《우리나라의 생활(국사 부분)》이라는 교과서에서 정신대란 말이 다음과 같이 쓰이고 있습니다.

노소·남녀를 물론하고 혹은 징용, 혹은 징병, 혹은 학병, 혹은 보국대, 혹은 정신대(挺身隊) 등으로 붙들어 가서 맘에 없는 과중한 노동을 시켰기 때문에 죽은 자가 심히 많았으며, 최후에는 소위 국민 의

용대를 조직하여 전 민족을 전쟁에 몰살시키려 하였으며(하략)

여기서 정신대는 "맘에 없는 과중한 노동"의 다양한 형태 가운데 하나로 열거되어 있는데요, 앞서 설명한 군수공장으로 투입된 여인들의 근로조직을 가리키고 있음을 쉽게 짐작할 수 있습니다. 위안부의 접대 행위를 '노동'이라고 부르는 것은 한국인의 일반적 언어 감각에서 무리이기 때문입니다. 이 신석호 선생의 역사교과서는 1962년까지 발행되었습니다. 역사교과서의 기술이 지니는 의의는 간단하지 않습니다. 과거사에 대한 국민의 집단기억을 공적으로 반영하기 때문입니다. 그러한 역사교과서에서 정신대는 1960년대 초까지 위안부의 뜻이 아니었습니다. 다시 말해 해방 후부터 1960년대 초까지는 정신대를 위안부와 동일시하는 오늘날과 같은 한국인의 집단기억은 일반적으로 성립해 있지 않았던 것이죠. 물론 양자를 혼동하는 개인의 개별적인 기억은 정신대가 모집되었던 1944년 당시부터 있었다고 보입니다만, 저는 어디까지나 국민의 집단기억에 대해 이야기하고 있습니다. 이 점을 분명히 해두고 싶군요.

1962년 신석호의 역사교과서가 중단된 다음 1979년까지 역사교과서는 정신대나 위안부에 관해 특별히 언급하고 있지 않습니다. 그렇지만 그 기간에 알게 모르게 국민의 집단기억에 있어서 정신대의 실체가 위안부로 슬슬 바뀌고 있었다고 생각됩니다. 역시 소설에서 그 좋은 증거를 찾을 수 있지요. 제가 읽어 본 제한된 범위에서 하는 이야기입니다만, 정신대를 위안부로 묘사하기 시작한 최초의 소설 사례로서 1969년에 나온 김정한의 《수라도》(修羅道)를 들 수 있습니다. 소설의 무대는 일정 말기 낙동강 하구의 어느 마을입니다. 이와모도[岩本]로 창씨한 마을의 구장이 처녀들을 정신대로 징발하려 합니다. 김정한은 정신대에 대해 다음과 같이 이야기합니다.

> 저희들 말로는 전력 증강을 위한 '여자정신대원'이란 것인데, 일본 '시즈오카'라든가 어딘가에 있는 비행기 낙하산 만드는 공장과 또 무슨 군수 공장에 취직 시킨다고 했지만, 막상 간 사람들로부터 새어 나온 소식에 의하면 모조리 일본 병정들의 위안부로 중국 남쪽지방으로 끌려갔다는 것이었다.

이 장면은 여러 가지를 시사하고 있습니다. 김정한은 1908년생으로서 식민지기를 몸소 겪은 분이지요. 그래서 오늘날 대다수의 한국인들이 알지 못하는 정신대의 원래 뜻을 정확히 이야기하고 있습니다. 일본의 군수공장으로 간 여자들이라고 말입니다. 그 다음부터가 문제입니다. 막상 정신대로 간 사람들로부터의 '소식'에 의하면 중국 남방으로 끌려가 일본군의 위안부가 되었다는 겁니다. 이 소식은 과연 얼마나 정확한 것일까요. 소설을 좀 더 따라 읽으면 드디어 마을의 여인들이 끌려가는 장면이 다음과 같이 나옵니다.

> 결국 옥이에게 붉은 딱지가 나오고야 말았다. 역시 그놈이었다. 여자정신대원! 일본 병정의 위안부!

소설의 주인공 가야부인의 몸종인 옥이 처녀에게 드디어 '붉은 딱지', 곧 정신대 영장이 발부된 것입니다. 그런데 이 장면은 역사가의 입장에서 보면 정확하지 않습니다. '붉은 딱지'[赤紙]는 군인으로 징병될 청년들에게 발부되는 영장이었습니다. '흰 딱지'[白紙]도 있었는데요, 징용 대상자에게 발부되는 영장이었습니다. 여자정신대에 대해서는 붉은색이든 흰색이든 영장이 발부된 적이 없습니다. 전술한 대로 조선에서는 '여자정신근로령'이 실행되지 않았기 때문입니다. 영장을 발부하기 위해 국가는 치밀하게 준비작업을 하지 않으면 안 됩니다. 우선 모든 사람의 직업능력을 등록시킬 필요가 있습니다. 호적지를 떠나 다른 곳에 사는 사람들을 대상으로 오늘날의 주민등록부와 같은 것이 정비될 필요도 있습니다. 동원의 후보자들을 대상으로 예비 교육도 시켜야 합니다. 실제 총독부는 1938년 발포된 '국민총동원법'에 근거하여 이러한 준비과정에 착수합니다. 국민직업능력신고령에 의거하여 국민등록제를 실시하였으며, 기류령(寄留令)을 공표하여 호적지를 떠나 사는 사람들의 소재를 정확히 파악했으며, 농촌청년을 대상으로 일본말을 가르치고 제식훈련을 시키는 등, 이른바 연성(鍊成)과정을 운영했습니다. 총독부가 1944년 징병제와 국민징용령을 실시할 수 있었던 것은 사전에 이 같은 준비작업이 치밀히 이루어졌기 때문입니다. 그런데 여자들을 대상으로 해서는 그러한 준비작업이 없었습니다. 그래서 일본에서 1944년 8월 '여자정신근로령'이 발동되었지만 조선에서는 실행하려야 할 수 없는 객관적인 여건이었지요. 그래서 앞서 이야기한 대로 여자들이 학교나 직장 단위로 정신대로 간 것은 사실상 강제였습니다만 형식적으로는 어디까지나 지원이었습니다. 그래서 무슨 딱지 같은 것이 발부된 적은 없었던 것이죠.

 김정한은 소설가이기 때문에 역사가처럼 당시의 사정을 이렇게까지 자세히 알 수는 없었습니다. 그가 알고 있는 것은 당시 붉은 딱지가 조선인을 상대로 발부되었다는 사실, 여인들이 정신대로 나갔다는 사실, 그리고 위안부로 끌려간 여인들이 있었다는 사실 등입니다. 그는 장소와 시간을 달리 하는 이 세 가지 사건을 그스스로도 당시의 기억이 희미해질 무렵인 1969년에 이르러 어렵지 않게 하나로 통합하였습니다. 그래서 위와 같이 '붉은 딱지'가 발부된 "여자정신대! 일본병정의 위안부!"라는 역사적 사실이 생겨난 것입니다. 그야말로 소설처럼 쓰인 소설이었지요. 그렇지만 소설의 힘은 위대합니다. 일제의 식민지 지배에 대해 분노하는 국민들의 마음에 소설은 사실처럼 받아들여질 수밖에 없는 것이죠. 정신대를 위안부로 아는 국민의 집단기억은 그렇게 만들어지기 시작했던 것이 아닐까요. 물론 제가 읽었던 좁은 범위의 근거에서 하는 이야기입니다.

기억의 집단화, 공식화

이윽고 1979~1982년이 되면 역사교과서에 "젊은 여자들까지도 산업시설과 전선으로 강제로 끌어갔다"는 기술이 나타납니다. 여인들이 전선으로 끌려간 이유는 무엇이겠습니까. 아직 위안부라는 기술은 명시적으로 나타나지 않습니다만, 끌려간 여인들이 위안부로 희생되었음을 암시하는 구절이 교과서에 처음으로 등장하게 되었습니다. 그 다음 1983~1996년간에는 "여자들까지도 침략 전쟁의 희생물로 만들었다"라고 하여 애매하긴 하지만 좀 더 강력한 암시의 서술이 나타납니다. 드디어 1997~2001년의 교과서에 이르면, "이때 여성까지도 정신대라는 이름으로 끌려가 일본군의 위안부로 희생되기도 했다"고 하여 정신대와 위안부를 등치시키는 기술이 명확하게 성립하지요. 이후 2002년부터 지금까지는 "젊은 여성들을 정신대라는 이름으로 강제 동원하여 군수 공장 등지에서 혹사시켰으며, 그 중 일부는 전선으로 끌고 가 일본군 위안부로 삼는 만행을 저질렀다"하여, 약간 바뀌긴 했습니다만, 위안부가 당초 정신대로 동원된 여자들인 점에서는 마찬가지의 서술을 보이고 있습니다.

 1997년부터 교과서에서 정신대를 위안부와 등치시키는 기술이 나타나게 된 것은 1991년 8월 김학순 할머니가 위안부였던 자신의 과거를 공개하면서 일본정부의 배상을 요구한 사건이 큰 계기가 된 것으로 알고 있습니다. 곧이어 일본의 방위청 방위연구소 도서관에서 일본군이 위안부 모집에 관여했음을 증명하는 공문서가 발견되었지요. 그러자 일본정부도 일본군의 관여를 공식적으로 인정하는 담화를 발표했으며, 뒤이은 양국의 정상회담에서 사죄의 뜻을 밝히기도 했습니다. 이후 위안부 문제를 다루는 시민단체가 양국에서 결성되어 생존 위안부를 찾아내고 숨어 있는 자료를 발굴하는 등의 활동을 활발히 전개함으로써 위안부의 실태와 역사가 상세하게 알려지게 되었습니다. 그에 대응하여 일본정부는 수상이 생존 위안부들에게 사죄의 편지를 내고 관민 합동으로

'국민기금'이라는 자금을 조성하여 대략 3천만 원씩의 보상금을 지급코자 하였습니다만, 한국 측에서는 할머니들이 수령을 거부하면서 일본국가의 공식 사과와 배상을 요구하고 있는 실정입니다. 그 대신 한국정부로부터 위에 상당한 생활지원금을 지급받고 또 매달 70만 원 정도를 생활안정지원금으로 지원받고 있는 것으로 알고 있습니다.

이상과 같은 과정에서 일본에서 볼 수 없는 한 가지 특이한 점은 한국의 시민단체와 연구자들은 위안부 문제가 불거져 나온 1991년 그때부터 위안부를 정신대로 불러 왔다는 사실입니다. 지금까지도 위안부 문제를 위한 한국의 시민단체는 '한국정신대문제대책협의회'라는 이름으로 활동하고 있지요. 1960년대부터 형성되기 시작한 정신대와 위안부를 등치시키는 국민의 집단기억은 1990년대에 이르러선 누구도 어쩔 수 없을 정도로 꽤 강고하게 자리 잡은 상태라고 하겠습니다. 그렇게 된 데에는 1991년 이후 언론의 공로도 컸다고 생각합니다. 1992년 어느 신문은 1944년 8월에 공포된 '여자정신근로령'을 법전에서 찾아 낸 다음 일제가 한반도에서 조직적으로 위안부를 징발한 확실한 증거를 포착하였다고 일면 톱으로 대서특필하였지요. 이 기사는 지금 네이버 백과사전에서도 그대로 인용되고 있습니다. 또 어느 신문은 한술 더 떠서 "12~13세의 젊은 생도는 근로정신대에, 15세 이상의 미혼 소녀는 종군위안부로 연행되었다"고 썼습니다. 이렇게 언론들이 경쟁적으로 어린 소녀들이 정신대라는 이름으로 위안부로 강제 연행되었음을 보도하는 가운데, 위안부의 참혹한 실상을 고발하는 소설과 영화가 뒤를 따른 것으로 기억하고 있습니다. 1997년 국정교과서의 6차 개정에 이르러 위와 같은 기술이 역사교과서에 나타나게 된 것은 이 같은 시대적 배경에서였습니다.

앞서 저는 대중의 집단기억으로서 역사는 많은 경우 비교적 가까운 옛날에 만들어진 것이라고 지적한 바 있습니다. 그러면서 백두산 영산설과 일제의 토지수탈설을 그 예로 들었습니다만, 지금의 정신대 설화도 마찬가지인 것 같습니다. 지금까지 약 175명의 여인이 자신이 위안부로 된 불행한 역사를 고백하였습니다만, 그 가운데 당초 정신대로 동원되었다고 증언한 사람은 없는 줄로 알고 있습니다. 그 점을 증명해 보려고 여러 연구자가 많은 애를 썼습니다만 성공하지 못했습니다. 그도 그럴 수밖에 없는 것이 두 역사적 사실은 처음부터 별개의 것이었습니다.

일본군 위안소의 역사

실제로 위안부의 역사는 정신대보다 훨씬 깁니다. 알려진 한에서

최초의 위안소는 1932년 상하이[上海]에 주둔한 일본군 기지의 주변에서 생겨났다고 합니다. 《재인식》에 실린 후지나가 다케시(藤永壯) 교수의 〈상하이의 일본군 위안소와 조선인〉이란 논문이 바로 그 상하이 위안소의 역사를 다루고 있습니다. 논문에 따르면 일본군이 위안소를 개설한 목적은 병사들의 성적 욕구를 해소하여 민간 여자를 강간하는 폐단을 막기 위해서였다고 합니다. 그런데 상하이에는 이미 오래전부터 일본인에 의한 매춘업이 성행하고 있었습니다. 일본에서는 에도[江戶]시대부터 가시세끼[貸席]라 하여 행정당국의 허가를 받아 창녀들에게 매춘을 할 수 있는 자리를 제공하고 요리도 팔고 하는 공창이 발달했습니다. 그 가시세끼가 벌써 1907년부터 상하이에 진출했던 것입니다. 그때 따라간 매춘녀를 가리켜 일본사람들은 가라유키상(からゆきさん)이라 부르고 있습니다.

잠시 후지나가의 논문 밖으로 나가겠습니다. 상하이만도 아닙니다. 1907년이면 서울에도 일본의 가시세끼와 가라유키상이 진출했다고 보입니다. 서울 용산의 일본군 주둔지 부근에 일본인이 경영하는 유곽이 생겨났던 겁니다. 그때 주변의 공동묘지를 함부로 허물어 분쟁이 생겼는데요, 다른 곳으로 옮기라는 묘지 주인들의 요구에 일본인 업주는 "해당 유곽지가 경성(京城)에 주둔한 일본 군졸의 위생에 필요하여 다른 곳으로 이전할 수 없다"고 변

▲ 상하이 위안소의 현관.
오른쪽에는 '성전에서 대승한 용사 대환영'이라는 현판과 왼쪽에는 '신심을 바치는 일본 여성의 서비스'라 적힌 현판이 보인다.

명하였습니다(《漢城府來去文》(하), 서울시사편찬위, 297쪽). '위생'이란 말에서 저는 당시 일본군 주변에 세워진 유곽을 사실상 위안소와 같은 것으로 보고 있습니다. 이런 이유로 저는 일본군 위안소 제도의 출발은 상당히 이른 시기로 올라간다고 생각합니다.

다시 후지나가의 논문입니다. 어쨌든 1932년 일본군이 상하이에 위안소를 세운 것은 맨땅에다 건물을 짓고 여자들을 모으고 했던 것이 아니라 이같이 일찍부터 진출해 온 일본인의 매춘업을 군전용으로 지정하고 감독하는 체제에 다름 아니었습니다. 그런데 매춘을 목적으로 상하이로 진출한 가라유키상은 일본여자만이 아니었습니다. 저는 이 점을 명확히 하고 있음에 후지나가 논문의 가장 중요한 기여가 있다고 생각합니다. 조선여자들도 1931년 이후 활발히 상하이로 들어오고 있었습니다. 예컨대 1931년 상하이의 조선인은 남자가 717명, 여자가 139명이었습니다. 1936년이 되면 남자는 884명으로 별로 늘지 않았는데, 여자가 913명으로 남자보다 많게 대폭 증가하였습니다. 그 상당 부분이 조선에서 건너간 매춘에 종사한 여자들이었습니다. 1937년 중일전쟁 이후가 되면 조선인이 경영하는 위안소도 생기고 거기에 수용된 위안부 수도 증가해 갔습니다. 그 가운데는 1937년 자본금 2천 원으로 시작한 위안소가 1940년 자본금 6만 원으로 번창한 업소도 있습니다. 평안북도 의주군 출신의 박일석이란 사람이 경영한 '카페 아세아'입니다. 그렇게 이름이 알려진 조선인 업주를 논문에서 세어 보니 모두 29명이나 되는군요.

위안소는 대략 세 가지 형태였습니다. 하나는 군이 직접 경영한 것인데 그 수가 많지 않았습니다. 다른 하나는 민간업소를 군 전용으로 지정한 것입니다. 업자는 군속의 신분이 되어 군의 세밀한 통제를 받아야 했습니다. 마지막은 군이 지정하지만 민간인도 이용하는 매춘숙입니다. 후지나가 교수는 아직도 건물이 남아 있는 상하이 위안소를 직접 답사하여 그 내부 구조까지 밝힙니다. 아울러 일본에 생존해 있는 위안소 업자와 인터뷰도 하면서 자료

▲ 중국 한커우(漢口) 積慶里 위안소의 풍경. 山田淸吉(武漢兵站)에서.
이 위안소에는 모두 15개 업소들이 있었는데,
위안소 조합의 조합장은 일본인, 부조합장은 조선인이었다.

속에 나오는 위안소들이 어느 유형에 속하는지를 알아내려고 노력합니다. 조선인 위안부들의 운명은 가지각색이었습니다. 기왕에 버린 몸 하면서 악착같이 깜짝 놀랄만한 돈을 번 여인도 있는가 하면, 고통을 이기지 못해 아편을 하다가 거지가 되어 길거리에서 얼어 죽은 여인의 슬픈 이야기도 있군요. 이상이 후지나가 교수의 논문입니다.

    이렇게 시작된 상하이의 위안소는 이후 일본군이 주둔한 모든 지역으로 확산되었습니다. 주둔군 사령관의 재량으로 설치되던 위안소는 중일전쟁이 일어난 1937년에 전 일본군의 범위에서 공식화합니다. 같은 해 일본군 수뇌부는 전 일본군에 병사 150명당 1명의 위안부를 충당하라는 지령을 내립니다. 병사들의 성적 욕구를 해소하여 민간인 여자의 피해를 막고, 병사들의 성병을 통제하고, 또 군사기밀이 새어나가는 것을 막기 위한 목적에서였다고 합니다. 이후 위안소는 근 280만에 달하는 일본군이 주둔한 모든 지역에서, 북으로는 흑룡강 소만(蘇滿) 국경지대에서부터 남으로 라바울 등 남태평양 제도에 이르기까지, 서로는 중국과 인도차이나 반도를 거쳐 인도로 넘어가는 미얀마 전선에 이르기까지, 거의 모든 지역에서 예외 없이 설치되었지요. 일본은 물론 조선에 주둔한 일본군의 주변에도 위안소가 있었습니다.

조선에 있었던 위안소로 제가 증언을 통해 알고 있는 것은 두 군데입니다. 한 곳은 대전시 교외의 일본군 주둔지의 부근이었습니다. 그 곳을 이용한 적이 있는 일본군 지원병 김성수는 그 곳을 병사들이 'P야' 라고 불렀다고 기록하고 있습니다. P는 영어 prostitute(창녀)의 첫 글자이고 '야' 는 일본말로 옥(屋), 곧 집을 말합니다. 언젠가 1944년 일본군으로 징병되어 중국 난징[南京] 부근에서 전투를 하다 돌아오신 할아버지를 만났더니 그 분도 위안소를 '피야' 라고 하더군요. 대전의 '피야' 이야기를 계속하겠습니다. 김성수가 문을 열고 들어서니 일본 키모노를 입은 중키의 여성이 나오면서 일본말로 인사를 하는데, 발음으로 조선여자임을 알았다고 합니다. 그리고선 위안소를 이용한 소감을 다음과 같이 적었습니다. "욕망은 간단하게 채울 수 있었으나 허무한 감을 어쩔 수 없었다. 그녀는 어떤 인생길을 걸어 왔으며, 앞으로 또 어떤 길을 걸어 갈 것인가. 이를 생각하니 동정을 금하지 못했다"(《상이군인 김성수의 전쟁》, 금하출판사, 69쪽).

저는 아직 이렇게나 정직하게 자신의 인생을 고백하고 있는 자서전을 보지 못했습니다. 다른 한 곳은 진해에 있었습니다. 전쟁 말기에 진해 해군기지에 군속으로 동원되었던 어느 할아버지가 거기에 들렀던 자신의 체험을 들려주었습니다. 어느 날 내무반의 상급자가 호루라기를 불며 "위안소에 갈 사람은 집합하라"고 하여 얼떨결에 호기심으로 따라 나섰다고 하는군요.

위안부들의 처지

기록에 따르면 위안소의 입구에는 이용수칙을 적은 판자가 걸려 있었습니다. 위안소 내에서 술을 마시지 못한다, 소란을 피워서는 안 된다, 이용시간은 저녁 몇 시까지이다, 단 하사관과 장교는 밤 몇 시까지이다, 등등과 더불어 이용요금이 적혀 있었습니다. 병사와 장교의 차이가 있었는데 병사는 대개 1~2원이었습니다. 병사의 한 달 월급이 7~10원이었음을 고려하면 위안소 이용은 적지 않은 부담이었던 셈입니다. 이용 시에는 반드시 콘돔을 사용해야 했는데, 당시는 이를 삿쿠라고 하였습니다. 삿쿠는 한 달에 한 개씩 병사들에게 지급되었는데, 대개 위안소에 두었다가 병사들에게 직접 지급하였다고 합니다. 위안부는 1주일에 한 번씩 위생 검진을 받아야 했습니다. 이를 위해 업자는 위안부의 명단과 변동 상황을 매번 군부대에 보고해야 했습니다. 수입금은 대개 위안부와 업자 간에 절반씩 분배하였습니다만, 업자에게 받은 선대금이 과중하거나 악덕 업주를 만날 경우 제대로 돈을 벌지 못한 경우도 있었습니다. 위안부들은 지정된 장소를 이탈할 수 없었습니다. 기록에 따라서는 제법 자유롭게 시가를 돌아다녔던 여자들도 있습니다만, 대개는 행동의 자유가 박탈된 노예와 같은 처지였다고 보입니다. 그래서 위안부 연구자들은 위안부를 성노예(性奴隷)라고 규정하고 있는데요, 타당한 주장이라고 생각합니다.

위안부들의 경제적 처지는 가지각색이었습니다. 앞서 상하이 위안소에서 깜짝 놀랄만한 큰돈을 번 위안부의 이야기가 잠깐 나왔습니다만, 여러 기록을 보면 아주 드문 일도 아니었습니다. 중국 한커우[漢口]에는 일본여자 130명과 조선여자 150명이 수용된 규모가 큰 위안소가 있었는데, 이름이 경자라는 조선 위안부가 있었습니다. 그녀는 이미 3만 원을 저축하였는데, 5만 원이 되면 서울로 돌아가 작은 요릿집을 세울 꿈을 가지고 있었습니다. 이 이야기를 들은 사령관이 대단한 여자라고 표창을 하라고 했답니다. 1942~1945년간 미얀마 전선에서 머물다가 돌아 온 문옥주라는 위안부가 있는데, 자신의 기구한 역사를 책으로 남겼습니다. 그녀는 5천 원의 거금을 고향집에 송금하고도 2만 5천 원이 든 군사우편 저금통장을 가지고 있었습니다. 1942년 당시 남의 집에 식모살이를 하면 대개 한 달에 11원을 받았습니다. 이에 견주면 경자나 옥주가 얼마나 큰돈을 모았는지 쉽게 짐작할 수 있지요. 남태평양 라바울 섬의 어느 조선 위안부는 본국으로 돌아가는 일본군에게 200원을 맡기면서 고향집으로 송금을 부탁하였습니다. 그 병사는 야마나시[山梨] 현에 있는 자기 집값보다 많구나 라고 생각했답니다. 저는 이 기사를 대하면서 밤마다 남태평양의 십자성을 바라보며 고향집을 그리워하고 가족의 생계를 걱정했던 한 조선 여인의 모습을 떠올렸습니다.

　　위안부의 계약기간은 보통 2년이었습니다. 기간이 지나서 모은 돈을 가지고 돌아온 여자들도 있었습니다만, 상당수의 위안부는 그렇지 못했습니다. 악덕업주에 걸려 돈을 구경하지 못한 불쌍한 여인들도 있었습니다. 동남아나 남태평양으로 간 여인들 가운데는 전쟁말기에 배편이 끊어져 돌아올 수 없었던 경우도 많았습니다. 전쟁이 끝나자 휴지조각으로 변한 군표를 가방 한가득 들고 있었던 여인들도 있었으며, 강을 건너다 그만 군표가 든 가방을 떠내려 보낸 어느 여인의 애달픈 이야기도 있습니다. 그런데 그 여인들은 어떻게 해서 저 만주로, 중국으로, 동남아로, 남태평양으로 보내진 것일까요. 이 문제가 위안부 문제의 역사적 이해에 있어서 가장 중요한 문제입니다. 오늘날 한국인들이 분노해 마지않은 것도 바로 이 때문이지요. 이제부터 그에 대해 이야기하겠습니다.

그녀들은 어떻게 끌려 갔던가?

전장에서 언급한 대로 1938년 소설 《농군》의 작가 이태준은 만주를 여행합니다. 펑티엔[奉天]역 이등대합실에서 그는 다섯 명의 조선 여자를 만납니다. 한 여자는 얼굴이 까무잡잡한데 30이 훨씬 넘어 보이고, 다른 한 여자는 솜털이 까시시한 16살의 소녀이고, 다른 셋은 22~23세로서 핏기는 없으나 유들유들하고 건강해 보이는 여자들입니다. 다들 열심히 화장을 하고 있습니다. 조금 떨어진 곳에는 노랑수염의 노신사가 서 있습니다. 이태준이 여자들에게 어디로 가는 길이냐고 묻자 노신사가 다가와 시비조로 무엇 때문에 묻느냐고 하면서 베이징[北京] 근방으로 간다고 대답합니다. 여인들은 노신사를 아버지로 부릅니다. 이태준은 그 노신사를 베이징이나 티앤진[天津]의 여관이나 요릿집의 주인쯤으로 짐작하고 "험한 타국에 끌려가는 젊은 계집들"에 새삼스레 '골육감'을 느꼈다고 그의 여행기에 적었습니다(《무서록》, 서음출판사). '골육감'이란 말이 조금 낯섭니다만, 동포로서 불쌍한 생각이 들었다는 뜻이겠지요.

다음에는 1941년에 나온 최명익의 《장삼이사》(張三李四)라는 소설입니다. 어느 열차의 혼잡한 3등 칸에서의 이야기입니다. 한 신사가 젊은 여인을 데리고 갑니다. 사람들은 신사와 여인의 관계를 궁금해 합니다. 신사가 화장실에 간 사이 어느 사람이 "만주나 북지로 다녀 보면 돈벌이는 색시장사가 제일인가 봐"라고 하여 여자가 끌려가는 색시임을 맞춥니다. 화장실에 다녀온 신사는 일선으로 다니면서 색시장사한 자기의 경력을 털어 놓습니다. 역시 돈벌이는 그만한 것이 없습니다만, 여인을 이삼십 명씩 거느리는 것이 얼마나 힘든 일인 줄 아느냐고도 합니다. 데리고 가는 색시는 도망쳤다가 잡혀가는 중이었습니다. 어느 역에 도착하자 신사는 내리고 그 아들이 탑니다. 아들은 다짜고짜 여인의 뺨을 후려칩니다. 도망에 대한 화풀이지요. 여인은 눈물을 글썽이며 화장실로 갑니다. 그 광경을 보고 있던 소설 속의 나는 그 여인이 자살이나 하지 않을까 걱정합니다. 여인이 화장실에 간 것은 화장을 고치기 위해서였습니다. 자리에 돌아온 여인은 아들에게 함께 도망친 다른 여인의 소식을 묻습니다.

이렇게 그 시대는 도처에서 여인을 끌고 가는 색시장사의 행렬이 이어졌습니다. 그 모습은 결코 낯설거나 어색한 일이 아니었습니다. 사람들이 보는 앞에서 태연히 여인의 뺨을 쳤지요. 그래도 아무도 그에 대해 뭐라 하지 않은 시대였습니다. 앞서 저는 조선의 여인들이 어떻게 하여 일본군의 위안부로 보내졌는가를 물었습니다만, 저의 한 가지 대답은 색시장사입니다. 색시장사가 그녀들을 만주로, 중국으로, 동남아로, 남태평양으로 보냈던 것이지요. 그리고 그 점은 그 시대의 상식이기도 했습니다. 생존 위안부 175명도 자신의 인생을 그렇게 증언하였지요. 그에 따르면 175명 가운데 62명이 '협박 및 폭력'에 의해, 82명이 '취업사기'에 의해 위안부가 되었습니다(정진성, 《일본군 성노예제》, 66쪽). '협박 및 폭력'과 '취업사기'가 어떻게 다른지 관련 책을 유심히 보아도 자세한 설명이 없군요. 제가 보기에 이 둘은 구분되지 않은 것 같습니다. 취업사기가 들통이 난 그 순간부터 색시장수는 폭력배로 돌변하지요. 그들은 딸을 가진 가난한 집에 접근하여 돈을 벌 수 있는 좋은 자리에 취직시켜 주겠다고 부모를 유혹하여 딸을 데리고 갑니다. 경우에 따라선 거액의 선대금을 지불하지요. 그런 경우엔 사실상 딸을 팔아먹은 것이나 다름없습니다. 《장삼이사》에 의하면 1941년 색시들의 몸값은 1천 원의 거액이었습니다.

할머니들이 남긴 증언은 다양합니다. 상하이 위안소에 갔다가 어느 일본군 장교의 도움으로 몸을 건진 김씨 할머니는 1937년 17살 때 돈벌 수 있다는 모집인의 말에 속아 부모의 반대에도 불구하고 집을 뛰쳐나왔다고 합니다. 어느 할머니는 집이 너무 가난하여 부모를 위해 살림에 보탬이 되고자 위안부가 되는 줄 알고도 따라 나섰다고 합니다. 색시장수들은 군위문단을 사칭하기도 했습니다. 1945년 7월 함경도 청진의 어느 소녀가 위안소로 끌려간 것은 관동군 위문단의 모집에 응했기 때문이었습니다. 여자 군속의 모집도 유력한 경로의 하나였습니다. 군에서 간호부로 일한다거나 밥 짓고 빨래하는 여자를 구한다고 해놓고선 위안부로 끌고 간 경우가 되겠습니다. 1940년 일본군이 남중국 난닝[南寧]이란 곳을 점령한 다음 위안소를 개설하였습니다. 그곳으로 황씨 성을 가진 조선 남자가 수십 명의 여자들을 데리고 갔습니다. 황씨는 지주의 아들이고 데리고 간 여자들은 모두 소작농의 딸이었지요. 황씨는 당초 육군 직할의 다방과 식당인 줄 알았다고 합니다. 할 수 없이 위안소를 경영하면서 그 남자는 여자들에게 매춘을 강요했습니다.

1944년 한커우에서 위안소를 경영한 안씨 성의 조선 남자가

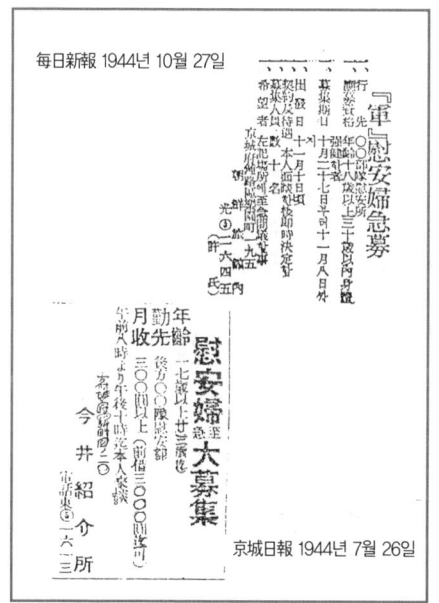

◀ 신문에 게재된 위안부 모집광고

있었습니다. 원래 친구가 하던 것을 인수했다고 합니다. 위안소 경영의 가장 큰 애로는 계약기간이 끝나 돌아간 여자의 뒤를 채우는 일이었습니다. 그 남자는 고향에 돌아간 친구가 여자들을 계속 대주어 큰 문제가 없는데, 다른 업자들은 1년에 한두 번씩 직접 고향에 가서 여자들을 구해 오는 것이 여간 큰일이 아니라고 했습니다. 군령(軍令)을 사칭하는 등 나쁜 짓을 하는 사람도 있었답니다. 여자 군속의 모집이라고 속인다는 뜻이겠지요. 떳떳하게 신문광고를 내는 모집책도 있었습니다. 현재 알려진 신문광고로는 경성일보에 2건과 매일신보에 2건이 있습니다. 경성일보 1944년 7월 26일자 광고를 보면 "위안부 지급 대모집"이란 타이틀을 달고 "연령은 17~23세, 근무지는 후방 ○○대 위안부, 월수는 300원 이상, 전차금 3000원 가능"이라 하였군요.

일본군의 전쟁범죄

이상이 여인들이 끌려간 다양한 경로입니다. 그것만이 아닙니다. 사건을 기획하고 연출한 최종 책임자가 따로 있었습니다. 다름 아니라 일본군과 총독부입니다. 일본군의 수뇌는 위안소의 설치를 명하였습니다. 그들은 업자를 지정하여 여인들을 모으도록 지시했습니다. 거기에 총독부가 협조하였습니다. 열차를 타고 국경을 넘거나 항구에서 배를 타기 위해서는 여행증명서가 필요한 시절이었습니다. 여인들의 행렬이 위안소로 가는 줄은 그 시대의 상식이었습니다. 그것은 당시의 법으로도 인신약취와 취업사기에 해당하는 중대 범죄였습니다. 그럼에도 불구하고 총독부의 관헌들은 그것을 묵인하였을 뿐 아니라 여행증명서를 발급해 줌으로써 협력했던 것입니다. 그러니까 모집책에 끌려 위안소로 향한 여인들의 행렬은 일본군과 총독부가 공모한 인신약취의 범죄행위였습니다. 위안소의 여인들에게는 행동의 자유가 없었습니다. 정기적으로 위생 검진을 받아야 했으며, 자유외출은 금지되었습니다. 여인들은 성노예에 다름 아니었습니다.

일본군 위안부에 관한 연구의 권위자인 요시미 요시아키(吉見義明) 교수에 따르면 일본군과 일본국가는 다음과 같은 몇 가지 근거에서 국제법이 금하고 있는 반인륜범죄를 저질렀습니다. 요시미 교수는 일본 방위청 도서관에서 일본군이 위안부 모집에 관여했음을 입증하는 문서를 찾아낸 것으로 유명하지요. 첫째, 일본군과 일본정부는 매춘업을 위해 부인과 아동의 매매를 금지한 1911년의 국제조약을 위반하였습니다. 이 조약에 의하면 본인의 동의 없이는, 또는 21세 미만의 미성년의 경우는 동의가 있더라도, 매춘업을 위해 이들을 해외로 보내는 것은 불법이었습니다. 일본군과 일본정부는 이러한 범죄행위에 직접 손을 대지 않았더라도 범죄행위를 교사(教唆)한 책임을 면하기 어렵습니다. 둘째 일본군과 일본정부는 1907년에 체결된 강제노동을 금지한 국제협약을 위반하였습니다. 이 협약 가운데는 여성의 강제노동을 금지하는 규정도 포함되어 있습니다. 셋째 일본군과 일본정부는 노예제를 금지한 국제법을 위반하였습니다. 위안소의 여성들이 노예인 점에 대해서는 조금 전에 지적한 그대로입니다. 넷째 위안부 가운데 상당수는 21세 미만의 미성년이었습니다. 미성년의 강제노동이 국제법이 금하고 있는 범죄행위임은 두 말할 여지가 없습니다(吉見義明,〈'종군위안부' 문제로 무엇이 추궁당하고 있는가〉,《歷史と眞實》, 筑摩書房, 1997). 저는 이상과 같은 요시미 교수의 주장에 찬성입니다. 아니 많은 것을 배웠습니다. 일본정부는 요시미 교수의 주장에 귀를 기울일 필요가 있습니다. 행여나 전쟁 시에 일본군이 저지른 반인륜 전쟁범죄를 덮을 요량이라면 참으로 유감이 아닐 수 없습니다.

8

| 그날 나는 왜 그렇게 말하였던가 |

무엇이 문제인가?

이상이 제가 알고 있는 일본군 위안부의 역사와 실체입니다. 국내에서는 아직 전문적인 연구가 부족한 실정입니다. 그래서 일본과 미국에서 이루어진 연구까지 두루 읽을 필요가 있습니다. 그러면 누구나 위안부의 역사와 실체에 관해 위와 같은 결론에 도달하게 된다고 생각합니다. 그 점은 대개의 일본인도 마찬가지여서 이상의 사실을 부정할 일본인은 그리 많지 않다고 생각합니다. 그런데도 이 문제가 제기된 지 17년이 되도록 원만한 해결을 보고 있지 못한 이유는 무엇일까요. 실은 이 문제가 양국 간에 나름의 해결을 본 적이 없는 것은 아닙니다. 일본정부가 '고노담화'(河野談話)라 하여 위안부의 모집과 위안소의 운영에 일본군이 관여했음을 시인하고 사과하는 내용의 성명을 발표한 적이 있습니다. 일본의 수상이 생존 위안부들에게 사과의 편지를 낸 적도 있지요. '국민기금' 이란 기금을 조성하여 금전적으로 보상하려고 시도한 적도 있습니다. 한국의 경우, 김영삼 정부의 일로 기억합니다만, 이 문제는 한국정부가 해결할 일이라고 하였습니다. 뒤이어 생존 위안부들에게 3천만 원의 생활지원금을 지급하고 또 매달 70만 원에 상당하는 생활안정지원금을 제공하고 있는 것으로 알고 있습니다. 그럼에도 불구하고 지금까지 이 문제가 가라앉지 않고 있는 이유는 무엇일까요. 자꾸만 양국 간의 외교적 쟁점으로 대두되는 것은 무엇 때문일까요.

지금부터가 어려운 문제라고 생각합니다. 저는 그 이유가 하나의 역사적 사건으로서 일본군 위안부 문제를 구성하고 있는 요소들이 워낙 복잡하기 때문이라고 생각합니다. 표면에 드러난 사실의 경위나 원인을 밝히기는 어렵지 않습니다. 그렇지만 수면 아래에 있어 잘 드러나지 않으면서도 사건의 본질과 밀접한 연관을 맺고 있는 부분에 관해서 사람들은 각기 다른 생각을 가지고 있습니다. 그래서 무슨 계기라도 생기면 자꾸 마찰이 생기고 충돌하는 겁니다. 그것은 문화(culture)와도 같은 것일지 모르겠습니다. 아니면 잠재의식의 깊은 곳에 자리 잡고 있는 리비도(libido)와 같다고나 할까요. 달리 말해 전쟁과 여성의 관계에 대한 사람들의 감각적 이해랄까 정서와 같은 것을 저는 상정하고 있습니다. 그 점에서 저는 한국인과 일본인 사이에 큰 차이가 있다고 생각합니다. 중국인과도 마찬가지라고 하겠습니다. 제가 보기에 일본군 위안부로 가장 많이 내몰린 쪽은 중국여자들입니다. 그럼에도 중국인이나 중국정부는 그에 대해 우리만큼 심각하게 생각하는 것 같지 않습니다. 그 역시 전쟁과 여성의 관계에 대한 한국인과 중국인의 감각적 이해의 차이일지 모르겠습니다. 이제부터 이 복잡하고 미묘한 문제에 관해 생각해 보도록 합시다. 제가 굳이 이 문제까지 들추어내는 것은 그렇게 해야 일본군 위안부라는 역사적 사건을 총체적으로 이해할 수 있고, 나아가 위안부 문제를 올바로 해결할 수 있는 길을 성찰할 수 있다고 생각하기 때문입니다.

군에 의한 여성의 성 약취(1)

제가 볼 때 일본군 위안부라는 역사적 사건은 다음의 세 가지 수준으로 구성되어 있습니다. 첫째는 군에 의한 여성의 성 약취(略取)의 수준입니다. 둘째는 제국주의의 식민지 지배의 수준입니다. 셋째는 여성에 대한 남성의 가부장적 지배의 수준입니다. 이 세 수준은 서로 얽혀 있습니다. 얽혀 있는 것을 잘 풀어낸 다음 다시 잘 종합해야 사건의 전체상을 제대로 이해할 수 있습니다.

첫째, 군에 의한 여성의 성 약취와 관련해서는 역사적으로 겁탈, 관리매춘, 자유매춘의 세 가지 방식이 있었습니다. 인류의 긴 역사에서 전쟁 때마다 여성들이 어떻게 비참하게 겁탈이나 능욕을 당했는지는 일일이 소개할 수 없을 정도로 수많은 예가 있습니다. 겁탈은 병사의 굶주린 성욕을 채울 뿐 아니라 피점령 주민들에게 더 없는 공포심과 좌절감을 안겨주어 복종심을 유발하는 점령정책이기도 했습니다. 그래서 전쟁 때마다 대량의 겁탈이 구조적으로 발생했던 겁니다. 인류의 양심이 진보하여 1907년이 되면 겁탈을 전쟁범죄로 규정한 '헤이그육전협약'(陸戰協約)이 체결됩니다. 그래도 별무소용이었습니다. 1945년 4월 베를린이 함락될 때 스탈린의 붉은 군대는 베를린 여성의 50%, 약 10만 명을 겁탈했다고 알려져 있습니다. 이후 베트남, 콩고, 방글라데시, 우간다의 전쟁에서도 대량의 겁탈이 자행되었습니다. 극히 최근의 사례로서는 1991년의 구 유고슬라비아 내전을 들 수 있습니다. 세르비아계 병사들이 비세르비아계 주민의 추방을 목적으로 처녀들을 공개 장소에서 가족들이 보는 앞에서 집단 겁탈한 것으로 알려져 있습니다. 앞으로는 이런 전쟁범죄가 많이 사라질 것입니다. 미국 군대가 이미 그러한데요, 여성들이 전투병으로 참여하기 때문이랍니다. 남녀 혼성의 군대는 병사들 간의 사랑으로 전투력도 강해지고 민간인 여성의 피해도 줄인다는군요.

다음은 일본군 위안부 사건의 무대이기도 했던 중일전쟁에 참여한 조선인 병사의 증언입니다. 경북 예천군의 어느 마을을 조사하다가 일본군으로 징병되어 중국 호북성 장사현 부근에서 전투를 치르고 돌아온 어느 할아버지를 만났습니다. "혹시 실례되는 말씀일지 몰라도 위안소에 한번 안 가봤습니까"라고 물었습니다. 그랬더니 다음과 같은 이야기를 들려주었습니다. 평생 누구에게도 털어 놓은 적이 없는 이야기라고 했습니다. 전쟁이 자신을 방위할 능력이 없는 여성들에게 무엇을 의미하는지 곰곰이 생각해 보는 데 도움이 되면 좋겠군요.

예, 나도 구경하러 한번 가봤어요. 일요일에 거기 구경하러 가보니 벽돌집이 있는데 보니까 줄을 쭉 서서는 하나 들어갔다가 나오면 하나 들어가고. 그런데 거기 오래 생활하는 사람들은 거기 위안부 안 가요. 왜 안가냐 하면 거기 아니라도 조금 나가면 처자들이 천지라요. 강탈합니다. 하메, 한 일 년만 거기 있는 사람 보면 그래요. 부락에 가면 처자, 중국 처자 참 이뿝니다. 참 인물 있어요. 첫 번에는 말을 안들을 거 아니래요. 죽이려 그러는데 우에요. 말을 듣지요.

군에 의한 여성의 성 약취(2)

다음, 군의 관리매춘 제도는 제2차 세계대전 당시 일본군에 의해 도입되었습니다. 독일군도 일부 점령지에서 위안소를 조직했습니다만, 일본군만큼 전면적이지는 않았습니다. 일본군은 전장에서 설명한 대로 일본 고유의 공창제의 역사를 전제로 한 위에, 병사들의 성을 집단적으로 관리할 수 있다는 전체주의적 사고방식과 여성의 성을 도구화하는 남성 중심의 가부장제 문화가 상호 작용하여 위안소라는 관리매춘을 만들어 냈습니다. 그것은 문화적 배경이 비슷한 사람들에겐 그런대로 합리적인 선택으로 이해되었습니다. 예컨대 1942년 싱가포르가 함락될 당시의 일이었습니다. 사람들은 일본군이 싱가포르의 여인들을 겁탈할 줄 알고 두려워했습니다만 그런 일은 일어나지 않았습니다. 당시 나중에 싱가포르 수상이 된 10대 후반의 리콴유는 일본군이 세운 위안소 앞에 병사들이 200명이나 늘어서서 순서를 기다리는 것을 보고 일본 나름의 현실적이고 효율적인 선택이라고 생각했습니다. 그 속에는 일본 여자와 조선여자가 있었답니다(《리콴유 자서전》, 문학사상사, 71~72쪽). 그녀들 덕분으로 싱가포르 여자들이 몸을 건사할 수 있었다는 것이지요. 역시 가부장 문화에 익숙한 중국계다운 생각입니다.

조금 놀라시겠지만, 군에 의한 관리매춘은 우리의 한국전쟁

▲ 중국 한커우의 위안소 앞에 줄을 서 있는 일본군 병사들

당시에도 있었습니다. 서울, 춘천, 원주, 강릉, 속초 등지에 위안부대가 설치되었습니다. 서울의 위안소는 현재 중구의 백병원에서 쌍용빌딩으로 가는 그 고갯길에 있었습니다. 공식 보고에 의하면 1952년 서울 세 곳과 강릉 한 곳에 수용된 위안부는 모두 89명이었으며, 그해에 위안소를 방문한 병사는 총 20만 4,000여 명으로서 위안부당 하루 평균 6명의 꼴이었습니다. 제가 만날 수 있었던 어느 참전 용사의 회고에 따르면 춘천 소양강변에서는 여러 채의 천막이 세워지고 병사들이 죽 늘어서서 순서를 기다렸다고 합니다. 일본군 병사들이 위안소 앞에서 줄을 서 있는 광경과 조금도 다를 바가 없었다고 생각됩니다. 이외에 각 부대는 부대장의 재량

으로 주변의 사창가로부터 여인들을 조달하여 병사들에게 보급하였는데, 부대에 따라서는 위안부를 '제5종 보급품'이라고도 했습니다. 저는 그 보급품을 트럭에 싣고 전선을 이동한 특무상사 출신을 만난 적이 있습니다. 위안부를 전선으로까지 데려가는 것은 허락된 일이 아니었습니다. 그럼에도 드럼통에다 여인을 한 명씩 담아 트럭에 싣고 최전선으로까지 갔답니다. 밤이 되면 전(廛)이 펼쳐졌는데요, 미군들도 많이 이용하였답니다.

1956년 육군본부는 한국전쟁의 전사를 편찬하면서 위안부대에 대해 다음과 같이 그 설치 이유를 설명하였습니다. 위안소 제도를 도입한 일본군의 생각도 대개 마찬가지였을 겁니다.

> 표면화한 이유만을 가지고 간단히 국가시책에 역행하는 모순된 활동이라고 단안하면 별문제이겠지만 실질적으로는 사기앙양은 물론 전쟁사실에 따르는 피할 수 없는 폐단을 미연에 방지할 수 있을 뿐 아니라 장기간 대가 없는 전투로 인하여 후방 내왕이 없으니만치 이성에 대한 동경에서 야기되는 생리작용으로 인한 성격의 변화 등으로 우울증 및 기타 지장을 초래함을 예방하기 위하여 본 특수 위안대를 설치하게 되었다.(육군본부 군사감실,《후방전사(인사편)》, 1956, 148쪽)

군에 의한 여성의 성 약취(3)

다음, 자유매춘은 제2차 세계대전 당시 미국군과 영국군이 병사들의 성을 관리하는 방식이었습니다. 리콴유의 자서전에 의하면, 함락 이전의 싱가포르의 워털루 거리에는 케인 요새의 영국군을 유혹하는 매춘부들이 늘어서 있었습니다. 미국군이 어떠했는지는 좀 나이 든 한국인이면 누구나 잘 알기 때문에 설명하기가 쑥스러울 정도군요. 그들은 달러를 들고 기지 주변의 여인의 성을 마음껏 누렸습니다. 저는 한강 이남에서 가장 큰 미군부대가 위치한 경북 왜관이란 곳에서 중학교까지 다녔기 때문에 그 사정을 꽤 소상히 알고 있습니다. 미군부대가 들어선 것은 제가 국민학교 2학년인 1959년의 일입니다. 그때부터 무슨 영문인지 읍의 보건소 앞에서 길게 줄을 서 있는 여인들의 모습이 자주 눈에 띄었습니다. 지금 생각해 보니 위생검진의 행렬이었습니다. 여인들이 다녀간 보건소의 재래식 변소는 여인들이 쏟은 피로 온통 붉은 색이었다고 기억합니다. 그래서 그런지 어린 저에게 그녀들은 이역에서 건너온 낯설고 두려운 존재였습니다.

그녀들에 대한 당시 한국정부의 공식 명칭은 '위안부'였습니다. 1959년 9월 보사부가 성병 보균 실태를 발표한 적이 있습니다. 그에 의하면 접대부(接待婦)의 15.6%, 사창(私娼)의 11.7%, 위안부(慰安婦)의 4.5%, 댄서의 4.4%가 성병에 걸려 있었습니다. 네 부류 가운데 '위안부'는 미군의 위안부를 말합니다. 그런데 민간에서는 위안부라 하지 않고 보통 '양색시' 또는 '양공주'라 했지요. 1962년 현재 등록된 2만 명 이상의 위안부가 6만 5,000명의 미군에게 성적 위안을 제공했습니다. 대부분 무학으로서 가난한 집안의 딸들이었습니다. 미성년자들도 없지 않았습니다. 기지촌의 바나 댄스홀이 그녀들의 영업장소였습니다. 기록을 보니 쇼트 타임 2달러와 롱 타임 5달러가 1962년 당시의 시세였습니다. 고정적인 성관계를 가지면서 월급을 받는 여인들도 있었습니다. 그런 매춘시장을 경유한 한국여성이 1980년대까지 100만이 넘는다고 합니다.

제 기억으론 1970년대까지만 해도 그녀들이 미군부대에서 꺼내 오는 소시지와 햄과 커피는 주로 부유층이 소비하는 사치재였습니다. 특히 미군부대가 위치한 곳에서 성장해서 그런지 저와 동향의 친구들에게 그녀들의 존재는 쉽게 지울 수 없는 갖가지 사연의 기억으로 남아 있습니다. 그런 연유로 지금도 노래방에 가기만 하면 '에레나가 된 순이'를 열창하는 친구가 있습니다. 1950년대에 나온 대중가요로서 양색시가 된 농촌 처녀의 슬픈 사연이 그 주제입니다. 요사이 젊은이들은 상상도 못할 일이겠습니다만, 당시 상황을 한번 헤아려 보라고 가사를 소개하겠습니다.

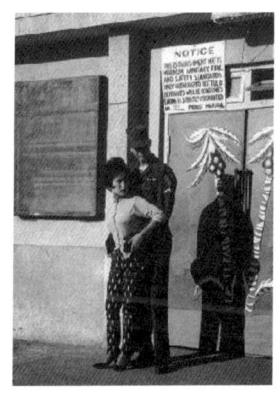 

▲ 기지촌의 여인들

그날 밤 극장 앞에서 그 역전 카바레에서

보았다는 그 소문이 들리는 순이

석유 불 등잔 밑에 밤을 새면서

실패 감던 순이가 다홍치마 순이가

이름조차 에레나로 달라진 순이 순이

오늘 밤도 파티에서 춤을 추더라

그 빛깔 드레스에다 그 보석 귀고리에다

목이 메어 항구에서 운다는 순이

시집갈 열아홉 살 꿈을 꾸면서

노래하던 순이가 피난 왔던 순이가

말소리도 이상하게 달라진 순이 순이

오늘밤도 파티에서 웃고 있더라

공식 호칭이 같다고 해서 미군의 위안부를 일본군의 위안부와 동일하게 간주할 수야 없다고 생각합니다. 일본군의 위안부는 행동의 자유가 박탈된 성노예였습니다. 그에 비하자면 미군의 위안부는 자유로운 신분에다 어디까지나 자발적인 계약이었지요. 그 점은 확실히 그러합니다만, 그렇게 끝낼 일만도 아니라는 찜찜한 생각이 드는군요. 솔직히 말해 저는 일본군이나 미군이나 다 제 나름의 방식으로 여성의 성을 약취했다는 점에서는 서로 통하는 바가 있다고 생각합니다. 그 점을 깡그리 부정한다면, 다시 말해 미군 위안부들의 비참했던 사정이 오로지 그녀들의 선택과 책임이라고만 치부한다면, 무언가 위선이라는 느낌이 드는군요. 어쨌든 저는 역사적으로 발생한 일본군 위안부라는 사건에 접근함에 있어서 인류의 긴 역사에서는 물론, 해방 후의 한국 현대사 속으로까지 깊숙이 들어와 있는 군에 의한 여성의 성 약취와 그 다양한 형태라는 시각을 도입할 필요가 있다고 생각합니다.

식민지 지배라는 수준

둘째는 일본 제국주의의 식민지 지배 또는 차별이라는 시각입니다. 주로 한국의 연구자들이 이런 시각에서 지금까지 위안부 문제에 접근해 왔습니다. 예컨대 일본군 위안부의 거의 대부분이, 예컨대 8~9할이 조선여자였다는 겁니다. 또는 총독부가 행정계통을 이용하여 마을 단위로 여자들을 할당하여 징발했다는 겁니다. 그렇게 한국의 연구자들은 일제가 일본여자들은 놔두고 주로 조선여자를 강제로 끌고 갔다고 주장하고 있습니다. 거기에다 언론의 선정적인 보도까지 가세하여 어느덧 일제가 반도의 순결한 처녀의 성을 거칠게 유린했다는 식의 이해가 대중화되고 말았습니다.

위안부의 총수가 얼마인지는 2만에서 20만까지 연구자마다 설이 구구합니다. 그 가운데 조선여자의 비중이 어느 정도인지에 대해서도 구구한 설이 있습니다. 저는 조선여자로서 위안부의 수가 얼마였는지는 갖가지 증언이나 자료를 총괄하면 짐작하기 어렵지 않다고 생각합니다. 예컨대 앞서 소개한 후지나가 교수의 논문에 의하면 전쟁이 끝난 다음 상하이를 통해 귀국한 위안부는 1,400명 정도였습니다. 화중(華中) 지역이 대개 그 정도였으므로 그 지역에 주둔한 일본군의 수를 알면 전 중국에 분포한 조선 위안부의 수는 대강 짐작할 수 있을 겁니다. 같은 방식으로 동남아나 남태평양에 분포한 위안부의 수도 추정이 가능하겠습니다. 어쨌든 일본군 위안부의 8~9할이 조선여자였다는 주장에는 찬성하기 힘들군요. 처음부터 무슨 근거가 제시된 주장이 아니었습니다. 그저 그렇게 태연하게 이야기되었던 것인데요, 어느덧 통설화한 느낌이 있습니다.

조선여자만 색시장사에 걸려든 것은 아니었습니다. 색시장사로 끌려간 일본여자에 관한 증언도 많이 있습니다. 실은 그녀들부터 먼저 끌려갔던 것이죠. 일본에서는 그에 따라 사회적 물의가 일었습니다. 그러자 기왕에 매춘업에 종사하는 여자로서 본인의 동의가 명확한 경우 이외에는 경찰이 강하게 단속하기 시작했습니다. 그래도 속아서 끌려가는 여자들이 있었지요. 그에 비하자면 조선 총독부의 색시장사 단속에는 훨씬 성의가 부족하였습니다. 아주 심하게 150여 명의 여자를 팔아넘긴 악독 사범이 체포된 기록은 있습니다. 그렇지만 전반적으로 일본에 비해 단속이 약했던 것은 사실이며, 아예 없었다고 해도 좋을 지경이라고 생각합니다. 그 점에서 식민지 지배의 차별성을 지적하는 것은 옳습니다만, 그렇다고 일본여자는 놔두고 조선여자만 끌고 갔다는 식의 이야기는 사실과 맞지 않습니다. 많은 예가 있습니다만, 저 멀리 동남아와 남태평양으로 간 일본여자들도 적지 않았습니다. 그리고 전장의 범위가 가장 넓었던 중국에서는 중국여자의 수가 가장 많았습니다. 중국의 연구자들이 그렇게 주장하고 있는데요, 여러 가지 이유에서 타당하다고 생각합니다. 제가 지금까지 만났던 다수의 조선인 병사들도 그렇게 증언하고 있는데요, 자세한 소개는 뒷날로 미루도록 하겠습니다.

총독부가 행정력을 이용하여 마을 단위로 여자들을 할당하고 징발했다는 식의 주장에 대해서도 신중할 필요가 있습니다. 이에 관해서는 위안부 문제의 권위자인 요시미 요시아끼 교수도 "말단에서 관헌의 직접적인 관여를 나타내는 자료는 현재까지 나오고 있지 않다"고 지적하고 있습니다. 이 말에는 앞으로 언젠가 그런 자료가 나올 가능성이 있다는 뜻이 포함되어 있습니다만, 지금까지 별 근거도 없이 관헌들이 여자들을 징발하거나 납치했다는 식으로 무성하게 이야기되어 온 것에 대한 비판의 뜻도 포함되어 있다고 생각합니다. 그런 말을 한 대표적인 사람으로서 일본인 요시다 세이지(吉田淸治)를 들 수 있습니다. 이 사람은 1983년에 낸 《나의 전쟁범죄》라는 책에서 1943년 5월 부하 9명과 함께 일본 시모노세키[下關]를 출발하여 제주도로 건너와 성산포와 법환리 등에서 200여 명의 여자를 위안부로 납치했다고 고백하였습니다. 이 책은 1989년 국내에서도 출간되었습니다. 이 사람의 전쟁범죄 고백은 일제가 관헌을 동원하여 여자들을 징발하였다는 오늘날 한국인의 집단기억이 성립하는 데 결정적으로 기여하였습니다.

그런데 많은 연구자가 세밀히 조사한 결과 요시다의 고백은 사실이 아닌 것으로 판명되었습니다. 1989년 8월 14일 제주신문은 성산포 등 여인들이 끌려갔다고 하는 마을을 취재한 결과 그러한 일은 없었다고 보도하였습니다. 성산포 주민으로서 당시 85세의 정옥단은 "그런 일은 없다. 250여 가호밖에 안 된 마을에서 15명이나 징용해 갔다면 얼마나 큰 사건인데… 당시 그런 일은 없었다"고 잘라 말했습니다. 제주도 향토사가인 김봉옥 씨는 "요시다의 1983년 일본어판이 나오고 나서 몇 년간이나 추적 조사한 결과, 사실이 아님을 발견했다. 이 책은 일본인의 악덕풍을 나타내는 경박한 상혼의 산물이라고 생각한다"고 했습니다. 한마디로 책을 써서 이름을 내고 돈을 벌고 싶은 악덕 상혼의 소치에 불과했습니다. 저는 그 요시다라는 사람의 심리상태를 세밀히 분석하면 식민지의 여인들을 마구잡이로 납치해 마음껏 유린하고 싶었던 제국주의자들의 고약한 리비도를 확인할 수 있지 않을까 싶기도 합니다.

이 문제와 관련해서는 당시 총독부의 전시통제정책의 실상을 소상하게 증언해 줄 사람이 있으면 제일 좋겠지요. 1939년부터 충남 논산군에서 공직생활을 출발한 어느 분을 저는 알고 있습니다. 1941년부터 노무자의 모집, 징병제의 실행, 각종 물자의 징발과 배급에 깊이 관여한 당시의 살아 있는 증인이지요. 그분께 몇 차례 물었습니다만, 자기가 종사한 일반 행정계통을 통해 여자들이 모집되거나 동원되는 일은 없었다고 하는군요. 다만 교육계통을 통해 정신대를 모집하는 일은 잘 알고 있었다고 합니다만, 그것은 앞서 설명한 대로 여자들의 노동력을 산업현장에 동원한 별도의 문제라고 하겠습니다. 제 생각으론 농촌의 가난이 너무 심하여 여자들을 밀어내는 힘도 강력했고, 밖에서 모집책의 끌어당기는 힘도 강력하여 관에서는 굳이 강제력을 발동하지 않아도 좋을 상황이었습니다. 방관만 해도 저절로 돌아갈 정도로 활발히 작동하는 인신매매시장이 성립해 있었던 것이죠. 그 점에서 1944년 8월 일본으로 남성 노동력을 송출하기 위해 발동된 국민징용령의 경우와는 사정이 판이하다고 생각합니다. 요사이는 국제적 노동이동과 관련하여 인력을 수집하고 송출하고 분배하는 민간 시장기구가 성립해 있습니다만, 당시의 노동시장 여건은 그런 수준이 못되었습니다. 다시 말해 시장에서 관을 대신할 대리인이 없었던 것이죠. 그럴 경우에 관의 행정력이 직접 발동되는 법이지요. 그 점은 경제학의 상식과도 같은 것이 아닐까요.

그런데 한 가지 확실히 해두고 싶은 점은 총독부의 관헌이 직접 더러운 손을 대지 않았다 해서 일본군이나 총독부가 저지른 전쟁범죄가 면책되는 것은 결코 아니라는 사실입니다. 어떤 경로로 끌려왔던 간에 여인들을 군 시설의 일부인 위안소에 수용하여 성적 위안을 강요한 것 자체가 전장에서 기술한 대로 매춘업을 위한 여인의 국제 매매와 미성년의 매춘과 노예제를 금지한 국제법을 위반한 행위로서 반인류 전쟁범죄인 것입니다. 따지고 보면 어떻게 끌려왔는가는 결정적으로 중요한 문제가 아닌 것이지요. 혹 그 점에 대한 오해가 있을까 싶어 이상과 같은 저의 진의를 좀 더 명확히 강조해 두고 싶습니다.

남성의 가부장적 지배라는 수준

셋째, 마지막으로 위안부 사건의 저변에는 여성에 대한 남성의 가부장적 지배의 문제가 가로놓여 있습니다. 패망 이전의 천황제 일본은 여성을 민법이 규정하는 인격권이나 재산권의 주체로 인정하지 않았습니다. 지독한 가부장제 문화였지요. 그 민법이 조선으로 건너온 것에 대해서는 이전에 지적한 바 있습니다만, 조선 나름의 유사한 전통도 있고 해서 식민지기 여성의 사회적 처지는 실로 비참하였습니다. 가난한 집에서 어린 딸을 늙은 부호의 첩으로 들이거나, 부호가 죽고 나서는 색주가로 팔려 나가는 여인의 기구한 인생살이에 관해서는 19세기의 구소설에서부터 20세기의 신소설에 이르기까지 실로 허다한 예를 들 수 있습니다. 이러한 성문화로 인해 이미 전통사회에서 상당한 정도로 매춘업이 발전해 있었습니다. 혹자는 일제가 공창제를 조선에 도입한 것처럼 이야기합니다만 그것은 사실이 아니지요. 전통을 지나치게 미화해서는 곤란합니다.

▲ 조선시대의 기생들. 기생으로서 교육을 받고 있는 중이다.

다 아시는 대로 조선시대에는 국가가 공식 운영한 기생이란 성노예 제도가 있었습니다. 그리고 서울에는 지방에서 단신으로 올라 온 관료들을 위한 첩 시장이 발달해 있었습니다. 첩의 월급은 시세로 정해져 있었습니다. 일본처럼 영업허가를 받은 공창은 없었습니다만, 그 대신 어느 여자가 양(良)이고 어느 여자가 창(娼)인지 잘 구분되지 않을 정도로 민간에 매춘업이 혼재했음이 전통 조선사회였지요. 그래서 18세기의 어느 선비는 당시의 문란한 성도덕을 두고 "음풍(淫風)이 크게 떨쳐 집마다 마을마다 음부(淫婦)가 아닌 여자가 드물다"고 할 지경이었습니다(한국고문서학회, 《조선시대생활사》2, 역사비평사, 113쪽). 3·1운동 직후 1919년 4월 임시정부에 의해 '대한민국임시헌장'(大韓民國臨時憲章)이라는 최초의 근대적 헌법이 공포됩니다. 전문 10조의 아주 단출한 헌법입니다. 제9조를 보면 "생명형 신체형 급(及) 공창제를 폐지함"으로 되어 있습니다. 헌법에다 공창제의 폐지를 언급함이 좀 이상하지 않습니까. 개화기에 나온 신문이나 잡지를 보면 나라가 망하게 된 한편의 원인으로 문란한 성도덕을 지적하고 있는 글이 꽤나 많습니다. 최초의 근대적 헌법은 그에 대한 민족적 반성을 담았던 것이죠.

여자들을 일본군의 위안부로 내몬 데는 이 같은 전통적 성도덕이나 가부장제 문화에 큰 책임이 있습니다. 《재인식》에 실린 소정희 교수의 논문, 〈교육받고 자립된 자아실현을 열망했건만〉이 바로 그러한 여성사적 시각에서 쓰인 것입니다. 그 제목에다 소 교수는 "개인 중심의 비판인류학적 고찰"이라고 부제를 달고 있습니다. 역사의 중심에 국가도 민족도 아닌 개별 인간을 놓아야 한다는 저의 주장과 통하는 시각이군요. 소 교수는 위안부 출신 할머니들의 증언을 사료로 하여 그녀들을 위안부로 내몬 것이 가부장의 폭력이었음을 폭로합니다. 문필기라는 소녀가 있었습니다. 학교에 가서 공부하여 훌륭한 신여성으로서 살기를 꿈꾸었던 소녀이지요. 그런데 아버지는 "가시나가 공부하면 여우밖에 되지 않는다"고 하면서 학교에 보내주질 않았습니다. 너무나 학교에 가고 싶었던 문필기는 아버지 몰래 학교에 갑니다. 그것을 안 아버지가 문필기를 교실에서 끌어내 죽어라고 두들겨 팼지요. 가슴에 멍이 든 문필기는 몇 년 뒤에 "공부도 할 수 있고 돈도 벌 수 있게 해 준다"는 어느 '일본인 앞잡이'의 말을 듣고 가출을 감행합니다. 그녀를 기다리고 있는 것은 일본군 위안소였습니다. 요컨대 무지막지한 가부장의 폭력이 "교육받은 근대적 자아의 실현"을 꿈꾼 한 소녀를 위안부로 내몬 궁극의 원인이었던 겁니다.

저는 이상과 같은 세 가지 시각에서 일본군 위안부라는 역사적 사건에 접근하고 있습니다. 세 가지 요인은 상호 인과적이지요. 일본군과 총독부의 책임이 엄중합니다만, 업자와 모집책, 그리고 자식을 내몬 부모들의 책임도 큽니다. 조선 내에도 일본군의 위안부가 있었고, 한국전쟁 당시에도 한국군의 위안부가 있었으며, 훨씬 문명화된 형태입니다만 최근까지도 미국군의 위안부가 대량으로 있었지요. 이 모두는 역사적으로 한 계열입니다. 그래서 저는 일본군 위안부라는 사건을 과거사로만 보지 않고 오늘날 우리 주변에까지 깊숙이 침투해 있는 현실로 감각합니다. 역사가는 그러한 역사의 복합성과 동시대성을 관찰합니다. 대중은 그러한 역사가의 관찰을 통해 역사를 성찰합니다. 그것이 제가 바람직하다고 생각하는 역사청산의 방식입니다. 과거를 통해 현재를 성찰하고 미래를 모색하는 것이지요. 이러한 성찰의 역사학은 어느

한 사람이나 집단에 역사의 책임을 미루거나 추궁하지 않습니다. 죽은 자는 말이 없고 역사의 진실은 영원히 미궁이지요. 그런 인간 지성의 한계에 대한 자성이야말로 근대 역사학의 출발입니다.

그날의 토론회

2004년 9월 2일 저는 MBC방송의 토론회에 나갔습니다. 현 정부가 추진 중인 과거사청산이 토론의 주제였습니다. 그해 3월 2월에 '일제강점하 친일반민족행위 진상 규명에 관한 특별법안'이 국회를 통과하였습니다. 늦었지만 지금이라도 친일파를 조사하여 국가의 이름으로 그들을 단죄한 기록을 역사에 남겨야 한다는 취지의 법률이지요. 그 법이 국회를 통과한 날부터 저는 죽 마음이 불편했습니다. 집안에 이름 있는 친일파가 있어서가 아닙니다. 시골 출신으로 원래 그럴 정도의 집안은 아니었습니다. 제 마음이 불편했던 것은 그 법이 많은 점에서 잘못된 사실 인식에 기초해 있을 뿐 아니라 역사학이 추구할 올바른 방식의 과거사청산이 아니기 때문이었습니다. 잘못된 사실 인식을 법으로 공식화한다는 점에서는 비판과 표현의 자유를 구속하는 반헌법적 요소까지 안고 있는 악법이라 할 수 있습니다. 그에 대해서 보다 자세하게는 이 책의 마지막 장에서 이야기하겠습니다. 어쨌든 그런 이유로 그해 봄부터 저는 무언가 사회를 향해 발언하지 않으면 안 된다는 강박관념에 사로잡혀 있었습니다. 한두 차례 TV토론회의 초청이 있었습니다만, 연구실에만 있던 사람에게 익숙한 일이 아니어서 사양했습니다. 그러다가 드디어 그날의 토론회에 참석하게 되었는데, 그만큼 더 이상 침묵할 수는 없다는 생각이 강했던 것 같습니다.

그 자리에서 저는 60년도 더 된 심지어 100년도 더 된 과거사를 법률로 정치적으로 청산한다는 것의 부당함을 계속 주장하였지요. 과거에 벌어진 어떤 범죄적 사건과 관련하여 겉으로 드러난 소수의 몇 사람을, 이미 죽어서 자신을 변호할 능력이 없는 그들을, 그 사건과 관련된 동시대의 수많은 다른 사람들로부터 분리하여, 일종의 편 가르기 방식으로, 그들에게 사건의 책임을 뒤집어씌우는 것은 정당한 방식의 과거사 청산이 아니라는 것이 제 주장의 요지였습니다. 그러면서 위 법률이 친일행위로 나열하고 있는 것 중의 하나인 "일본군을 위안할 목적으로 부녀자를 제공한 행위"(제2조 12항)를 예로 들었습니다. 부녀자, 곧 배우자가 있는 여자가 위안부로 끌려간 적이 있나요. 법을 만든 사람들의 식견이 대단하군요. 그 점은 접어두더라도 이 법에 걸려 이름이 공포될 사람은 누구입니까. 문맥상 일본군은 아니지요. 또한 일본군으로 나가 위안소를 이용한 적이 있는 수만 명의 조선인 병사도 아니지요. 이 법에 걸릴 사람들은 후지나가 교수의 논문에 이름이 소개된 위안소 업주 정도이지요. 모집책도 당연히 포함되어야 하지만 누군지 알 수 없지요. 어린 딸을 죽도록 두들겨 팬 아버지도 포함되어야 하지요. 일본군과 협의하여 여행증명서의 발급을 지시한 총독부의 조선인 관리도 찾아내야 되겠지요. 그런데 그 모두를 어떻게 찾아내고 또 찾아낸들 어떻게 구체적으로 확인합니까. 불가능한 일이지요. 보나마나 위안소 업주 몇 사람의 이름만 친일파 명단에 포함될 것이 뻔합니다. 그런데 업주라고 모두 친일파였을까요. 후지나가 교수의 논문을 보면 그들은 나쁜 짓만 한 것이 아닙니다. 전쟁이 끝나자 1,400여 명의 위안부를 상하이와 한커우에서 무사 귀국시키기 위해 갖은 애를 다 쓴 인간적인 업주들도 있었습니다.

　이런 복잡한 생각을 하면서 저는 일본군 위안부 문제의 올바른 청산은 아직도 생존해 있는 관련 당사자들의 진솔한 고백을 토대로 하여, 또한 한국전쟁 당시의 한국군과 미국군의 위안부 문제까지도 시야에 넣으면서, 오늘날 한국의 여성 문제와 성도덕을 고양시키는 방향의 국민교육을 통해서만 제대로 이루어질 수 있음을 강조했던 것입니다. 그런데 그 다음부터가 문제였습니다. 제 말을 듣고 있던 반대편의 어느 국회의원이 "일본군 위안부를 미국군의 위안부와 등치시키는 것은 일본의 우익이 위안부를 가리켜 총독부가 강제 동원한 것이 아니고 자발적으로 돈 벌러 간 공창이라고 하는 주장과 같은 것이 아니냐"는 취지로 저를 몰아세웠습니다. 이후 저와 그 국회의원 사이에 어지러운 논쟁이 오고갔습니다만, 그에 대해서까지 소개할 필요는 없겠습니다.

그 다음날 그 논쟁을 지켜본 오마이뉴스라는 웹 신문의 어느 경박한 기자는 제가 위안부를 공창이라고 했다고, 실제로는 하지도 않은 발언을, 대문짝만 하게 보도를 하였습니다. 그 뒤에 어떤 사태가 벌어졌는지는 새삼스레 기억도 하기 싫을 정도입니다. 위안부 문제를 다루는 정대협[한국정신대문제대책협의회]이라는 단체는 저의 발언 내용을 확인도 하지 않은 채 제가 위안부를 공창이라 했다고 규탄한 다음, 제가 국립대학 교수직에서 사퇴해야 한다고 주장하였지요. 뒤이어 여성 국회의원 다섯 사람도 경박하게 같은 성명을 내었지요. 항의 전화가 빗발치고 욕설을 담은 이메일이 수도 없이 밀어닥쳤습니다. 저 멀리 미국 볼티모어의 어느 사람까지 차마 입에 담을 수 없는 욕설로 가득 채운 편지를 보내왔습니다. 제 연구실 문에다 계란을 던지고 후다닥 도망친 학생도 있었지요. 경상도 거창의 어느 초등학교 교장 선생은 제가 이완용의 손자라는 이야기가 사실이냐고 물어 왔습니다. 서울 강동구의 어느 고등학교 교사와의 언쟁도 기억납니다. "교수님 때문에 학생들을 더 이상 가르칠 수 없으니 어떡하면 좋겠습니까"라는 겁니다. 제가 말했습니다. "정대협이 출간한 위안부들의 증언 기록을 읽어 보셨습니까. 그것을 읽고 그대로 가르치면 되지 무엇 때문에 고민을 합니까." 그랬더니 그 교사는 "그런 것을 왜 자기가 읽어야 합니까"라고 반박하더군요. 읽을 필요가 없다고요. 진정 그러합니까. 그렇다면 이 나라에 희망이 없다고 생각합니다.

당시 저를 매도한 수많은 분들에게《재인식》에 실린 위안부 관련의 두 논문과 지금의 저의 글을 저의 답변으로 드립니다.《재인식》을 편집할 때의 일입니다. 위안부에 관해 좋은 논문이 한두 편 더 있어 초청하였더니 사양하더군요. 제가 보기에 한국에서 위안부 연구와 시민활동은 조선의 순결한 처녀의 성을 일제가 마음껏 유린했다는 식의 대중적 인식을 토대로 하여 이미 한 개인으로서는 거스를 용기를 내기 힘든 권위와 권력으로 군림하고 있는 것 같습니다. 제가 거절을 당한 것은 그러한 이유 때문으로 짐작되는데, 그건 확실히 또 하나의 슬픈 현실이라 아니 할 수 없습니다.

9

일제가 이 땅에 남긴 유산

개발(development)의 뜻

1945년 8월 15일, 일제는 패망하였습니다. 영구병합과 동화정책의 구호가 그토록 요란했지만 아무런 소용이 없었습니다. 그들은 황급하게 고향으로 철수했습니다. 아무도 남아 달라고 붙드는 사람이 없었습니다. 그토록 허망했던 것이 일제의 동화정책이었습니다. 역시 처음부터 되지도 않을 무리한 프로젝트였지요. 그런데 일제가 철수한 뒤의 조선은 어떻게 되었습니까. 다시 1910년 대한제국이 패망할 그 당시로 복귀한 것일까요. 식민지수탈론에서는 그렇게 이야기할지 모릅니다. 마치 난폭한 구둣발에 짓밟혀 있던 풀이 구둣발이 치워지자 다시 허리를 펴는 식의 그러한 원상회복을 말입니다. 그래서 잃어버린 나라를 다시 찾았다고도 하지요. 공식적으론 '광복'이라 합니다. 다 잘 아시는 대로 대한민국의 가장 큰 국경일은 '광복절' 입니다.

그렇지만 저는 그런 식의 원상회복론에 찬성하기 힘들군요. 식민지 지배는 물리적인 것만은 아니었습니다. 그것은 본질적으로 화학적인 작용이었습니다. 그에 대해서는 제5장에서 식민지근대화론을 소개하면서 설명한 바 있습니다. 식민지기에 식민지적 형태의 근대화라는 변화가 있었음을 주장하는 학설이지요. 그에 따라 사회와 경제의 구조가 바뀌었습니다. 무엇보다 인간들이 옛날의 그 인간들이 아니었습니다. 이러한 현상을 가리켜 경제학에서는 발전 또는 개발이라 합니다. 영어로는 development라고 하지요. 이는 성장, 영어로 말해 growth와는 상이한 개념입니다. 성장은 사람의 키가 크는 것과 같은 뜻으로 이해하면 됩니다. 국민소득이 1,000달러에서 2,000달러로 되는 것, 그것이 성장입니다. 그러나 개발, development는 그런 것이 아닙니다. 이 영어 단어의 기원은 생물학에서 나왔습니다. 애벌레가 성충이 되는 과정, 바로 그것이 개발입니다. 모양과 기관이 바뀌고 복잡화하는 것이지요. 한 사회가 역사적으로 개발되었다거나 발전했다고 하면, 그것은 그 사회의 운동 원리와 그 사회의 부속 기관이 다른 것으로 바뀌어 있어 마치 성충이 애벌레로 돌아갈 수 없듯이 불가역적인 변화를 겪는 것을 말합니다.

얼마 전에 허수열 교수가 《개발 없는 개발》(은행나무, 2005)이란 책을 내어 우리의 식민지근대화론을 비판하였습니다. 식민지 수탈론 측에서는 기다리던 용사가 나타났던 식으로 반겼던 것으로 압니다. 이 책의 요지는 식민지기에 총소득이 증대한 것은 사실이지만, 그것은 모두 일본인 차지가 되고 조선인의 소득 수준에는 변함이 없었다는 겁니다. 허 교수는 이를 통계로 입증한다고 애를 썼습니다만, 제가 보기엔 일종의 편집증에 가까운 추론에 불과합니다. 그에 대해서는 이미 《재인식》에 실린 주익종 박사의 논문이 잘 꼬집고 있고, 또 김낙년 교수도 별도의 서평을 통해 그 논리적 모순을 명확히 하고 있기 때문에(《경제사학》38, 2005) 여기서는 그에 관해 더 이상 언급하지 않겠습니다. 다만 '개발' 이란 말이 아주 잘못 쓰이고 있음에 대해선 한마디 해야겠습니다. 허 교수의 주장대로라면 '성장 없는 성장' 이라 해야 옳지요. 그는 개발이 원래 무슨 뜻인지 잘 모르는 것 같습니다. 그가 진정 '개발 없는 개발' 을 입증하고 싶었다면 일제가 사유재산제도를 비롯하여 근대적 경제환경을 조성하여도 조선사람들은 그에 도무지 적응할 능력이 없을 정도로 미개하였음을 증명하든가, 아니면 일제가 조선사람들의 근대적인 경제활동을 철저하게 봉쇄하여 영구병합의 동화정책을 처음부터 포기하였음을 주장하든가 해야지요. 저는 '개발 없는 개발' 을 한갓 희언(戲言)에 불과하다고 생각합니다.

물적 유산

그럼 일제의 식민지 지배가 이 땅에 남긴 유산이 무엇인지 차근히 따져 보도록 합시다. 유산이라 함은 우선 물적인 것으로 공장 등의 생산시설과 철도 등의 사회간접자본을 들 수 있습니다. 그 다음에는 보이지 않은 것들로서 숙련이나 기업가능력 등의 인적 자본을 들 수 있습니다. 이외에 사유재산제도와 같은 제도적 유산을 고려할 필요가 있습니다. 우선 물적 유산과 관련해서는 남한과 북한의 사정이 크게 달랐음을 지적할 필요가 있습니다. 일제는 북한에 지금까지 알려진 것 이상의 풍부한 물적 유산을 남겼습니다. 1930년대 후반부터 추진한 군수공업화의 결과였지요. 해방 후 1946년 현재 북한에서는 대략 800개 이상의 대규모 공장이 가동 중이었습니다. 제철·제련·전기·화학 등, 당시로선 세계 첨단 수준의 공장들이 있었습니다. 특히 1939년 이후 일본에서 건너온 전기·화학공업의 대규모 공장은, 종업원 수가 3,000 또는 6,000을 넘는 경우도 있었습니다만, 지금까지 알려진 것만 해도 200개가 넘습니다. 그 외에 북한에 깔린 철도망은 1인당 철도길이에서 일본보다 높은 수준이었습니다. 1인당 발전량도 북한은 일본을 능가하는 수준이었습니다.

해방 후 이들 첨단 공업시설의 일부는 철거되어 점령군 소련

▲ 1961년 이승기 박사의 비날론 개발을 기념하는 북한의 우표.
이승기 박사는 교토(京都)제국대학 출신이고
그가 비날론을 개발한 공장은 원래 흥남의 일본질소비료공장이었다.

의 전리품으로 넘어갔지만, 거의 대부분은 북한정부에 정상 인계 되었습니다. 그 상당 부분이 한국전쟁 과정에서 미국군의 폭격으로 파괴되었다고 합니다만, 드러난 건물이나 저장시설이야 그러했지, 분리 가능한 핵심 설비를 폭격의 대상으로 방치해 둘 정도로 북한의 지도부가 어리석었다고는 생각하지 않습니다. 흔히들 북한이 1960년대까지 남한보다 경제적으로 앞섰다고 이야기합니다. 제가 말씀드리고 싶은 점은 그렇게 된 것은 그들이 선전하는 대로 사회주의 생산력의 덕분이 아니라 어디까지나 북한이 일제로부터 받은 물적 유산이 풍부했기 때문이라는 점입니다. 나중에 다시 언급할 기회가 있겠습니다만, 1950년 김일성이 한국전쟁을 도발할 수 있었던 것도 개인화기나 화약에 관한 한, 북한은 이미 자체 생산능력을 확보하고 있었기 때문입니다. 그에 비하자면 남한에는 군수산업이라고 할 만한 것은 아무것도 없었습니다. 그러한 남북한의 경제구조와 경제력의 차이가 김일성으로 하여금 한국전쟁을 도발하도록 유혹했다고 볼 수 있는 겁니다.

반면에 남한이 일제로부터 물려받은 물적 유산은 빈약하였습니다. 남한은 쌀농사 중심의 농업지대였습니다. 잘 아시는 대로 남한에서 가장 큰 산업은 수출 쌀농사였습니다. 공업시설이라곤 양조장·정미소와 같은 식품가공업이나 인쇄업·도자기업 따위가 주종을 이루었을 뿐입니다. 그 밖에 서울, 부산, 대구와 같은 도시에 면방직·견직 산업으로 몇 개 큰 공장이 있었던 것이 고작이었습니다. 1934년부터 도시를 중심으로 산업전기가 보급되자 서울 부근에 중소 기계공업이 조금 발달합니다만, 대개 공장제수공업의 수준을 넘지 못했습니다. 그나마 이들 남한의 공업시설은 해방 후의 혼란기에 많이 훼손되었으며, 남았던 것도 한국전쟁 과정에서 60% 이상 파괴되고 말았습니다.

제도적 유산

그렇지만 남한은 일제가 남긴 또 다른 역사적 자산을 소중히 잘 보존하였습니다. 다름 아니라 근대적인 법, 제도와 시장경제체제가 그것이었습니다. 앞서도 지적하였습니다만, 이런 것들은 원래 서유럽에서 발생하여 일본으로 건너간 것이었습니다. 그래서 엄밀히 말해 일제가 남긴 것이라기보다 20세기 인류가 공유하는 선진 문명의 자산이라고도 하겠습니다. 앞서도 여러 번 지적하였습니다만, 이러한 근대적인 법과 제도는 일제가 한반도를 영구병합하기 위해 이식한 것이었습니다. 해방 후의 대한민국은 이러한 근대 문명으로서 법과 제도를 그대로 보전하고 또 발전시켰습니다. 경제에 관해 더 자세히 소개하면, 일제는 1937년 이후 전시기에 접어들면서 시장경제체제를 상당 부분 중지하고 국가사회주의적인 통제정책을 취합니다. 식량의 강제수매, 곧 공출과 배급이 그 대표적인 예입니다. 일제의 전시경제체제는 해방 후 미군정에 의해 해체되었습니다. 그리고 대한민국이 수립될 때는 보다 자유로운 시장경제가 활성화되어 있었습니다. 이렇게 대한민국은 일제를 통해 이 땅에 들어온 시장경제체제를 복구하고 발전시켜 오늘날과 같은 번영하는 시장경제를 성취하게 된 것이지요.

반면에 사회주의 북한은 풍부한 물적 유산을 받았지만 일제를 통해 들어온 근대적인 법과 제도를 폐기하고 말았습니다. 1946년 북한은 '건국 20개 조항'을 발표하면서 "일제가 통치의 목적으로 시행한 모든 법을 폐지한다"고 하였습니다. 아울러 "일제의 재판기구를 인민으로부터 선발된 대표에 의한 인민재판기구로 대체한다"고 하였습니다. 그렇게 근대적인 인간으로서 인격권과 재산권을 규정한 민법이 폐지되고, 또 사법(司法)에 의한 재판기구를 대신하여 인민재판이 행해지게 되면 그 사회의 인간들은 어떻게 됩니까. 다시 국가의 농노와 같은 신세로 전락할 수밖에 없지요. 그렇게 북한은 근대문명을 부정하고 말았습니다. 앞서 저는 근대화란 애벌레가 성충이 되는 생물학적으로 불가역적인 변화와 같다고 했습니다. 그러한 변화과정을 강제로 중단시키면 그 애벌레는 어떻게 됩니까. 비틀린 불구의 상태가 되고 말지요. 그렇게 북한은 비극적이게도 문명의 막다른 골목으로 들어서고 말았습니다. 모두가 평등하게 잘 산다는 사회주의의 아름다운 이상, 그 혁명의 열기에 들떠 있던 당대인들이 그러한 문명사의 비극을 어찌 예감이나 할 수 있었겠습니까. 그렇지만 인간정신의 본질인 자유, 그 자유의 물적 토대인 재산제도가 폐지되면 그러한 비극이 발생하기 마련입니다. 지난 20세기의 세계사가 남긴 소중한 교훈이지요.

인적 자본

대한민국이 식민지기로부터 계승한 유산이 한 가지 더 있습니다. 아니 이 경우는 유산이라기보다 우리 민족의 높은 문화적 능력이 자기 의지로 애써 축적한 것이라고 할 수 있습니다. 다름 아니라 높은 교육 수준의 인적 자본입니다. 대중의 교육열이 폭발하는 계기는 3·1운동이었습니다. 민족의 긴 장래를 위해 실력을 양성해야 한다는 민족적 자각이 움튼 것이지요. 1920년대의 대중교육은 적령기 아동의 취학률을 20~30% 수준으로 끌어 올립니다. 교육열은 1920년대 후반에 주춤하였다가 1930년대가 되면 다시 폭발합니다. 당시의 기록을 보면, 입학 지원이 정원을 초과하여 소학교에 입학하는 데도 해를 넘기면서 순서를 기다릴 정도였습니다. 1930년대 말이 되면 적령기 아동의 취학률이 남자의 경우 60%를 넘어서지요. 대중의 이러한 교육열에 밀려 일제도 할 수 없이 1946년부터 의무교육제를 시행한다는 계획을 내놓을 정도였습니다.

중등 이상의 고등교육도 확대되었습니다. 총독부는 고등교육의 대중적 확대에 무척 인색하였습니다. 고급 인재를 많이 길러내서는 그들의 지배정책에 도움이 되지 않는다고 판단했던 모양이지요. 중학교 이상의 고등교육기관은 대중의 교육열에 비해 턱없이 부족한 상태였습니다. 그래서 생겨난 것이 일본으로의 유학 행렬이지요. 유학생의 수는 이상하게도 중일전쟁이 터진 1937년부터 부쩍 그 수가 증가하는데, 1942년 현재 총 2만 9,427명에 달했습니다. 그 중에 2만 2,044명, 75%가 중학생이었습니다(《일본유학 100년사》, 재일한국유학생연합회, 59쪽).

요사이 돈 있는 집안에서는 자식들을 미국이나 영어권의 초·중·고등학교에 보내고 있는데, 통계를 보니 2003년에 1만 132명, 2004년에 1만 6,446명이군요. 그런데 그에 준하는 유학생의 행렬이 이미 1940년대에 있었던 겁니다. 식민지의 가난한 민중이 무슨 돈으로 유학을 보냈을까요. 좀 더 세밀히 연구해 볼 문제입니다만, 제 가설은 다음과 같습니다. 1930년대 초부터 많은 사람들이 일본으로 건너갔습니다. 1930년대 말이면 일본에서 어느 정도 자리를 잡게 되지요. 그러자 국내에 있는 그들의 친척집 아이들이 그 뒤를 따르는 겁니다. 중학교에 가기 위해서였습니다. 그렇게 건너가서는 돈이 없으니까 신문배달, 우유배달 하면서 악착같이 공부하는 것이지요. 요사이는 거의 없어졌습니다만 제 세대까지만 해도 친숙한 고학생(苦學生)이란 말이 그렇게 생겨났다고 생각합니다.

교육을 받은 사람들은 총독부의 각급 관서와 학교에 관리와 교사로 취직하였습니다. 《재인식》에 실린 나미키 마사히토(並木眞人) 교수의 〈식민지기 조선인의 정치참여〉에 의하면 1940년경 그 수가 거의 17만에 달하였습니다. 주로 하급직이었습니다만, 조선인 관리와 교사의 수는 일본인보다 많았습니다. 그렇게 1910년부터 총독부의 관리와 교사를 지낸 사람이 모두 얼마나 되는지는 아직 연구가 되어 있지 않습니다만, 수십만에 달할 것입니다. 이외에도 금융조합·수리조합 등의 조합과 은행·회사 등에 취직하여 근대적인 행정과 경제활동을 훈련받은 고급 인력들이 있었습니다. 바로 이들이 해방 후 대한민국을 떠받친 세력이었습니다.

나미키 교수는 식민지기의 대일(對日) 협력을 이데올로그형과 테크노크라트형으로 나누고 있습니다. 전자는 이광수와 같이 정신마저 일본식으로 되자고 한 사람들로서 전시기의 징병·징용에 적극 협력한 사람들이 되겠습니다. 후자는 위에서 말한 하급직 관리, 조합원, 은행원, 회사원, 그 밖에 의사와 법률가 등으로 근대 분야에서 전문적인 지식과 기능을 쌓은 사람들입니다. 이들에게 있어서 대일 협력은 소극적인 것이었으며 살아남기 위한 불가피한 선택이었습니다. 해방 후 이데올로그형의 협력자는 정치적으로 소거되었습니다만, 후자는 대한민국의 건국에 적극 참여하였습니다. 관련하여 나미키 교수는 제헌의회 의원의 약 30%가 테크노크라트형 인물이었음을 제시하고 있습니다. 역사는 그렇게 연속적이었다는 겁니다.

무엇보다 귀중한 인적 자본은 점포와 공장과 회사를 경영한

▲ 한국 경제를 대표하는 삼성, 현대, LG 그룹의 창업자들. 모두 식민지기에 기업가로 입신하였다. 좌로부터 이병철, 정주영, 구인회.

상인과 기업가들이었습니다. 1920년대 이후 전통사회의 보부상을 대신하여 고정적인 점포를 소유하게 된 상인의 수가 부쩍 증가하여 1939년 현재 점포의 수가 39만 6,000이나 됩니다. 1939년 현재 조선인으로 5인 이상 종업원의 공장을 경영하는 사람은 4,000명이나 달했습니다. 그 가운데 오늘날 한국을 대표하는 기업집단을 창립한 삼성의 이병철, LG의 구인회, 현대의 정주영 회장 등이 포함되어 있지요. 이병철 회장은 정미소로 시작했는데, 자서전을 보니 정미소가 아니라 마산의 미두(米豆) 선물시장에서 큰돈을 벌었더군요. 역시 큰 상인은 큰 시장에서 놀았구나 하고 생각했습니다. 그렇게 국제적으로 큰 시장에서 훈련받은 기업가 능력이 다소 나마 축적되어 있었기에 신생 대한민국이 경제적으로 일어설 수 있었던 겁니다. 더구나 북한이 사회주의화하자 거기서 살 수 없게 된 수많은 사람이 남쪽으로 내려왔지요. 그 수가 한국전쟁 이전에 이미 100만이었다고 합니다. 그 가운데는 상당수의 상인과 기업가가 있었습니다. 그 역시 대한민국으로선 값진 유산이었습니다. 예컨대 해방 후 남한에서 메리야스·양말·고무신·유리 공장을 세운 사람들은 대개 북한에서 활동하던 기업가들이었습니다.

충성과 반역의 정신세계

마지막으로 《재인식》에 실린 카터 에커트(Carter Eckert) 교수의 논문, 〈식민지 말기 조선의 총력전·공업화·사회변화〉를 소개하겠습니다. 이 논문 역시 식민지기와 해방 후의 연속성을 이야기하고 있습니다. 에커트 교수가 연속성의 화두로 잡은 것은 전쟁입니다. 한반도를 둘러싼 20세기는 전쟁의 역사였지요. 노일전쟁(1904), 만주사변(1931), 중일전쟁(1937), 태평양전쟁(1941), 한국전쟁(1951), 베트남전쟁(1967) 등등이지요. 이들 전쟁 가운데 만주사변에서 태평양전쟁에 이르는 15년간만큼 한국인에게 직접적이고 중대한 영향을 미친 것은 없었다. 전쟁은 한반도를 제국의 공업화된 기지로 변형시키면서 조선의 경제구조를 극적으로 뒤바꾸어 놓았다. 그 과정에서 오늘날까지도 지속되고 있는 사회경제적 변화, 곧 근대화가 유발되었다. 그에 따라 조선인으로서 노동자와 기술자와 기업가와 관료의 수가 늘어나고 그 질이 향상되었다. 1960년대 이후 '한강의 기적'이라 불린 한국의 급속한 근대화혁명을 주도한 박정희를 위시한 장교 그룹도 바로 그 과정에서 형성되었다. 이상이 에커트 교수의 논문입니다.

몇 가지 논점을 제외하고 저는 에커트 교수의 의견에 찬성합니다. 예컨대 그는 1960년대 이후 국가주도형의 개발 모형이 이미 식민지기에 성립한 것으로 주장하고 있지만, 그 점에 대해서는 《재인식》에 실린 김낙년 교수의 논문이 잘 비판하고 있는 그대로 동의하기 힘듭니다. 총독부가 박정희 정부만큼 경제개발에 적극적인 의지를 가지고 경제에 깊숙이 개입했다고 보기는 힘들지요. 그건 그렇고, 인적 자본의 면에서 해방전후사를 연속적으로 보고 있는 에커트 교수의 시각에 대해 저는 이의가 없습니다. 더구나 이후 근대화 혁명을 주도한 장교단이 일본군 내에서 배양되었다는 지적은 참으로 인상적입니다. 그들은 원래 일본 천황에 충성을 맹세한 사람들입니다. 전쟁과 전쟁의 시대에 식민지의 아들로 태어나 나폴레옹처럼 위대한 군인이 되고 싶었던 스무 살 나이의 젊은

이들이었습니다. 그런 그들이 친일파였다는 비판에 저는 아무런 지적 긴장을 느끼지 않습니다. 오히려 저는 그들의 내면세계는 어떠했을까, 거기서 충성과 반역의 대상으로서 민족은 얼마나 실체적이었던 것일까, 천황을 위해 죽겠다는 맹세의 정신세계는 역설적으로 충성의 대상이 대한민국으로 바뀌었을 때 같은 식의 맹세로 이어질 논리적 필연을 안고 있지 않은가, 그 논리적 필연은 구체적으로 무엇인가에 관심을 두고 있습니다. 그러한 인간 내면의 논리적 필연에까지 분석의 손길이 미친 연구는 《재인식》에 없습니다. 그런 고급의 논문을 읽기 위해서는 좀 더 기다려야 되는 모양입니다.

제3부 나라 세우기

1948년 8월 15일 11시 중앙청(구 조선총독부 청사) 광장에서 열린 대한민국 정부 수립 선포식

10

해방은 어떻게 이루어졌나

갑작스런 해방

1945년 8월 15일 우리 민족은 일제의 억압으로부터 해방되었습니다. 수많은 애국선열이 오랜 세월 붉은 마음으로 기다려 오던 해방이었습니다. 그 기쁨을 정인보 선생은 "흙 다시 만져 보자. 바닷물도 춤을 춘다"고 노래하였습니다. 그리고선 "기어이 보시려던 어른님 벗님 어찌하리"라고 하여 독립투쟁에 몸바쳐 먼저 가신 분들을 안타까워했지요. 해방은 어느 정도 예견된 일이었습니다. 이태준의 소설 《해방전후》를 보면, 주인공 현은 이탈리아와 독일이 이미 망한데다 일본이 사이판을 잃고 오키나와에까지 적을 맞아들였다는 신문보도를 통해 일제의 패망이 길어야 1년이라고 짐작합니다. 그렇지만, 막상 8월 15일 그날의 해방은 모두에게 너무나 갑작스런 일이었습니다. 나중에 함석헌 선생은 성서의 표현을 인

▲ 해방에 환호하는 사람들

용하여 해방이 도적같이 갑자기 찾아왔다고 했지요. 국제정세에 누구보다 밝은 하와이의 이승만 박사도 일제가 패망한 소식을 듣고 넋이 빠진 듯 한동안 멍하니 있다가 부인에게 "여보, 우리 고향에 돌아갈 수 있게 되었어"라고 했다 합니다.

　이태준의 체험이겠습니다만, 《해방전후》의 주인공 현도 그러하였습니다. 현은 8월 17일 경기도 철원에서 서울로 올라오는 버스 안에서 운전사로부터 전쟁이 끝났다는 소식을 듣습니다. "전쟁이 끝났답니다." "뭐요? 전쟁이?" "인제 끝이 났어요." 현은 코

허리가 찌르르해집니다. "옳구나! 올 것이 왔구나! 그 지루하던 것이…." 그러면서 버스 안의 좌우를 둘러봅니다. 확실히 일본 사람은 아닌 얼굴들인데 하나같이 다들 무심한 표정입니다. 답답해진 현이 소리칩니다. 일본이 망했다는데 왜들 그렇게 조용히 있느냐고 말입니다. 그러자 한 영감이 다음과 같이 말합니다. "어떤 세상이라고 똑똑히 모르는 걸 입을 놀리겠소." 저는 이 대목에서 조금 충격을 받았습니다. 보통의 민초들에겐 해방의 소식은 놀라움 그 자체이자 일종의 두려움이었던 모양입니다. 세상이 어떻게 되어 갈지 알 수 없었기 때문이지요. 그러나 시간이 흐르면서 해방의 소식은 점점 민족의 환희로 삼천리강산에 울려 퍼졌습니다. 충북 중원군 동량면의 김인수라는 한 선비의 한문 일기를 소개하겠습니다(《致齋日記》, 한국정신문화연구원). 해방 일주일 뒤입니다. 마을 전통 잔치인 호미씻이[洗鋤]가 예정된 날이었습니다. 오랜 가뭄 끝에 소낙비가 내린 날이기도 했습니다. 마을의 남녀노소가 당나무 아래에 모였습니다. 모두 "대조선 독립만세"를 소리쳐 축하했습니다. 온종일 풍물과 술과 국수로 기뻐하며 즐거워했습니다. 김 선비의 일기는 당시의 정경을 다음과 같이 적고 있습니다. "오호라 천운의 돌고 돎이여! 가서 돌아오지 않음이 없도다". 역시 성리학자다운 표현이군요.

도움은 어디에서?

그런데 그 해방은 어떻게 해서 이루어진 것입니까. 어떤 힘이 작용하여 일제가 이 땅에서 물러가게 된 것입니까. 이 문제는 해방 전후사의 올바른 인식과 관련하여 가장 중요한 문제임에도 지금까지 한 번도 진지하게 논의된 적이 없는 것 같습니다. 이 문제에 올바로 접근하려면 1931년부터 1945년까지 동아시아와 태평양을 무대로 전개된 전쟁의 역사를 전제하지 않으면 안 됩니다. 잘 아시는 대로 1931년 일제는 만주사변을 일으켜 만주에 괴뢰국을 세웁니다. 1933년에는 베이징을 중심으로 한 화북 지방에 또 하나의 괴뢰정부를 세우지요. 1937년에는 드디어 남중국을 포함한 중국 전 연안에 상륙작전을 감행하여 중국과 전면 전쟁을 벌입니다. 나아가 1941년 12월에는 하와이의 진주만을 기습 공격함으로써 미국을 상대로 한 아시아·태평양전쟁에 돌입하게 됩니다. 이 일련의 전쟁을 가리켜 일본사람들은 15년전쟁이라고도 합니다.

  일제는 무엇 때문에 15년전쟁을 벌였을까요. 전쟁으로 대략 500만 명에 달하는 일본사람들이 죽거나 다쳤습니다. 일본이 아시아의 다른 나라에 끼친 피해는 그보다 몇 배나 크지요. 그런 엄청난 전대미문의 전쟁을 일본은 왜 벌였을까요. 1930년대 세계경제는 대공황의 깊은 늪을 빠져나오지 못하고 있었습니다. 그런데 유독 일본만은 순조로운 경제성장을 거듭하였습니다. 당시의 통계를 보면 일본경제의 성장 속도가 세계에서 가장 빨랐습니다. 저 아프리카 남단에 이르기까지 수출이 크게 증가하는 등, 일본경제의 대외의존도는 현저히 높아지고 있었습니다. 특히 세계자본주의의 새로운 중심으로 부상하고 있는 미국과의 연관성이 심화하고 있었습니다. 그럼에도, 일제가 미국과 승산도 없는 전쟁을 벌인 이유는 무엇일까요. 언젠가 일본의 어느 연구회에 참석하여 이 문제를 둘러싸고 일본인 연구자끼리 맹렬하게 토론을 벌이는 것을 본 적이 있습니다만, 거기서의 결론도 아무튼 잘 알 수 없다는 것이었습니다. 그 당시 저는 속으로 "이 친구들아, 그래서 조선은 해방되었어"라고 딴전을 피웠습니다.

어쨌든 숨김없는 사실은 우리 민족은 아시아와 태평양의 헤게모니를 두고 일본이 미국과 벌인 전쟁 덕분에 미국에 의해 해방되었다는 것입니다. 1945년 8월 8일 히로시마[廣島]에 원자폭탄이 떨어져 이해 말까지 대략 14만 명의 사람들이 죽었습니다. 그 비극의 현장에 우리 조선인들도 적지 않았습니다. 이어서 나가사키[長崎]에도 원자폭탄이 떨어졌지요. 그렇게 원자폭탄의 세례를 받고 나서야 최후의 1인까지 본토를 사수한다고 결의를 다지던 일제는 드디어 항복을 선언하였습니다. 그렇게 우리 민족은 미국이 일본 제국주의를 강제로 해체시키는 통에 해방되었습니다. 우리 힘으로 해방된 것은 아니지요. 오늘날 한국의 젊은이들은 속이 쓰리더라도 이 점을 냉정하게 똑바로 바라보지 않으면 안 됩니다. 지금까지 해방전후사의 인식을 둘러싸고 큰 혼란이 빚어진 것도 이 점을 명확히 전제하지 않았기 때문입니다.

그런데 북한의 《현대조선역사》(1983)란 책을 보면, "조선의 해방은 김일성이 조직 영도한 영광스런 항일무장투쟁의 승리가 가져다 준 위대한 결실이었다"라고 되어 있습니다. 이것은 새빨간 거짓말입니다. 김일성에 관한 연구에 의하면 중국 공산당 산하의 항일연군(抗日聯軍)에 중대장급 지위에 있던 김일성과 그의 부하 50여 명은 일본 관동군의 추격을 받자 1941년 연해주 소련령으로 피신하여 그곳에서 1945년 해방될 때까지 살았습니다. 김일성이 귀국한 것은 1945년 9월입니다. 전쟁이 끝나기 얼마 전 스탈린은 연해주의 김일성을 모스크바로 불러 그가 장차 북한에 세워질 자신의 대리정부의 책임자로서 적격인지를 테스트합니다. 스탈린은 김일성에 만족하였던 것 같습니다. 그래서 김일성은 소련군 배를 타고 해방 한 달 뒤에 원산항으로 들어왔습니다. 사실이 엄연히 이러함에도 북한의 역사책이 위와 같이 국민을 속이고 있는 것은 그 사회에 사상과 학문의 자유가 없고 위선의 전제권력이 군림하고 있기 때문입니다.

눈을 돌려 한국의 《한국근·현대사》(금성사판)라는 역사교과서를 보면, "직접적으로 우리에게 광복을 가져다 준 것은 연합군의 승리였다. 연합군이 승리한 결과로 광복이 이루어진 것은 우리 민족이 원하는 방향으로 새로운 국가를 건설하는 데 장애가 되었다"라고 되어 있습니다. 여기서는 북한에서와 같은 심각한 날조는 없습니다. 그 대신 연합군에 의한 해방이 새로운 국가의 건설에 장애가 되었다고 하고 있습니다. 이것은 도대체 무슨 이야기일까요. 저는 이런 얼토당토않은 주장이 정부가 검인정한 교과서에 버젓이 실려 있음을 보면서 솔직히 말해 남한 역시 북한 못지않은 위선의 지성을 가지고 있다고 생각합니다. 그에 관해 보다 자세하게는 다음 장에서 분단의 책임을 물으면서 다시 언급하겠습니다.

독립운동의 실태

기타 남한의 역사교과서나 많은 연구서를 보면 1920년대 이래 만주와 중국에서 '무장 독립전쟁'이 줄기차게 벌어졌다고 되어 있습니다. 여러 갈래의 독립전쟁은 드디어 1944년 임시정부 산하의 한국광복군으로 통합되었습니다. 그리고선 연합군과 합동으로 국내로의 진격작전을 준비하였으나 미국이 너무 일찍 원자폭탄을 투하하는 통에 그럴 기회가 없었다고 애석해하는 서술로 독립전쟁의 역사는 마무리되고 있습니다. 예컨대 1985년 판 국정 교과서에서 관련 서술을 찾으면 다음과 같습니다. "연합군이 일본에 원자탄을 투하하여 1945년 8월 15일 일본이 무조건 항복함으로써 광복군은 그해 9월에 국내 진입을 실행하려던 계획을 실현하지 못한 채 광복을 맞게 되었다." 그렇지만 이런 이야기들은 모두 과장이거나 실태와 동떨어진 서술이라고 생각합니다.

만주벌판에서 독립군이 일본군과 독자의 힘으로 전투를 벌인 것은 3·1운동 직후인 1920년 한 해였다고 저는 알고 있습니다. 당시 김좌진 장군의 북로군정서(北路軍政署)와 홍범도 장군의 서로군정서(西路軍政署)는 서로 합심하여 일본군과의 전투에서 큰 성과를 거둡니다. 봉오동전투와 청산리대첩이 그것이지요. 이후 일본군의 추격을 받은 독립군은 연해주 소련령인 알렉세예프스크로 퇴각합니다. 그곳에서 여러 정파 간에 독립군의 헤게모니를 둘러싸고 큰 내분이 벌어지고 그 틈을 타서 소련 적군(赤軍)이 독립군의 무장해제를 강요하여 수백 명이 사살되는 등, 독립운동사에서 참으로 비극적인 사건이 발생합니다. '자유시참변'이라고 하지요. 이후 독립군이 일본군과 유격전이든 진지전이든 독자의 전선을 형성한 적은 없는 줄 알고 있습니다. 1930년대가 되면 중국공산당의 통제를 받는 항일연군과 팔로군에 속한 조선 청년들의 무장투쟁이 전개됩니다만, 그것은 어디까지나 일본과 중국 간 전쟁의 일환이었습니다. 항일연군의 영웅적인 전사의 한 사람으로서 양정우 장군을 소개할 수 있습니다. 김일성보다 상위의 연대장급 인물이었습니다. 1990년 저는 중국 선양[審陽]의 역사박물관을 방문한 적이 있는데, 양정우의 위대한 항일투쟁이 커다랗게 그림으로 전시되어 있더군요. 반가워서 자세히 읽어 보았더니 조선 출신이란 말이 없더군요. 민족사의 비극을 다시 한번 실감한 대목이었습니다.

　독립운동의 국제적 조건과 관련하여 유의할 점은 미국, 소련, 중국 등 연합국의 어느 정부도 대한민국임시정부를 승인하거나 임시정부 독자의 군사 활동을 인정하지 않았다는 사실입니다. 솔직히 말해 국제적으로 승인을 받을 정도로 임시정부의 대표성은 그리 강하지 않았습니다. 여러 갈래의 독립운동은 이념이나 노선에서 심하게 분열되어 있었습니다. 그렇게 주체적 조건도 부족한 가운데 임시정부를 지원한 중국의 국민당 정부는 장차 일제로부터 해방될 한반도에 걸린 자신들의 이해관계를 계산하고 있었던 것 같습니다. 예컨대 1941년 중국 국민당 정부는 '한국광복군행동준승(準繩)'을 임시정부에 강요하여 광복군을 중국군 참모총장의 통제하에 둡니다. 이와 관련해서는 임시정부의 조소앙 외무부장이 주중 미국대사에게 중국이 일본의 패배 후에 다시 한국을 중국의 종주권하에 두려고 하기 때문인지도 모른다고 설명한 적이

▲ 임시정부의 요인들 (1945.12.5)
앞줄 왼쪽부터 조완구, 이시영, 김구, 김규식, 조소앙, 신익희.

있습니다. 이 같은 입장은 정도의 차가 있겠지만 중국의 공산당 정부나 소련도 마찬가지였다고 생각합니다. 다시 말하자면 장차 일제로부터 해방될 한반도에 다른 누구보다 자신이 깊은 이해관계를 가지고 있다고 믿는 강대국 간의 긴장관계가 벌써부터 형성되고 있었던 것이지요.

요컨대 해방을 전후한 시기에 이러한 긴장관계의 국제질서에 주체적으로 참여하거나 발언권을 확보한 조선인의 정치세력은 존재하지 않았습니다. 참으로 비극적인 현실이었습니다만, 그것은 엄연한 사실이었습니다. 한반도는 어디까지나 일제의 부속 영토였습니다. 그런 상태에서 미국에 의해 해방되었다고는 하나 그 국제법적 지위는 1910년 대한제국이 패망할 당시의 그것과 조금도 다를 바 없었습니다. 그렇게 대한제국의 패망은 길고 어두운 그림자를 한국의 현대사에 드리웠습니다. 그 깊은 상처는 2007년 오늘날까지도 이어지고 있는지 모릅니다. 직업이 역사가라서 더욱 그런지 모르겠습니다만, 저는 대한제국의 패망이란 아픈 상처를 지금도 간혹 가슴의 통증으로 느끼며 살고 있습니다.

자본주의 세계체제의 구조 변동

그렇지만, 조선을 일제의 억압으로부터 해방시킨 국제정치의 역학과 성질은 대한제국을 패망시킨 구제국주의 시대의 그것과는 판이해져 있었습니다. 해방의 역사적 의의를 올바로 평가할 때, 이 점은 결코 놓칠 수 없는 또 하나의 중요한 시점을 이루고 있습니다. 우선 지적해 두고 싶은 점은 세계적으로 보아 1945년까지 존속한 제국주의 세계체제는 식민지 민족이 거세게 무장독립전쟁을 펼친 결과로 해체된 것이 아니라는 사실입니다. 제가 알기에는 그렇게 독립한 나라는 하나도 없습니다. 그 점에서 우리 힘으로 일제로부터 해방되지 않았다는 사실을 부끄러워할 필요가 없습니다. 전 세계가 그랬던 것이지요. 그렇다면, 제국주의를 해체한 궁극의 힘은 무엇일까요. 그것은 제국주의에 내재한 모순 그 자체였습니다. 앞서 지적한 대로 식민지를 지배하기 위해 제국주의는 식민지에다 근대를 이식하였습니다. 그런데 근대를 학습하고 실천하는 식민지 민중이 성장하자 제국주의의 지배가 더 이상 가능하지 않게 되었습니다. 정신적으로 근대화된 인간들을 언제까지나 정치적으로 차별할 수는 없기 때문입니다. 지배의 결과가 지배의 부정이 되는 것, 그런 것을 두고 하는 말이 바로 변증법적 모순입니다. 제국주의는 그러한 모순으로 조만간 해체될 수밖에 없었습니다. 제국주의자들은 자주 식민지를 문명화시키는 것이 자신들에게 주어진 '의무'라고 변명했습니다만, 어느덧 제국은 그들에게 감당하기 어려운 '부담'으로 바뀌기 시작했습니다.

제국주의를 해체한 직접적인 계기는 자본주의 세계체제에서 헤게모니를 행사하는 국가가 영국에서 미국으로 바뀐 데 있었습니다. 새로운 헤게모니 국가인 미국은 거대한 땅덩어리에다 최대의 자원 보유국이자 최대의 농업국이요 최대의 공업국이었습니다. 그런 미국에 식민지라는 부속 영토는 거추장스런 것이지요. 그보다는 전 세계를 하나의 자유시장으로 통합하는 편이 미국의 국익에 맞았습니다. 그래서 미국이 필요로 한 상품을 미국에 팔고, 그래서 미국의 달러를 벌어들여서 미국으로부터 필요한 물건

▲ 서울에 진주하는 미군과 환영하는 서울시민들

을 사가는 국가들로 세계의 식민지들이 독립해 준다면, 그 편이 미국으로서는 가장 바람직하였습니다. 이에 미국은 제2차 세계대전이 터지자, 전쟁이 끝난 다음에 식민지를 해방한다는 다짐을 받고서 영국을 비롯한 연합국을 지원하였던 것이지요. 약속대로 전쟁이 끝나자 영국을 위시한 대부분의 제국주의 국가들은 그들의 오래된 식민지로부터 철수하였습니다. 미국도 식민지였던 필리핀으로부터 아무런 말도 없이 물러났습니다. 그 결과 1960년대까지 대략 140개 이상의 신생 독립국가들이 성립하였습니다. 대한민국도 그 가운데 하나입니다. 요컨대 해방 그 자체는 세계자본주의의 구조변화를 반영한 글로벌한 사건이었습니다.

해방의 세계사적 의의

이후 대한민국이 되는 한반도의 남부가 미국 헤게모니하의 세계체제로 편입된 사건의 세계사적 의의에 대해 좀 더 부연하겠습니다. 흔히들 미국 중심의 세계체제라 하면 동서냉전과 자유무역의 두 가지를 그 기둥으로 꼽습니다. 우선 세계지도를 펴놓고 봅시다. 1980년대까지 거대한 유라시아대륙의 대부분이 소련과 중국을 중심으로 한 사회주의 국제체제에 속해 있었습니다. 그 대륙의 동쪽 끝에 하나의 점과 같은 한반도의 남부가 사회주의 국제체제의 바깥에 놓인 것을 무엇으로 설명해야 합니까. 그것은 차라리 기적과 같은 일이었는지 모릅니다. 제15장에서 다루게 될 한국전쟁을 떠올리면 더욱 그렇습니다. 그 전쟁은 소련의 스탈린이 한반도의 남쪽을 자기 진영으로 끌어들이기 위한 목적에서 기획되었습니다. 그렇지만, 그 전쟁은 미국에 의해 방어되었습니다. 무엇 때문에 미국은 그들의 젊은이 3만여 명의 목숨을 희생해가며 그

전쟁에 개입했습니까. 한국을 특별히 사랑해서가 아니지요. 전 세계를 사회주의진영의 공세로부터 방어하기 위한 동서냉전에서 질 수 없었기 때문이지요. 그러니까 정부 수립 이후 지난 60년간 한국인들이 누려온 신체의 자유, 기회의 평등, 대의민주주의 등의 기초적 가치는 세계사에서 그러한 정치 원리에 입각한 국가의 효시를 이루면서 그러한 원리로 세계를 통합고자 했던 미국체제를 배제하고서는 설명할 수 없는 역사적 현상입니다.

미국체제의 다른 한 기둥은 세계의 자유무역입니다. 이를 위해 1947년까지 IMF[국제통화기금]와 GATT[관세 및 무역에 관한 일반협정]가 만들어졌습니다. 그런데 이 두 국제기구는 1950년대까지 제대로 작동하지 못합니다. 그도 그럴 수밖에 없는 것이 세계의 모든 국가가 미국에 맞서 자유무역을 할 정도로 경쟁력을 갖추지 못했기 때문입니다. 모든 국가는 미국과의 무역에서 적자였고, 이에 미국은 비경제적인 논리로, 곧 원조의 형태로 달러를 국제사회에 살포할 수밖에 없었습니다. 그것은 냉전의 논리와 깊이 결부되어 있었지요. 그러다가 독일, 일본 등 서방 국가들이 미국과 자유무역을 할 만큼 경쟁력을 갖추게 되는 것은 대개 1958년부터입니다. 드디어 1961년부터 GATT 제6차 케네디라운드가 펼쳐지면서 세계 자유무역체제가 본격적인 기치를 올리지요. 다 잘 아시는 대로 대한민국의 기적적인 경제성장이 개시되는 것도 바로 그 케네

디라운드라는 운동장에서였습니다.

그러니까 1945년 8월의 해방이란 역사적 사건은 한국인들에게 정치적으로 민주주의와 경제적으로 시장경제를 자신의 능력으로 추구해 볼 수 있는 국제적 조건으로서 이른바 미국체제가 한반도의 남쪽에 들어선 글로벌한 사건이었습니다. 보장된 것은 아무 것도 없었습니다. 모든 것이 짙은 안갯속의 새벽길처럼 불확실해 보였습니다. 아니 불가능해 보이기도 했습니다. 역사의 업보랄까, 분단과 전쟁이라는 커다란 시련이 기다리고 있었습니다. 이제부터 그 건국사의 이야기로 들어갑니다.

11

분단의 원인과 책임

역사교과서의 난폭한 서술

전장에서 잠시 언급하였습니다만, 연합군에 의한 해방은 우리 민족이 원하는 방향으로 국가를 건설하는 데 장애가 되었다는 역사교과서의 서술을 비판하는 것으로 이 장을 시작하겠습니다. 문제의 금성사판 교과서를 좀 더 읽어 가면 같은 맥락의 다음과 같은 기술이 나옵니다. "일장기가 걸려 있던 그 자리에 펄럭이는 것은 이제 성조기였다. 광복을 공식적으로 확인하는 역사적 순간은 자주 독립을 위한 시련의 출발점이기도 했다." 조선총독부에 걸린 일장기가 내려지고 성조기가 대신 걸린 것은 어김없는 사실입니다. 1945년 9월 9일의 일입니다. 그런데 교과서는 그것이 자주 독립을 위한 시련의 출발이라고 이야기하고 있습니다. 연합군에 의한 해방이 장애가 되었다는 앞의 말이 무엇을 뜻하는지 여기서 좀 더 명확히 드러납니다. 한마디로 미국 때문에 민족의 분단이 생겼다는 것이지요. 그 말을 노골적으로 하기 어려우니까 이렇게 말을 빙빙 돌리고 있을 뿐입니다.

    교과서를 쓴 사람들이나 교육부에서 검인정에 담당한 사람들이 해방전후사에 대해 어떠한 역사관을 가지고 있는지는 이 대목에서 더 없이 명확히 드러납니다. 다름 아니라 제1장에서 정리한 《인식》의 역사관 그대로입니다. 한마디로 마오쩌둥의 신민주주의 혁명 그것이지요. 해방전후의 그 시대를 살면서 그 혁명을 위해 투쟁하신 분들을 비판할 생각은 없습니다. 소신대로 살다가 돌아가신 분들은 이미 지나간 역사입니다. 조용한 성찰의 대상일 뿐이지요. 문제는 살아 있는 사람들, 곧 교과서를 집필한 역사가들과 검인정에 종사한 대한민국의 책임이 있는 공직자들입니다. 그들에게 묻습니다. 대한민국의 지난 60년의 역사가 그렇게도 허망한 것이어서 아직도 마오의 신민주주의혁명에 집착하고 있느냐고 말입니다. 변명할 필요는 없습니다. 교과서에 대한 저의 해석과 비판이 틀렸다든가, 아니면 지난 60년간의 역사가 너무나 허망하여 여전히 마오의 혁명이론이 유효하다든가, 이도 저도 아니면 전후 세계를 이끌어 온 미국체제에 대한 이해가 부족하여 실수했다고 솔직히 사과하든가, 어느 쪽이든 분명한 대답을 듣고 싶군요.

해방 공간의 사회 실태

이제 조금 감정을 가라앉히고 민족 분단의 원인을 차분히 따져 보도록 합시다. 역사관의 문제를 배제하고 논리적으로만 이야기하더라도 위 교과서의 서술에는 다음과 같은 허점이 있습니다. 거기에는 해방 이전부터 우리 민족의 대다수가 합의한 '나라세우기'(state building)의 마스터플랜이 마련되어 있었다는 전제가 설정되어 있습니다만, 그것이 사실일 수가 없지요. 민족이란 것 자체가 일제의 억압과 차별을 받는 가운데 한반도의 주민집단이 서서히 발견하고 있었던 것이라는 저의 제2장에서의 주장을 생각하면 답이 간단하게 나옵니다. 해방 직후 그 생성 중인 민족의 상황이 어떠했는지 채만식의 《역로》라는 소설이 재미있을 것 같아 소개합니다. 해방 몇 달 뒤에 채만식은 서울역에서 기차표를 사기 위해 세 시간이나 서 있었습니다. 창구 앞에서는 긴 행렬을 비웃기라도 하듯이 암표 장사가 한창입니다. 기차표를 파는 역무원은 걸핏하면 거스름돈을 돌려주지 않습니다. 어느 중학생이 거스름돈을 떼이고 하는 말입니다. "아무튼 사람들의 질이 전보담 되려 떨어졌어. 걱정야."

혼잡한 열차 속에서 겨우 자리를 잡은 채만식의 주변에서 열띤 정치 토론의 장이 벌어집니다. '늙은 농민'은 이승만을, '잠바 청년'은 여운형을 지지합니다. 어느 '시골신사'는 미국식 민주주의를 찬양합니다. 열띤 토론은 천안역에서 중단됩니다. 유리창을 깨고 쌀 보퉁이를 들이밀면서 사람들이 필사적으로 기어오릅니다. 여기저기서 고함과 함께 싸움이 벌어집니다. 부산에서 천안까지 쌀을 구하러 온 어떤 사람은 영악한 농민들이 일본으로 쌀을 밀수출하고 있다고 성토합니다. 그렇게 채만식의 눈에 비친 세태는 어지럽고 어두웠습니다. "백성이 아직 어리구 철이 아니 나서 그런가", 아니면 "나이가 너무 많아 늙어빠져서 노망 기운으루다 그러는 것인가."

해방 당시의 사회 실태와 관련해서는 《재인식》에 실린 전상인 교수의 논문, 〈해방공간의 사회사〉가 유익합니다. 여기서는 민족이니 혁명이니 하는 거창한 이야기가 아니라 보통사람들의 평범한 일상생활이 관찰의 주요 대상입니다. 이름 없이 살다간 보통사람들이라 해서 그들이 무기력하게 그 시대에 놓여졌다고 이야기해서는 곤란합니다. 그들은 나름대로 그 시대의 주체로서 그 시대를 치열하게 겪어내고 적극적으로 살아남았습니다. 차라리 그들은 《역로》 가운데 어떤 사람이 규탄하고 있듯이 더없이 영악했는지 모릅니다. 그들의 일상생활에서 중요했던 것은 민족이니 계급이니 하는 거창한 정치 담론이 아니라 가족, 가문, 마을, 곧 그들의 전통적인 인간관계였습니다.

전상인의 논문에 의하면 해방 직후는 의외로 평온하였습니다.

북한 지역에서는 사정이 달랐습니다만, 일본인에 대한 조직적인 공격은 없었습니다. 그런 가운데 사회는 조금씩 문란해지기 시작했습니다. 전쟁 통에 억눌렸던 온갖 소비욕구가 분출하였습니다. 왕성한 쌀 소비가 대표적인 현상이지요. "쌀이 해방이야", "쌀이 민족이야". 그리고 애국가, 태극기, 3·1절 등과 같은 새로운 민족상 징이 고안되고 널리 배포되었습니다. 그리고 미군의 행렬, 영자신문, 기독교, 슈사인보이, 염색 미군복 등은 미국의 시대가 열렸음을 알리는 지표들이었습니다. 전상인은 거론하고 있지 않습니다만, 미군의 위안부도 지표의 하나로 포함될 만하지요. 그런데 쌀이 일본으로 밀수출되기 시작하였습니다. 해방의 상징인 쌀이 부족해졌습니다. 여기저기서 매점매석이 벌어졌습니다. 미군정은 예상치 못한 사태에 당황하여 폐지했던 일제의 공출제도를 부활시킵니다. 그러자 이번에는 쌀을 강제수매 당하는 농민들이 불만입니다. 미군정이 일정보다 못하다는 무책임한 투정이 터져 나옵니다.

소용돌이의 중앙정치

말이 반복되고 있습니다만, 사람들은 가문과 촌락과 같은 전통적 사회관계에 익숙해 있었을 뿐입니다. 회사, 조합, 교회, 우애단체

등, 시민사회의 성립을 이야기할 수 있는 개인과 국가 간의 중간 단체는 거의 존재하지 않았습니다. 그리하여 국가는 강대했으며, 개인은 허약하였습니다. 국가와 개인 사이에는 텅 비어 있었습니다. 그런 구조에서 중앙정치는 아무런 여과 없이 개인을 대량으로 동원하였습니다. 길거리에서 구걸하는 거지조차 걸핏하면 정치를 입에 담을 정도였습니다. 그러한 중앙정치의 과잉현상을 당시 미국대사관의 문정관으로 근무하던 그레고리 핸더슨(Gregory Henderson)이란 사람은 '소용돌이의 정치'(politics of vortex)라고 표현했습니다. 미국 남부의 평원을 가끔 엄습하여 집과 마을을 파괴하는 토네이도라는 거대한 회오리바람 있지 않습니까. 소용돌이란 그런 걸 말합니다. 핸더슨은 한국의 중앙정치가 발휘하는 거대한 흡인력을 그렇게 시니컬하게 비유하였지요.

중앙정치는 이념을 달리하는 정파 간의 치열한 난투극이었습니다. 중앙의 난투극은 '소용돌이의 정치'를 통해 전국적 범위로 확장되었습니다. 저 산골의 필부조차 정치적으로 동원되고 상호 분열하였습니다. 왼쪽으로 동원된 사람들은 계급을 중요하게 여겼습니다. 그들은 모두가 공평하게 잘 산다는 사회주의의 미망(迷妄)을 추구하였습니다. 농촌사회에서 차별을 받던 하민들이 주로 그쪽 편에 섰습니다. 반면에 개인의 가치와 사유재산의 원리를 중시하는 상공업자, 신흥 테크노크라트, 농촌의 부민은 오른쪽에 가

▲ 신탁통치안을 찬성하는 좌파(좌)와 반대하는 우파(우)의 시위

담하였습니다. 전통 유생들은 대개 임시정부의 초대 대통령을 지낸 이승만을 모시는 입장이었던 것 같습니다. 오른쪽에 가담한 사람들을 정치적으로 결속하는 명분은 민족이었습니다. 당시만 해도 민족은 오늘날과 달리 우파 자유진영의 정치적 자산이었지요.

 그렇지만 좌와 우의 구분이 그렇게 명확한 것은 아니었습니다. 많은 경우 사람들은 생소하기는 마찬가지인 계급이니 민족이니 하는 명분에 이끌려 영문도 잘 알지 못한 채 대립하고 분열하였습니다. 제가 방문한 적이 있는 충남 논산군 성동면의 어느 마을에서는 엉뚱하게 지주 가문이 좌익이었습니다. 그러자 그들의 지배를 받던 마을의 하민들이 우익에 가담하였습니다. 경북 예천군 보문면의 어느 마을에 가보니 거기서는 윤씨 친족집단과 정씨 친족집단이 대립하였는데, 윤씨가 왼쪽으로 가자 정씨는 무조건 오른쪽으로 갔습니다. 명실상부하게 '우리 민족'이라 할 만한 공동체의식과 그에 상응하는 정치적 단합이 성립해 있었더라면 어찌 그런 일이 가능했겠습니까. 서로 다른 이해관계를 자율적으로 조정할 수 있는 '사회들'(societies)이 넉넉히 성립해 있었더라면 어찌 바깥에서 배를 타고 들어온 계급이니 민족이니 하는 수입 담론으로 인간들이 그렇게 대립하고 분열할 수 있었겠습니까.

서로 얼굴을 빤히 아는 농촌사회마저 그러하였기에 익명의 인간들이 대립한 중앙정치가 더욱 그러했음은 조금도 이상한 일이 아니었습니다. 서로 다른 이념의 정치가들이 허심탄회하게 약간씩 양보하면서 민족의 분단만큼은 피하지 않으면 안 된다는 다짐을 놓은 적은 없었습니다. 언젠가 저는 미군정의 지원하에 여운형과 김규식 선생을 중심으로 전개된 좌우합작운동을 알고 싶어서 관련 연구서를 정독한 적이 있습니다만, 적잖게 실망하고 말았습니다. 좌우합작운동이라고 하나 중국의 국민당과 공산당이 했던 것처럼 공개적인 협약과 실천으로서 합작은 없었습니다. 처음부터 끝까지 합작을 위한 명분과 설득이 소수의 사람들 사이에서 설왕설래했을 뿐입니다. 그를 위해 서울의 이름 있는 정치가들이 한자리에 모인 적은 없었거니와 그 때문에 평양의 정치가들이 서울에 온 적은 소문조차 없었습니다. 그래서 저는 '좌우합작운동'이란 용어를 사용해서는 안 된다고 생각합니다. 그 대신 '좌우합작시도' 정도가 적절하다고 생각합니다.

분단의 선구는 어느 쪽에서?

이상과 같이 분단을 초래한 일차적인 조건은 사회 자체가 분열되어 있었다는 의미에서 내재적인 것이었습니다. 그렇지만 그렇게만 이야기를 끝내서는 곤란합니다. 해방정국을 규정한 외적인 국제조건도 중시할 필요가 있습니다. 아니 그것은 우리의 의지 밖이었기 때문에 보다 결정적인 제약조건이었습니다. 점령군으로서 한반도의 남쪽과 북쪽에 진주한 미국과 소련이 협력할 여지는 처음부터 적었습니다. 처음 1년간은 그런대로 두 강대국 사이에 타협의 여지가 있어 보였습니다만, 동서냉전이 서서히 달구어지면서 협력의 가능성은 점차 봉쇄되어 갔습니다. 그 두 강대국을 제어할 수 없었다는 점에서 분단은 당시 한반도의 주민집단에게는 어쩌면 운명과도 같은 것이었습니다. 그런 가운데 남한과 북한에서는 점령군에 의해 선택되고 지원되는 정치세력이 있었습니다.

남한에서는 일제하에서 근대 문명을 학습한 하급 관료와 테크노크라트형 지식인, 중소 상공업자들이 중심을 이루었습니다. 반면에 북한에서는 사회주의혁명을 추구한 지식인들이 중심 세력이었습니다. 어쨌든 지배적 정치세력이 점령군에 의해 선택되고 지원되었다는 점에서 남한과 북한 간에는 조금의 차이도 없었습니다.

흔히들 분단의 책임을 1946년 6월 3일, 후일 초대 대통령이 된 이승만이 전북 정읍에서 한 발언에 있다고 합니다만, 이것만큼 심한 중상모략도 없는 것 같습니다. 소련이 해체되고 난 뒤 비밀이 해제된 모스크바의 문서에 의하면 스탈린은 벌써 1945년 9월 20일에 북한의 소련군정에, 소련의 이해관계에 적합한 독자의 정부를 북한에 세우도록 비밀지령을 내렸습니다. 동 문서는 일본의 마이니찌[每日]신문의 기자가 발견하여 1993년 3월 26일자로 공개하였습니다. 스탈린의 비밀지령은 7개 항인데, 제2항이 해당 부분입니다. 그대로 인용하면 "북한에 반일적 민주주의 정당·조직의 광범위한 블록(연합)을 기초로 하는 부르주아 민주주의 정권을 확립할 것"입니다. 말이 좀 어렵습니다만, 간단히 말해 사회주의혁명을 단번에 실행하기는 힘드니까 공산당의 주도로 제1단계의 민주주의혁명을 추진하라는 뜻입니다. 그에 대해선 이미 제1장에서 설명한 바가 있으니 참조해 주십시오. 이렇게 스탈린의 북한정책은 처음부터 확고하였습니다. 그는 사회주의 제국에서는 누구도 그의 권위에 도전할 수 없는 황제와 같은 존재였습니다. 황제의 지엄한 명령으로 한반도 북쪽의 정치적 운명은 1945년 9월 그때부터 이미 결판이 나 있었던 것입니다.

이 모스크바 문서를 토대로 한반도의 분단과정을 세밀히 고찰한 논문이 《재인식》에 실린 이정식 교수의 〈냉전의 전개과정과 한반도 분단의 고착화〉입니다. 이 논문은 다음과 같이 요약될 수 있습니다. 첫째, 1945년 9월 초까지도 스탈린의 한반도 정책은 유동적이었으며, 미국과 소련은 서로 타협할 여지가 있었다. 둘째, 타협의 가능성은 9월 12일부터 10월 2일 사이 런던에서 열렸던 미국·영국·프랑스·중국·소련의 전승국 외상회담에서 미국·영국과 소련이 노골적으로 충돌하면서 소멸하고 말았다. 셋째, 연후에 스탈린은 위와 같은 비밀지령을 북한의 소련 군정에 내려 북한에 독자 정부를 수립하는 작업에 착수했다. 넷째, 이후 스탈린의 한반도 정책은 일본과 중국의 상황에 따라 변화하는데, 그가 한국전쟁을 도발하게 된 데는 중국의 공산화가 크게 작용하였다는 것입니다.

널리 알려진 대로 북한에서는 이미 1946년부터 소련군과 그의 협력자들이 북한을 완벽하게 장악한 위에 토지개혁을 실시하는 등, 사실상 정부에 준하는 통치행위를 전개하였습니다. 그에 비하자면 남한의 미군정은 그의 협력자를 선택하는 데 무척이나 주저하였습니다. 미군정에 참여한 국무성의 진보주의자들은 낭만적이게도 좌파와의 협력 가능성에 매우 진지하였습니다. 그들은 아무런 실속이 없는 좌우합작에 대한 미련을 버리지 못하였습니다. 노동운동과 관련해서도 비슷하게 지적할 수 있습니다. 《재인식》에 실린 박지향 교수의 논문, 〈한국의 노동운동과 미국〉이 그에 관한 것입니다. 이 논문에 의하면 미군정의 진보주의자들은 중도 좌파는 물론, 합법적인 노조운동을 전개하는 한 공산당 계열의 전평[全評, 전국노동자평의회]조차 수용할 준비가 되어 있었다고 합니다. 흔히들 미군정이 노동운동을 무조건 탄압하였다고 합니다만, 실제로는 그렇지 않았습니다. 그들은 노동운동으로부터 정치세력을 분리하여 노동조합을 노동자의 진정한 대표기구로 만들려고 했습니다. 그렇지만 미군정의 그러한 시도는 전평이 극좌노선의 불법적인 투쟁을 감행함에 따라 실패할 수밖에 없었다고 합니다.

이윽고 1947년 3월 미국에서 동서냉전의 개시를 공식화한 트루만독트린이 발표됩니다. 공산세력의 위협에 처해 있는 터키와 그리스에 미국이 군사적 경제적 원조를 선언한 것이지요. 이를 계기로 미군정의 진보주의자들이 추구한 모든 낭만적인 시도는 중단됩니다. 미국은 좌우합작을 처음부터 비판해 온 미운 오리와 같은 이승만을 협력자로 선택할 수밖에 없었습니다. 그렇게 미국은 이러 저리 모색하면서 끝까지 주저하였습니다. 여러 사람이 시간을 들여 합의해서 결정할 수밖에 없는 자유민주주의의 속성상 그

▲ 북한 주민들이 스탈린과 김일성의 초상화를 앞세운 채 행진하고 있다.

점은 당연하다고까지 이야기할 수 있습니다. 그 점에서는 처음부터 단호하게 김일성을 자신의 대리인으로 지명하였던 소련의 스탈린과는 딴판이었습니다. 이쯤이면 분단의 국제정치적 책임이 어느 쪽에 있는지 더 이상 덧붙일 것이 없다고 생각합니다.

천황제를 계승한 수령체제

분단 과정의 북한 사정에 관해 좀 더 부연하겠습니다. 그와 관련하여 《재인식》에 실린 키무라 미즈히코(木村光彦) 교수의 〈파시즘에서 공산주의로—북한 집산주의 경제정책의 연속성과 발전〉과 신형기 교수의 〈신인간—해방 직후 북한 문학이 그려낸 동원의 형상〉이 정말 좋은 논문들입니다. 키무라 교수의 논문은 북한의 경제체제가 일제의 전시경제체제를 그대로 계승한 것임을 설득력 있게 논증하고 있습니다. 앞서 소개하였습니다만, 일제는 전쟁수행을 위해 시장경제를 정지시키고 공출과 배급으로 상징되는 전시경제체제를 구축합니다. 이 통제경제는 해방 후 남한에서는 곧바로 폐지되어 시장경제가 부활되지만, 북한에서는 이름만 바꾼 채 더 강화된 내용으로 이어집니다. 예컨대 공출(供出)이라는 강제수매제는 성출(誠出)로 이름이 바뀝니다만, 내용을 보면 값도 치르지 않고 거두어 가는 경우가 많고 쌀 이외의 다른 작물에까지 그 대상이 확대되고 있습니다. 일제가 시행한 마을단위의 생산책임제는 증산돌격대로 이름이 바뀌지요. 공업에서도 유사한 상황이 지적되고 있습니다. 해방 후 북한의 이 같은 실상을 명확히 하면서 키무라 교수는 과연 북한 민중에게 '해방'이란 것이 있기나 했던가 라고 묻고 있습니다. 너무 당돌한 질문이라 처음에는 좀 어리벙벙했습니다만, 가만히 생각해 보니 그의 질문이 촌철살인(寸鐵殺人)입니다. 그렇지요. 민중의 일상적 경제생활에 대놓고 물어봅시다. 공출이나 성출이나 그게 그것이지요.

다음은 신형기 교수의 논문입니다. 사회주의적 동원을 수월하게 하기 위해 일반 민중에게 '신인간'이란 이상적인 인간상이 제시되었습니다. 지주, 친일파, 이기주의, 개인주의, 이런 것들은 낡은 '구인간'의 상징이었습니다. 이러한 부류의 사람들은 철저히 일반 민중으로부터 구획되고 배제되었습니다. 그리고선 사회주의혁명이 요구하는 고된 노동을 감당할 만한 정신적 긴장의 새로운 인간상이 제시되었습니다. '신인간'의 상징은 항일 무장투쟁을 성공적으로 이끈 영웅, 개선장군 김일성이었습니다. 결국 일제의 천황을 대신한 것은 다름 아닌 김일성이었습니다. 이 논문을 읽고 나서 김일성종합대학이 세워지는 것을 확인하니 1946년 7월이군요. 대략 그 즈음부터 대량의 '구인간'들이 남으로 향하기 시작합니다. 전쟁 전에 이미 100만의 행렬이었습니다. 북한 주민의 1/10이나 되는 큰 인구였습니다. 그보다 더 분단의 과정과 그 역사적 의의를 웅변으로 이야기하는 것이 달리 어디에 있겠습니까.

12

건국의 문명사적 의의

헌법을 읽자

1948년 8월 15일에 대한민국이 성립하였습니다. 그날에 세계만방을 향해 독립국임을 선포하였습니다. 대한민국의 국제(國制)는 자유민주주의에 기반을 둔 민주공화국입니다. 제헌헌법 제2조는 "대한민국의 주권은 국민에게 있고 모든 권력은 국민으로부터 나온다"고 하였습니다. 헌법 제8조는 "모든 국민은 법률 앞에 평등하며, 성별, 신앙 또는 사회적 신분에 의하여 정치적, 경제적, 사회적 생활의 모든 영역에 있어서 차별을 받지 아니 한다"고 하였습니다. 헌법 제9조는 "모든 국민은 신체의 자유를 가진다. 법률에 의하지 않고는 체포, 구금, 수색, 심문, 처벌과 강제노역을 받지 아니 한다"고 하였으며, 헌법 제13조는 "모든 국민은 법률에 의하지 아니하고는 언론, 출판, 집회, 결사의 자유를 제한받지 아니 한다"

▲ 1948년 8월 15일 중앙청 광장에서 열린 정부 수립식

고 했습니다.

　독자 여러분 가운데는 제가 상식적인 이야기를 늘어놓는다고 불편해 하실 분이 있을지 모르겠습니다만, 솔직히 말해 우리 주변에는 헌법이 무엇인지 진지하게 생각해 본 적이 없거나 한 번도 자세히 읽어 보지 않은 사람들이 너무 많은 것 같습니다. 부끄러운 이야기입니다만 제가 그러했습니다. 돌이켜 보니 초등학교에서 대학교까지 16년간의 세월에 헌법을 읽어 본 적이 없습니다. 읽어 보라고 권유한 선생님도 없었던 것 같습니다. 제가 우리나라 헌법을 읽어 본 것은 나이 50이 다 되어서였습니다. 성균관대학교

에서 재직할 때인데요, 법과대학의 어느 교수님이 《한국헌법사》(학문사, 2000)라는 책을 저술한 다음 저에게 한 권 주셨습니다. 그때 처음으로 대한민국의 제헌헌법을 차분하게 읽어 보았습니다. 저는 깊은 감동을 받았습니다. 문장도 좋지만 그 뜻이 너무나 좋았습니다. "아, 이런 헌법을 이제야 읽다니." 그런 반성이 들었습니다. 아마도 저와 같은 분이 많이 계실 줄 압니다. 오늘이라도 서점에 들러 헌법사 책을 사서 제헌헌법 이래의 역대 헌법을 읽어 보도록 하십시오.

자유민주주의 국가

그럼 지금부터 대한민국의 건국에 담긴 커다란 역사적 의의에 관해 생각해 보도록 합시다. 첫째, 대한민국은 자유민주주의의 이념을 기초로 해서 세워진 나라입니다. 한국의 역사를 돌아보면, 조선왕조 시대에는 일반 백성의 정치적 권리가 인정되지 않았습니다. 조선왕조의 헌법이라 할 만한 것으로 15세기의 《경국대전》(經國大典)이란 법전이 있는 줄 잘 아실 겁니다. 거기에 보면 일반 백성의 법적 지위는 '전부'(佃夫)로 규정되어 있습니다. 조금 생소한 말이겠습니다만, '전부'의 전(佃)은 남의 땅을 빌려서 경작한다는 뜻입니다. 그러니까 '전부'는 남의 땅을 빌려 경작하는 농부라는 뜻이 되지요. 요사이 말로 하면 소작농이 됩니다. 백성이 왜 소작농입니까. 다름 아니라 나라의 모든 땅이 임금님의 소유이기 때문이지요. 그렇게 조선왕조의 백성은 임금님의 은덕으로 임금님의 땅을 경작하는 소작농과 같은 처지였습니다. 그런 백성에게 무슨 정치적 권리가 인정됐겠습니까.

1899년 고종황제가 반포한 대한제국의 국제도 마찬가지입니다. 제2조에서 "대한제국의 정치는 만세불변의 전제정치이다"고 선포한 다음, 제3조에서 "대황제께서는 무한한 군권(君權)을 향유하시니"라고 하였습니다. 황제의 절대적 권리 앞에서 일반 백성의 권리는 미약하기 짝이 없었습니다. 그에 대해 고종황제는 "민(民)은 피치자로서 정치·결사는 물론 정치적 발언도 할 수 없다"고 명확히 입장을 표명한 바 있습니다. 당시 대한제국은 전국의 토지를 조사하고 있었는데, 토지대장에서 일반 소유자를 가리켜 '시주'(時主)라고 규정하였습니다. 이에 대해서는 제가 자세히 그 뜻을 증명한 적이 있습니다만, 임시적인 주인이란 뜻입니다. '시주'의 반대말은 '본주'(本主)인데요, 전국 토지의 '본주'는 황제 자신이라는 뜻이 그 '시주' 규정에 내포되어 있습니다. 대한제국은 황제의 무한 군권을 선포하면서 토지제도와 관련해서는 이 같이 백성의 권리를 제약하는 '시주'라는 규정을 만들어 냈지요.

뒤이은 일제하의 식민지기는 어떠했습니까. 앞서 제5장에서 이 시기에 근대적인 법과 제도가 이식되었다고 했습니다만, 정치의 영역과는 무관한 일이었습니다. 일제가 파견한 총독은 입법권, 행정권, 사법권을 행사한 사람이었습니다. 삼권을 통합한 전제군주나 다를 바 없는 존재이지요. 조선인들은 세금을 내면서도 정치에 참여할 권리가 없었습니다. 앞서도 지적하였습니다만, 가족주의 원리의 천황제 국가인 일본 자체가 아직 자유민주주의를 잘 몰랐던 시대이기도 했습니다. 일본이 자유민주주의를 실천하게 되는 것은 제2차 세계대전의 패배로 천황제 국가가 해체된 이후의 일입니다.

그러니까 1948년 대한민국의 제헌헌법이 국민주권의 민주주의를 선포하였을 때, 그것은 한국의 역사만으로는 잘 설명할 수 없는 사건이었습니다. 그러한 정치원리는 1876년 개항과 더불어 바깥 세계에서 슬슬 들어온 것입니다. 국민주권의 정치원리를 최초로 제도화한 나라는 어딥니까. 다 잘 알다시피 1776년 영국에서 독립한 미국이지요. 이후 미국의 민주주의는 프랑스를 포함한 서유럽 여러 나라로 건너가 점차 세계로 확산되었습니다. 1948년 대한민국의 제헌헌법이 국민주권의 민주주의를 선포한 것은 그렇게 세계적으로 확산되기 시작한 문명의 파도가 이윽고 극동의 한반도에까지 상륙했음을 의미합니다. 그 구체적인 국제정치적 역학과 관련하여 미국의 역할이 어떠했는지는 지적하기도 싱거울 정도입니다.

1954년 7월 3일 이승만 대통령은 미국의 독립기념일을 축하하는 메시지를 보내면서 다음과 같은 취지로 이야기합니다.

미국도 원래 식민지 탄압에 신음했다. 미국의 독립은 타국의 영토와 민족을 지배하던 낡은 제국주의를 근멸시키고 수만 리 밖의 피압박 민족을 해방시키는 모범이 되었다. 그래서 오늘날 미국은 자유와 정의의 이름으로 세계 모든 국가와 국민을 대변하고 있다. 우리 한국 국민은 미국의 독립기념일을 맞이하여 그간 미국의 도움에 감사함과 아울러 우리도 독립과 자유의 정신을 앙양(昻揚)해 갈 것을 확언하는 바이다.

저는 이 메시지에서 이 나라가 어떻게 세워진 나라인지를 더없이 정직하게 고백하고 있는 초대 대통령의 진실한 마음을 읽었습니다. 이를 두고 약소국이 강대국에 바치는 외교적인 비사(卑辭)라 치부하지 마십시오. 제가 보기에 그것은 독립과 자유에 대한 신종선서(信從宣誓)와 같습니다.

자유시장 경제체제

둘째, 신생 대한민국은 개인의 재산권과 경제활동의 자유를 보장했습니다. 제헌헌법 제15조는 "재산권은 보장된다. 그 내용과 한계는 법률로써 정한다"고 하였습니다. 경제활동의 자유는 1962년 개정 헌법에서 보다 명확하게 그 모습을 드러냅니다. 동 헌법 111조는 "대한민국의 경제질서는 개인의 경제상의 자유와 창의를 존중함을 기본으로 한다"고 했습니다. 재산권과 경제활동의 자유는 시장경제의 바탕으로서 경제성장의 기초적 조건입니다. 오늘날 대한민국의 경제적 번영은 헌법이 보장하고 있는 재산권에 기초하고 있지요. 그 재산권의 내용과 한계를 규정한 법률은 민법입니다. 민법이 어떠한 과정으로 성립했는지에 관해서는 제5장에서 설명한 바가 있습니다. 다시 간략히 말씀드리면 1912년 조선민사령의 시행을 통해 일본의 민법이 조선에 이식되었습니다. 그에 따라 '소유권 절대의 원칙'과 '계약 자유의 원칙'을 골간으로 하는 근대적인 재산제도가 유·무형의 재산권에 걸쳐 포괄적으로 성립하였습니다. 그 민법 또한 역사적 기원이 서유럽으로서 일본을 거쳐 들어 온 수입품이라 할 수 있습니다. 그렇게 식민지기에 성립한 근대적 재산제도를 신생 대한민국은 온전하게 계승하였습니다. 함부로 식민지적 잔재라 하지 마십시오. 그 기원이 서유럽이었던 만큼 그것은 세계인이 보편적으로 향유할 문명의 값진 유산이었습니다. 제9장에서 이야기했습니다만, 사회주의 북한은 1946년 일제가 제정한 민법을 포함한 일체의 법률을 폐기하였습니다. 그에 따라 북한이 문명의 막다른 골목으로 들어서고 말았던 비극에 대해서는 이미 지적한 그대로입니다.

여기서 한마디 덧붙일 것은 근대적인 재산제도가 안정적으로 성립하기 위해서는 사실상의 사유재산이 전통사회에서부터 성숙해 있어야 한다는 사실입니다. 그렇지 않고 형식적인 제도만 성립할 경우, 그 제도는 아무런 기능도 할 수 없게 됩니다. 그러한 경우를 오늘날의 라틴아메리카의 여러 후진국에서 볼 수 있습니다. 예컨대 《부의 탄생》(시아출판사, 408쪽)이란 책에서 읽었습니다만, 지금도 페루의 리마에서 집 한 채를 구입하는 데 728가지의 절차가 필요하다고 합니다. 한 개인이 소유권의 주체로 성립해 있지 않고, 가족과 친족과 촌락 등 여러 사람이나 단체가 권리를 분할해서 공유하고 있기 때문이지요. 그런 상황에서는 아무리 재산제도를 만들어 봤자 별 소용이 없는 것이죠. 오늘날 제3세계가 안고 있는 빈곤과 저성장의 주요 원인은 바로 여기에 있습니다. 그에 비하자면 19세기까지 조선의 전통사회에서는 사실상 근대에 준하는 높은 수준으로 재산권이 성숙해 왔습니다. 앞서 소개한 대로 15세기의 《경국대전》은 일반 백성을 소작농에 준하는 '전부'(佃

夫)의 지위로 규정했습니다만, 이 규정은 17세기 이후가 되면 거의 효력을 상실합니다. 그 대신 토지대장에 '기주'(起主)라 하여 백성이 토지의 사실상의 주인임을 표시하는 규정이 나타나기 시작하지요. 그러다가 조금 전에 이야기한 대로 대한제국의 고종황제가 '시주' 규정을 만듭니다만, 그것은 대한제국과 더불어 곧바로 없어지고 말았습니다. 연후에 식민지기에 이르러 근대 민법의 도입으로 일반 인민이 오늘날과 같은 '소유자'라 하여 재산권의 주체로 확립하게 되지요. 그러니까 제헌헌법이 보장한 근대적인 재산권은 어느 날 갑자기 하늘에서 떨어진 것이 아닙니다. 전통으로부터 그에 상응하는 유산이 있었고 그것이 일본을 통해 들어온 근대적 소유법제와 잘 어울렸다는 역사적 전제가 작용해서 가능한 일이었지요.

농지개혁

이상과 같이 대한민국은 정치적으로 자유민주주의와 경제적으로 자유시장 체제를 국제의 기본으로 하여 출발하였습니다. 건국의 역사적 의의와 관련하여 한 가지 언급을 빠뜨릴 수 없는 문제가 있군요. 농지개혁이 그것입니다. 종전까지 농촌사회는 지주제의 지배하에 있었습니다. 토지를 가난한 소작농에게 빌려 주고 수확의 절반을 지대로 수취하는 생산관계가 지주제입니다. 그 역사적 기원이 15세기 조선왕조 초기로까지 올라갑니다만, 지주제가 본격적으로 발전하는 것은 개항기와 식민지기에 걸쳐서입니다. 1936년 현재 전체 농가의 75%가 순소작이나 자소작으로 소작관계 농민이었습니다. 소작농들은 지주에 수확의 절반을 바치면서도 소작지를 떼이지 않으려고 전전긍긍했던, 사실상 농노나 다를 바 없는 처지였습니다. 이런 약탈적인 토지이용관계를 그냥 두고서는 근대국가에 합당한 인격적으로나 경제적으로 자립적인 국민의 성립을 기대할 수 없지요. 농지를 경작 농민에게 분배하는 토지개혁은 시대적 당위로서 피해갈 수 없는 일이었습니다.

이에 제헌헌법은 농지개혁을 선언했습니다. 제86조가 그것입니다. "농지는 농민에게 분배하며 그 분배의 방법, 소유의 한도, 소유권의 내용과 한계는 법률로써 정한다"고 하였습니다. 그에 따라 1949년 6월 농지개혁법이 국회를 통과했습니다. 농지 소유의 상한을 3헥타르로 정한 다음, 그 이상의 모든 농지를 지주로부터 유상으로 수용하여 소작농에게 유상으로 분배하였습니다. 유상으로 수용하고 분배한 것을 두고 북한의 무상수용과 무상분배보다 덜 개혁적이었다는 주장을 가끔 듣습니다만, 이는 잘못입니다. 유상으로 수용하고 분배한 것은 자유민주주의의 핵심 원리인

사유재산을 존중했기 때문입니다. 북한의 무상 개혁은 이 핵심 원리의 부정입니다. 그래서 농민에게 토지가 분배되었지만, 무상 분배인 한에서 그 소유권은 온전한 것이 못되었습니다. 정당한 대가를 치르고 산 것이 아닌데 어찌 온전한 사유재산이 되겠습니까. 당연히 북한 당국은 농민들에게 토지를 나누어 준 다음 매매나 저당 같은 재산권의 처분 행위를 제한하였습니다. 그러고선 어떻게 되었습니까. 토지를 나누어 준 지 얼마 되지 않아 모두 회수하여 집단농장체제로 가고 말았지 않습니까.

농지개혁이 시행된 결과, 농촌 주민은 모두 자작농이 되었습니다. 그야말로 한국사가 시작된 이래 처음 있은 일이 아닌가 싶습니다. 국가가 농민들에게 토지를 나누어 준 것은 《삼국사기》(三國史記)에 의하면 722년 통일신라가 "백성에게 정전(丁田)을 나누어 주었다"라고 한 기록이 처음입니다. 그렇지만 제 생각으론 당시의 '백성'이란 농촌사회에서 중상층의 지위에 있던 농민을 가리키며, 하층 농민까지 분배의 대상이 된 것 같지는 않습니다. 어쨌든 대한민국의 농지개혁은 유사 이래 농민이 자신의 토지를 소유하게 된 일대 쾌거였습니다. 그 결과 어떠한 변화가 생겨났습니까.

애비는 종이었다

독자 여러분은 시인 서정주의 "애비는 종이었다"로 시작하는 〈자화상〉(1937)이란 시를 알고 계실지 모르겠습니다. 이 위대한 서정 시인은 애비가 종의 신분이었습니다. 시인은 종의 신분을 부끄러워했습니다. 그래서 "세상은 가도 가도 부끄럽기만 하더라"라고 노래하였습니다. 조선시대의 노비문서를 보면 수개(壽介)라는 점잖게 생긴 이름이 자주 눈에 뜨입니다만, 실제론 수캐라는 뜻입니다. 시인은 자신을 그 수캐에 비유하고 있습니다. "헛바닥 늘어뜨린 병든 수캐처럼 헐떡이며 나는 왔다." 저는 아직 이렇게 자신의 천한 신분을 한 시대의 아픔으로 승화시켜 노래하는 고결한 영혼을 접한 적이 없습니다. 흔히들 시인을 친일파라고 욕하고 있습니다만, 저는 이 시 하나만으로도 그를 무척이나 사랑합니다. 노비라 하니 생각이 납니다만, 1920년대 전라도 구례군 토지면의 유씨 양반가의 일기는 정월 초하루에 집안의 종들이 찾아와 사랑에 앉은 주인을 향해 세배를 드리는 광경을 묘사하고 있습니다. 그날 주인은 "비록 세상이 변하였지만, 주노(主奴) 간의 상하 의리는 변하지 않는구나"라고 일기에다 적었습니다. 그렇게 해가 바뀌면 주인집을 찾아 마당에서 수캐처럼 엎드려 세배를 드려야 했던 것이 종놈의 처지였습니다. 그 종놈의 신분이 농지개혁으로 사라지

애비는 종이었다. 밤이 깊어도 오지 않았다.
파뿌리같이 늙은 할머니와 대추꽃이 한 주 서 있을 뿐이었다.
어매는 달을 두고 풋살구가 꼭 하나만 먹고 싶다 하였으나……
흙으로 바람벽한 호롱불 밑에
손톱이 까만 에미의 아들.
갑오년(甲午年)이라든가 바다에 나가서는 돌아오지 않는다 하는
할아버지의 숱 많은 머리털과 그 커다란 눈이 나는 닮았다 한다.

스물 세 해 동안 나를 키운 건 팔할(八割)이 바람이다.
세상은 가도 가도 부끄럽기만 하더라.
어떤 이는 내 눈에서 죄인(罪人)을 읽고 가고
어떤 이는 내 입에서 천치(天痴)를 읽고 가나
나는 아무것도 뉘우치진 않으련다.

찬란히 틔어 오는 어느 아침에도
이마 위에 얹힌 시(詩)의 이슬에는
몇 방울의 피가 언제나 섞여 있어
볕이거나 그늘이거나 혓바닥 늘어뜨린
병든 수캐마냥 헐떡거리며 나는 왔다.

▲ 미당 서정주의 시 〈자화상〉 전문

게 된 것입니다.

    농지를 분배받은 그들은 토지를 팔고 자기의 원래 신분을 모르는 다른 지방으로 이사를 하였습니다. 그곳에서 새로 토지를 구입하여 독립자영농으로 열심히 일하여 꿈에 그리던 일가를 창립하지요. 그중에는 자식농사를 잘 지어 초등학교 교사까지 시킨 사례가 채집되어 있습니다. 그야말로 사민평등의 시대가 찾아온 것이지요. 빈농의 자식이라도 머리만 좋으면 대학에 다니고 판검사도 하고 심지어 대통령까지 할 수 있는 시대가 열린 것이지요. 제헌헌법이 선포하고 있는 그대로 어떤 형태의 차별도 특수계급의 존재도 인정하지 않은 건국의 이념이 농지개혁을 통해서 실현되었던 것입니다. 다시 말해 농지개혁은 '나라세우기'(state building)와 더불어 전개되어야 할 '국민만들기'(nation building)의 첫걸음이었습니다.

    농지개혁의 효과에 관해서는 1980년대까지만 해도 비판적인 견해가 우세했습니다. 정부가 직접 수용하여 분배한 토지가 전체 개혁 대상의 절반도 되지 않은 가운데, 많은 토지가 지주에 의해 은닉되거나 사전에 소작농에게 고가로 강제 처분되었다는 것이죠. 그런데 최근의 여러 구체적인 연구는 지주가 사전 방매한 토지의 가격이 법정 상환가격보다 높지 않음이 일반적이었으며, 또 대량의 사전 방매도 결국 개혁의 강제성 때문인 만큼 크게 보아 농지개혁의 효과로 간주해야 한다는 견해를 제시하고 있습니다. 《재인식》에 실린 장시원 교수의 논문, 〈농지개혁―지주제 해체와 자작농체제의 성립―〉은 이러한 새로운 동향의 연구 성과를 잘 대변하고 있습니다. 어쨌든 농지개혁으로 지주제가 소멸하고 전 경지의 96%가 자작지로 바뀌었습니다. 농지개혁의 효과는 어느 정도 국가체제가 안정된 1950년대 말부터 나타나기 시작합니다. 자신의 농지를 소유하게 된 농민들의 생산의욕으로 농업생산력이 부쩍 증가하기 시작했지요. 역시 생산자 대중이 자기 재산을 갖게 된 개혁의 역사적 의의는 깊고 큰 것입니다.

소경영적 개혁

장시원 교수의 논문에서 주목되는 한 가지는 농지개혁이 '소경영적 개혁'이라는 주장입니다. 너무 중요한 개념이어서 그냥 지나칠 수 없군요. 실은 토지개혁은 여러 후진국에서 그리 쉬운 일이 아니었습니다. 오히려 성공의 예가 드물지요. 예컨대 멕시코의 경우 1821년에 독립한 뒤 지금까지 세 차례나 큰 토지개혁이 시행되었습니다만, 매번 실패한 것으로 지적되고 있습니다. 토지를 분배받은 농민들이 가난을 못 이겨 얼마 있지 않아 토지를 다시 백인

지주들에게 팔았기 때문입니다. 그러니까 토지개혁이 성공하기 위해서는 토지를 분배 받은 농민들이 자립적으로 농업을 꾸려나갈 경제적 능력이 있어야 하는 겁니다. 대한민국의 농지개혁이 성공할 수 있었던 것은 그러한 역사적 전제조건이 충족되었기 때문입니다. 자세히 설명할 여유는 없습니다만, 관련 연구에 따르면 17세기 이래 농민의 소농으로서의 자립성은 크게 높아져 왔습니다. 앞서 이 시기에 사실상의 사유재산이 발달했다고 했는데, 그것과 짝을 같이 하는 현상이지요. 19세기에 들어와 경제적으로 큰 혼란이 있었던 것은 제3장에서 서술한 그대로입니다만, 17~18세기의 전통사회가 이룩한 소농경영의 자립성은 세계적으로 꽤 높은 수준이었으며, 20세기의 식민지기를 거치면서 더욱 높은 수준으로 고양되었다고 말할 수 있습니다.

농지개혁은 이렇게 역사적으로 그 자립도를 높여 온 소농들에게 토지를 분배하였으며 그 이유로 성공하였던 것입니다. 그와 대조적인 또 하나의 실패를 사회주의의 토지개혁에서 찾을 수 있습니다. 예컨대 북한이나 중국에서 강행된 집단농장이 인민들에게 기아의 비참한 선물을 안겼을 뿐임은 잘 알려진 사실입니다. 소농경영의 높은 생산력을 강제로 파괴한 업보였지요. 북한은 아직 그 모양입니다만, 사회주의 중국이 덩샤오핑[鄧小平] 시대에 들어 인민공사를 폐지하고 개별 소농체제로 돌아가자 농업생산이 얼마나 비약적으로 증가하였습니까. 바로 그러한 전통사회로부터의 유산을 대한민국의 농지개혁은 처음부터 잘 간직하고 발전시켰던 것이지요. 장시원의 '소경영적 개혁'이란 바로 그러한 뜻입니다.

전통에 바탕을 둔 문명사의 전환

이상을 토대로 1948년 8월 15일에 있었던 대한민국의 건국이 지니는 역사적 의의를 간략히 정리하겠습니다. 대한민국이 기초하고 있는 자유, 인권, 국민주권, 사유재산, 시장경제 등의 문명은 원래 서유럽 기원으로서 20세기에 들어 일본과 미국을 거쳐 한반도에 들어온 것입니다. 제3장에서 20세기의 역사를 대륙농경문명에서 해양상업문명으로의 전환으로 규정한 바 있습니다만, 대한민국의 성립은 바로 그러한 문명사의 대전환으로 맺어진 결실입니다. 그렇지만 끝내 유의하지 않으면 안 될 것은 대전환의 역사적 전제로서 전통 사회로부터 물려받은 유산이 결코 적지 않았다는 사실입니다. 사유재산제도와 농지개혁은 전통사회에서 근대에 준하는 재산권이 발달하고 농업경영의 주체로서 개별 소농의 자립이 추진되어 왔기 때문에 가능한 일이었습니다. 그 점에서 대한민국의 성립은 문명사의 대전환임과 동시에 전통의 발전적 계승이기도 했습니다. 진정 그러했기에 건국 초기의 혼란이 어느 정도 수습된 1960년대부터 다 잘 아시는 대로 대한민국의 비약적인 발전이 가능했던 것이지요.

건국사와 관련하여 한 가지 남은 이야기가 있습니다. 대한민국의 건국을 주도한 정치세력을 동일한 시각에서 어떻게 재평가해야 좋을까요. 바로 초대 대통령 이승만에 대한 올바른 평가와 깊이 연관된 논의 과제입니다. 그를 위해 장을 넘기겠습니다.

13

이승만 대통령 바로 알기

중상모략

대한민국을 세움에 이승만 초대 대통령의 공로가 지대하였음은 두말할 필요가 없습니다. 그럼에도 세간에는 이승만 대통령에 대한 부정적 평가가 가득합니다. 가끔 역대 대통령에 대한 국민들의 평가가 언론에 보도됩니다만, 그때마다 이승만 대통령은 2% 미만의 지지율로 꼴찌를 면치 못하고 있습니다. 그가 없었더라면 대한민국의 건국사는 달라졌을지 모릅니다. 오늘날의 대한민국과는 모습이 다른 나라가 세워졌을지도 모르지요. 그럼에도 그에 대한 평가가 그렇게나 부정적인 데는 특별한 이유가 있을 수밖에 없습니다. 제1장에서 소개한 그대로입니다만, 대한민국은 친일파와 친미 사대주의자들이 잘못 세운 나라인데, 바로 이승만이 그 원흉이라는 겁니다.

그런 취지로 가장 지독하게 이승만을 비판한 논문으로서 송건호가 쓴《해방전후사의 인식》1권의 총론을 들 수 있습니다. 그에 의하면 이승만은 왕족 출신으로 체질적으로 귀족적이며 반민중적인 사람이었습니다. 그는 개인적인 집권욕을 위해서는 수단과 방법을 가리지 않은 야비한 인간이었으며, 그로 인해 역사에 끼쳐진 해악은 이루 말할 수 없을 지경이라고 합니다. 예컨대 그는 남한만의 단독정부의 수립을 주장하여 민족의 분단을 초래하였고, 친일파를 청산하기 위한 반민특위의 활동을 저지했으며, 농지개혁을 지주층에 유리하게 실시하여 개혁을 실패하게 만들었고, 자신과 대립한 정치세력을 탄압하여 민주정치의 싹을 잘랐습니다. 이 같은 주장대로라면 이승만은 죽어서도 용서받을 수 없는 역사의 죄인이군요. 이런 식으로 그를 비난하고 저주하는 이야기가 40년도 더 넘게 방치되어 왔으니 오늘날 그에 대한 평가가 그토록 부정적인 것은 당연하다고 하겠습니다.

그렇지만, 대한민국이 잘못 세워진 나라가 아니듯이 이승만에 대한 온갖 비난과 저주는 정당하지 않습니다. 그것은 거의 중상모략이며 일종의 음모와도 같습니다. 이승만을 올바로 재평가하기 위해서는 그가 살았던 시대의 객관적 상황을 올바로 전제할 필요가 있습니다. 그 시대의 정치는 한마디로 '나라세우기'(state building)의 정치였습니다. 그 정치는 국가체제가 안정된 위에 다수결의 원리에 따라 행해지는, 토론과 조정이 가능한, 공공선택의 정치와는 아주 다른 것입니다. 한 나라를 세우는 데 정치원리를 자유민주주의로 할 것인가 아니면 프롤레타리아독재로 할 것인가, 경제원리를 자본주의 시장경제로 할 것인가 아니면 공산주의 계획경제로 할 것인가를 두고 주민의 투표에 부칠 수는 없는 법이지요. '나라세우기'의 정치는 전쟁과 같습니다. 어느 이념의 정치세력이 승리하면 다른 이념의 정치세력은 죽을 수밖에 없는 사실상의 전쟁이자 많은 경우 실제로 전쟁을 동반했던 것이 '나라세우기'의 정치입니다. 이승만 대통령을 올바로 평가하기 위해서는 그가 주연 배우로서 활동했던 그 역사의 무대가 평화로운 공공선택의 정치가 아니라 서로 다른 이념과 노선이 충돌한 살벌하기 짝이 없는 '나라세우기'의 정치였음을 명확히 전제하지 않으면 안 됩니다.

개종과 자유민주주의

'나라세우기'의 성공한 정치가로서 이승만 대통령은 첫째 동시대의 어느 누구보다도 철저한 자유민주주의 신봉자였습니다. 자유민주주의는 그에게 있어 거의 종교적인 것이었습니다. 1875년에

▲ 대한제국기에 감옥에 갇혀 있는 청년 이승만

태어난 이승만은 나이 20세까지 과거시험을 위해 전통 성리학을 공부했습니다. 그렇게 그의 정신세계는 전통 성리학에서 출발했습니다. 그는 1894년 갑오경장으로 과거제도가 폐지되자 배재학당에 들어가 서재필 선생을 통해 서유럽의 사상과 문물을 접하게 됩니다. 이후 이승만은 독립협회의 활동에 열심이었습니다. 그러다가 고종황제의 폐위 음모에 가담한 반역죄에 걸려 1899년부터 근 6년간 감옥에 갇히는 몸이 됩니다. 삶과 죽음의 기로에서 그는 배재학당에서 들은 어느 선교사의 설교를 기억해 내곤 그의 영혼을 기독교에 의탁하게 됩니다. 기독교의 정신세계에 관해 저는 많이 알지 못합니다만, 대강 다음과 같지 않을까 싶습니다. 절대자 하나님 앞에서 죄인의 몸으로 홀로 선 인간은 오로지 하나님의 자비로 하나님의 소명을 충실히 수행함으로써 그의 영혼을 구원받을 수 있습니다. 그 누구도 그 무엇도 그의 구원을 대리할 수는 없습니다. 구원은 오로지 자신의 책임일 수밖에 없습니다. 그러한 종교적 구원관에서 기독교의 정신세계는 본질적으로 개인주의라고 생각합니다. 그 점에서 성리학의 정신세계와는 많이 다르지요. 성리학의 세계에서 인간은 부자(父子), 군신(君臣), 형제(兄弟), 붕우(朋友)와 같은 인간관계의 일환으로서만 그 존재론적 근거를 부여받습니다. 그에 비하자면 서유럽 기독교의 정신세계는 절대자 하나님과의 개인적인 관계에서 빚어지는 긴장이나 고독이나 불안을 특질로 하지요. 그러한 정신세계는 인간의 사회적 관계나 정치적 행위와 관련하여 개인주의와 자유주의로 자신을 표방한다고 생각됩니다만, 여기서 그런 복잡한 이야기는 하지 않겠습니다.

개종 이후 이승만의 일생은 기독교인으로서 종교적인 삶이었습니다. 1910년대까지 그의 정치 연설은 많은 경우 종교적인 설교이기도 했습니다. 이승만의 기독교적 정신세계는 정치가로서 그를 자유민주주의의 비타협적인 실천가로 만들었습니다. 그에게서 공산주의와의 타협은 있을 수 없는 일이었습니다. 예컨대 공산당이 찬성한 신탁통치도, 미군정이 추진한 좌우합작도 그가 보기에 처음부터 될 일이 아니었습니다. 집권 이후 그의 통일정책인 북진통일도 그의 비타협적 반공주의의 일관된 표현이었습니다. 한국전쟁 당시 중공이 개입하자 미국은 휴전을 추진합니다만, 그에 대해 이승만은 완강히 저항하면서 북진통일을 주장합니다. 전쟁 이후 미국을 방문하였을 때 의회에서 연설할 기회가 주어졌습니다. 그때에도 이승만은 미국이 제3차 세계대전의 위협을 무릅쓰면서라도 공산주의와 대결할 필요가 있음을 역설했습니다. 많은 미국인들이 후진국에서 온 한 늙은 정치가의 훈수에 불쾌감을 느꼈겠습니다만, 이승만은 조금도 개의치 않았습니다. 공산주의와의 대결은 이승만에게 종교적인 신념이었습니다.

　제가 보기에 이승만의 철저한 반공주의는 동시대의 다른 정치가에게서 쉽게 찾을 수 없는 매우 이례적인 현상입니다. 개인주의나 자유주의가 결여된 우리의 사상적 전통을 생각할 때 그러하다는 말이지요. 전통 성리학의 세계에서는 백성을 골고루 잘 살게 함을 정치의 최고 미덕으로 간주하였습니다. 그런 연유로 전통 성리학과 공산주의는 처음부터 일정한 친화성을 가졌다고 볼 수 있습니다. 해방 이후 많은 지식인들이, 아마도 지식인의 대다수가, 사회주의 사상에 경도된 것도 그 같은 정신적 전통 때문이라고 하겠습니다. 그에 비하자면 성리학자 출신이기도 한 이승만이 그토록 철저한 반공주의자였던 것은 무언가 특별한 설명이 요구되는 이례적인 현상이 아닐 수 없습니다. 저는 그것을 바로 기독교로의 개종에서 찾고 있습니다. 앞서 저는 20세기의 한국사를 전통유교문명과 서유럽기독교문명의 만남과 융합, 그러한 의미에서 문명사의 대전환 과정으로 설명한 바 있습니다만, 초대 대통령 이승만이야말로 다른 누구보다 강렬하게 그러한 대전환을 자신의 인생사로 대변하는 사람이었다고 생각합니다.

그의 정치적 자산

둘째, 이승만은 철저히 현실적이며 실리적인 정치가였습니다. 중국 마오쩌둥은 권력은 총구에서 나온다고 했습니다만, 그가 한 여러 말 가운데 가장 옳은 이야기 같습니다. 이승만은 정치의 그러한 속성을 누구보다 일찍 깨닫고 실천한 사람이었습니다. 특히 국제정치의 냉혹한 실리주의에 대해 그는 그 누구보다도 밝은 사람이었습니다. 그는 대한제국의 멸망 과정을 두 눈으로 목도한 사람입니다. 주권자가 무능하거나 나약하면, 정치엘리트들의 처신이 기회주의적이면, 사회가 분열하고 타락하면, 한 나라가 어떻게 망하게 되는지를 눈물로 관찰한 사람이지요. 감옥에서 나온 후 그는 미국으로 건너갑니다. 미국의 도움으로 대한제국의 멸망을 막아 볼 요량이었습니다. 참으로 사마귀가 다리를 들고 수레바퀴에 대드는 당랑거철(螳螂拒轍)의 무모함이었다고나 할까요. 그 최초의 실패한 외교활동에서 이승만은 국제정치가 얼마나 냉혹한 것인지를 깨닫습니다. 이후 5년간 그는 하버드와 프린스턴에서 국제정치학을 공부하고 한국인으로서는 최초로 박사 학위를 취득합니다. 이후 그가 벌린 외교 중심의 독립운동은, 그의 비판자들이 자주 지적하듯이, 1945년 일제가 패망할 때까지 그럴듯한 성공을 거둔 적이 한 번도 없습니다. 패망한 나라의 무기력함을 그는 그 과정에서 몇 번이고 통절하게 느꼈을 것입니다. 실패의 쓰라림이 반복되면서 그는 어떠한 명분론에도 쉽게 현혹되지 않는 매우 철저하고 현실적이며 실리적인 정치가로 성숙하였습니다.

살벌한 '나라세우기'의 정치무대에서 최후의 승자가 되기 위해서는 대의명분도 중요하지만 자신을 믿고 끝까지 따르며 목숨까지도 바칠 준비가 되어 있는 확고한 지지세력이 절대적으로 중요합니다. 해방공간의 정치에서 이러한 친위부대를 확보한 사람은 제가 보기에 조선공산당의 박헌영을 제외한다면 이승만뿐인 것 같습니다. 오랜 미국생활에서 돌아온 이승만이 그러한 정치세력을 확보할 수 있었던 것은 임시정부의 대통령을 지냈다는 원래부터의 명망에다 반공주의의 흔들리지 않은 원칙과 그에 입각한 대동단결을 지속적으로 호소하였던 정치기술 때문이었습니다. 대동단결은 다음 장에서 이야기할 친일파 문제에 대한 그의 정치적 처신과 관련이 있습니다. 어쨌든 그의 정치적 입장은 단순 명료하였고 또한 강력하였습니다. 월남 동포를 포함하여 공산주의에 위협을 느끼는 수많은 사람들이 그의 주변에 몰려들었던 것이지요. 어느 연설에서 그는 지지자들에게 외쳤습니다. "여러분이 내 지휘를 받아서 '죽자' 하면 다 같이 한 구덩이에 들어가서 같이 죽을 각오가 되어 있습니까" 그러자 '예' 하는 대답이 우렁차게 장내에 울려 퍼졌습니다. 흥분한 사람은 눈물을 흘리기도 했습니다. 그렇게 이승만은 대단한 연설가였습니다. 그렇지만 한갓 선동만은 아니지요. 재삼 강조합니다만 그가 발휘한 선동의 힘은 본질적으로 자유주의와 반공주의에 대한 확고한 신념에 입각한 것이었고, 그 점에서 이승만의 정치는 처음부터 말과 행동이 완벽하게 일치하고 있었습니다. 그 점이야말로 최후의 승자로서 이승만이 지녔던 최대의 정치적 자산이었습니다.

농지개혁과 이승만

《재인식》에 실린 논문 가운데 이승만의 현실주의적 정치가로서 모습을 잘 드러낸 논문의 하나로서 김일영 교수의 〈농지개혁을 둘러싼 신화의 해체〉를 들 수 있습니다. 앞서 소개한 송건호의 비난 가운데 이승만이 지주세력을 옹호하여 농지개혁을 실패하게 만들었다는 내용이 있습니다만, 김 교수의 이 논문을 읽으면 이런 비난이 사료라곤 한 조각도 읽지 않은 무책임한 사람들이 아무렇게나 지어낸 유언비어임을 금세 알 수 있습니다. 이승만은 농지개혁에 오히려 적극적이었습니다. 당초 1949년 3월 국회에 상정된 개혁법에서는 농민이 부담할 지가의 상환액이 평년 수확가의 300%로 정해져 있었습니다만, 이승만의 압력으로 1950년 3월 국회를 통과한 법안에서는 150%로 낮추어져 있었습니다. 또 이승만은 국회에서 법안이 통과되기도 전에 농지분배에 박차를 가하여 법안이 통과될 당시에는 이미 대상 농지의 7~8할이 분배된 상태였습니다.

이승만이 무엇 때문에 농지개혁에 그렇게 열심이었을까요. 가난한 소작농민을 위해서라고요. 너무 천진한 생각입니다. 어디까지나 국민의 다수를 차지하고 있는 농민들로부터 정치적 지지를 끌어 모으기 위한 정치적 계산에서 그랬을 뿐입니다. 토지를 분배받은 농민들의 입장에서 이승만은 이미 국부(國父)였습니다. 마치 프랑스 농민들에게 토지를 나누어 주고 황제가 된 나폴레옹 보나파르트처럼 말입니다. 만약 이승만이 한줌의 무리도 안 되는 지주세력을 위한 계급정치를 펼쳤다면 그는 결코 성공할 수 없었을 것입니다. 이승만은 한때 지주세력의 정당인 한민당과 우호적인 관계였습니다만, 집권 후 자신의 대중정치를 위해 그들을 버렸습니다. 이승만은 그렇게 철저히 현실주의적 정치가였습니다. 그렇지만 그 덕분에 대한민국이 살아났던 것이죠. 전장에서 설명한 대로 농지개혁의 역사적 의의는 '국민만들기'의 첫걸음이었습니다. 1950년 6월 25일 북한이 침공해 왔을 때 이미 자기 소유의 토지를 확보한 농민들은 대한민국의 국민으로서 대한민국에 충성을 다하였습니다. 일설에 의하면 북한군이 서울을 점령한 후 사흘간 군사적 행동을 중지한 것은 남한 농민들의 봉기를 기대했기 때문이라고 하는군요. 그렇지만 그런 일은 조짐조차 없었습니다.

1952년 부산 정치파동의 재해석

《재인식》에 실린 김일영 교수의 또 하나의 논문,〈전시 정치의 재조명―부산 정치파동의 다차원성에 대한 복합적 이해―〉를 읽고 난 저의 소감은 씨름판에서 뒤집기 기술을 봤을 때처럼 통쾌한 것이었습니다. 이 논문이 다룬 사건은 1952년 6월 임시수도 부산에서 있었던 이른바 발췌개헌을 둘러싼 정치파동입니다. 발췌개헌으로 대통령 선거는 종전의 국회 간선에서 국민 직선의 방식으로 바뀌었으며, 일반적으로 이를 계기로 국회의 견제를 벗어난 이승만의 독재정치가 시작된 것으로 알려져 있습니다. 그 점은 어김없는 사실입니다만, 김 교수는 사건의 뒷면에 숨겨져 온 의미를 들추어냄으로써 이 정치파동이 이승만이 강인하게 추구해 온 '나라 세우기' 정치의 일환이었음을 분명히 하고 있습니다.

한국전쟁이 터진 후 이승만정부는 사흘 만에 서울을 함락 당하는 등, 연이은 실정으로 민심을 잃고 있었습니다. 국회의 반이승만 세력은 이 참에 내각제 개헌을 추진하여 이승만을 밀어내고 장면을 수상으로 앉힐 책략을 꾸미면서 미국과 군부의 양해까지 얻어냅니다. 미국은 북진통일을 부르짖으며 휴전협상에 비협조적인 이승만의 제거에 관심을 갖지요. 그렇지만 이승만이 보기에 그의 반대자들은 미국의 정책에 너무나 양순한 자들이었으며, 그들이 집권할 경우 휴전에 따른 영구분단은 피할 길이 없어 보였습니다. 이에 그는 헌병부대를 동원하여 사실상 친위 쿠데타를 감행합니다. 일부 의원을 간첩으로 몰아 체포하고, 계엄령을 선포한 다음 국회를 해산하겠다고 협박합니다. 이 같은 이승만의 강인한 공세에 밀려 미국도 결국 양보합니다. 이승만 이외의 다른 대안은 없다고 판단한 것이지요. 결국 미국의 주선으로 이승만과 반대파가 타협하여 대통령의 국민직선제와 정부형태의 내각책임제를 가

미한 (발췌)개헌안을 통과시키게 되었습니다. 이처럼 이른바 부산 정치파동은 겉보기에는 이승만과 국회의 반대파 간에 집권을 둘러싼 거친 충돌이었지만, 그것을 넘어 전쟁정책과 통일정책 나아가 동아시아정책 전반을 둘러싸고 미국과 대립했던 이승만 대통령의 한판 승부이기도 했던 것입니다.

칼을 물고 뜀을 뛰다

이승만의 자유민주주의와 반공주의 이념과 그의 현실주의적 정치기술이 그의 재임기간에 남긴 최대의 업적은 1954년에 체결된 한미상호방위조약이라고 할 수 있습니다. 이승만은 미국에 상호방위조약의 체결을 지속적으로 요구했습니다만, 미국은 한국과 같이 약소한 나라와 군사동맹을 체결함에 별다른 매력을 느끼지 못하였습니다. 그런 미국을 군사동맹으로 끌어들이기 위해 이승만은 동서냉전의 전초기지로서 한반도에 걸린 미국의 이해관계를 미국에 압박을 가할 수 있는 외교자원으로 충분히 활용했습니다. 이미 지적한 대로 그는 휴전을 반대했으며 끊임없이 북진통일을 부르짖었습니다. 미국은 그의 부르짖음이 빈말이 아니었음을 깨닫게 됩니다. 어느 날 거제도 포로수용소의 반공포로 수만 명을

▲ 거제도 포로수용소에서 석방을 기다리고 있는 반공포로들

기습적으로 석방했기 때문이지요. 전 세계가 놀랐습니다. 이승만이 미국의 코를 세게 비튼 셈입니다. 그런 식의 무모한 외교를 당시 미국사람들은 "칼을 입에 물고 뜀을 뛰는 것"과 같다고도 했습니다. 드디어 미국은 무슨 일을 할지 모르는 서울정부를 자신의 통제하에 둘 실용적인 계산에서 한국과 상호방위조약을 체결합니다. 그에 따라 이승만은 대륙의 공산주의 국제세력으로부터, 또 언제 다시 쳐들어올지 모를 일본으로부터, 대한민국을 방위할 가장 확실한 군사적 방호막을 설치할 수 있게 되었습니다. 이렇게 한미동맹을 체결하기까지 이승만이 펼친 능수능란한 외교에 관해

서는 《재인식》에 실린 차상철 교수의 〈이승만과 1950년대의 한미동맹〉이라는 논문이 좋은 참고가 됩니다. 저도 이 논문을 통해 위와 같은 사실을 처음 알게 되었습니다.

문명개화파의 적자(嫡子)

물론 이승만은 완벽한 사람이 아니었습니다. 그가 권위주의적이었다는 도덕적 비판에는 동의할 만한 점도 있습니다. 그가 재임 마지막 3~4년간에 범한 정치적 실수는 컸다고 생각합니다. 그렇지만 국민의 대다수가 문맹에다 소득 40~60달러의 가난한 소농이고, 사회는 이념적으로 분열되어 있고, 정치적으로는 공산주의자들의 도전이 지속적으로 제기되었던 지극히 열악한 상황에서, 자유민주주의와 자유경제체제를 나라의 기초 이념으로 확고히 하고, 농지개혁을 통해 통합적인 국민을 창출하고, 사회주의 국제세력의 공세인 한국전쟁을 성공적으로 방위하고, 나아가 자유진영의 헤게모니 국가인 미국과 군사동맹을 이끌어 내는 등, '나라세우기'의 정치에서 그가 후대에 남긴 공적은 아무리 강조해도 지나치지 않을 터입니다. 1960년대 이후의 대한민국의 번영은 이승만이 강인하게 추구했던 '나라세우기' 정치의 성과를 전제해서 가

▲ 근현대사 교과서에 실린 모택동 김일성 등. 이만한 크기의 이승만 사진은 보이지 않는다.

능한 일이었습니다. 요컨대 이승만은 그를 배제하고서는 대한민국의 출발을 설명할 수 없을 만큼 '나라세우기'에 지대한 공로를 남긴 사람입니다. 대한민국의 역사교과서는 그를 건국의 원훈(元勳)으로 정중하게 모실 필요가 있습니다. 그와 정치적으로 대립한 사람들, 심지어 북한의 김일성까지 그 얼굴이 사진으로 전해지는 역사교과서에 왜 이승만 대통령의 사진은 없습니까. 워낙 근거 없는 중상모략의 비난이 중·고등학교의 교과서에서부터 횡행하고 있어 그 점을 지적해 두지 않을 수 없군요.

마지막으로 한국 근현대사를 관통하는 긴 안목에서 대한민국의 건국을 주도한 정치세력을 어떻게 재평가해야 좋을까라는 전장의 말미에서 제기한 문제에 대답하겠습니다. 한마디로 그들은 1876년 개항 이후 서유럽과 일본을 통해 전래된 근대 사상과 문물을 나름의 방식으로 이해하고 실천해 온 문명개화파였습니다. 이승만은 서재필을 통해 갑신정변, 갑오경장, 독립협회로 이어진 제1세대의 개화파를 계승한 사람이지요. 뒤이은 식민지기를 거쳐 수많은 사람들이 이 노선에 참여했습니다. 해외에서 독립운동에 헌신한 사람들만이 아닙니다. 국내에서 일제의 차별과 억압을 받으면서 근대를 이해하고 실천하면서 근대적 인간으로 성장해 온 수많은 사람들이 문명개화파의 계승자였습니다. 그들이 일제의 패망과 미국체제의 성립이라는 한반도를 둘러싼 세계체제의 일대 전환을 맞아 한반도 남부에 세운 근대국가가 대한민국인 것입니다. 요컨대 한국 근·현대사에서 대한민국의 건국은 이승만을 주요 대리인으로 한 개화기 이래의 문명개화파에 의해 주도되었다고 이야기할 수 있습니다.

14

반민특위를 되돌아 봄

반민특위의 좌절

이승만 초대 대통령을 포함하여 대한민국의 건국사에 대한 국민 대중의 평가가 부정적으로 된 것은 친일파를 청산하지 못한 가운데 친일파의 주도로 나라가 세워졌다는 대중적 인식이 가장 중요한 원인이라고 생각됩니다. 사실 친일파 문제는 60년 전 그때나 지금이나 무슨 계기라도 생기면 어김없이 불거져 나와 우리 건국사를 비판하는 가장 아픈 상처로 남아 있습니다. 그 점에서 우리의 건국사를 긍정적으로 재해석함에 있어서 친일파 문제야말로 다른 무엇보다 깊은 지혜가 요청되는 성찰의 과제라고 하겠습니다. 한국인들이 이 문제로부터 스스로 자유로워지지 않고서는 해방전후사를 재인식하려는 우리의 노력에는 한계가 있을 수밖에 없습니다. 그래서 《재인식》이란 책에 관련 논문이 없음에도, 자칫

하면 욕을 바가지로 얻어먹을 각오를 하고, 그 문제에 관한 장을 펼치고자 합니다.

사람들은 흔히 이야기합니다. "그때 말이야, 친일파를 적어도 천 명 쯤은 처형했어야 했어. 이승만 대통령은 친일파에 빚진 게 없는 사람인데, 무엇 때문에 그들을 감쌌는지 알 수 없어." 이 같은 이승만 비판에 대해서, 저는 그 선의를 이해합니다만 솔직히 말해 무언가 거창한 민족의 영웅 서사를 추체험해 보고픈 푸념에 불과하다고 생각합니다. 당시의 객관적 현실은 그러한 영웅 서사와는 너무나 거리가 멀었습니다. 오늘날 우리는 그 엄연했던 역사적 제약을 운명처럼 받아들여야 합니다. 그래야만 니체가 운명에서 자유로워졌듯이 우리도 친일파 문제의 주박(呪縛)으로부터 해방될 수 있는 겁니다.

1948년 9월 국회는 반민족행위처벌법을 제정합니다. 그에 기초해 반민특위(반민족행위특별조사위원회)가 구성되고 1949년 1월부터 활동에 들어갑니다. 동년 8월까지 559명이 특별검찰에 송치되고, 221명이 기소되었으며, 38명에 대한 재판이 종결되었습니다. 재판 결과를 보면 체형이 12명, 공민권정지가 18명, 무죄 내지 형면제가 8명입니다. 체형은 사형 1명, 무기징역 1명, 기타 징역 1년 내지 2년 6개월이며 집행유예 등입니다. 사형과 무기징역을 받은 두 사람은 곧이어 한국전쟁이 일어나자 석방되고 말았습니다.

▲ 반민특위에 의해 기소된 사람들이 법정에 들어서고 있다.

그러니까 반민특위가 엄중하게 처벌한 친일파는 하나도 없는 실정입니다.

반민특위와 가장 심하게 대립한 세력은 경찰이었습니다. 당시 경찰의 절반 이상은 일정 때부터 경찰에 근무하던 사람들이었습니다. 정확한 통계는 없습니다만, 1960년 조사에 의하면 당시까지도 경찰의 3할이 일정 때부터의 경력자였으니 그렇게 짐작해도 틀림없다고 하겠습니다. 해방 후 점령군으로 남한에 들어온 미군정의 입장에서 친일파 문제는 그리 중요하지 않았습니다. 한반도에 진입하면서 큰 전투를 치렀다면 입장이 달랐겠습니다만, 그런 일은 없었습니다. 미군정은 치안을 유지하고 공산 세력의 저항을 제압할 때, 그 방면에서 전문 능력을 지닌 일정 때의 경찰들을 채용함에 별로 망설이지 않았습니다. 그 가운데는 경력 27년에 수많은 독립운동가를 체포하고 고문한 노덕술 같은 고참 경찰도 있었습니다. 반민특위는 그를 포함하여 경찰 간부 세 명을 체포했습니다. 그러자 경찰집단이 격앙하고 드디어 1949년 6월 서울시경 국장의 지휘하에 경찰부대가 반민특위를 습격하여 특위 요원을 연행하는 중대 사태가 발생했습니다. 공권력에 의한 백주의 테러였지요. 그럼에도 이승만 대통령은 그러한 불법행위를 묵인합니다. 뒤이어 임명된 반민특위의 위원장은 처음부터 반민특위의 활동에 회의적인 사람이었습니다. 결국 반민특위는 잔여 업무를 처리하고 같은 해 8월에 해산하고 말았습니다. 반민특위의 비극적인 좌절은 대다수 국민의 마음에 상처를 안겨 주었습니다. 그 상처가 지난 60년간 아물지 않고 지금까지 내려온 것입니다.

분열의 근원으로서 친일파 문제

오늘날 역사가의 눈으로 반민특위의 활동에 관한 여러 자료를 읽어 본 소감은 한마디로 역부족이었다는 것입니다. 처음부터 될 일이 아니었습니다. 반민특위의 특별검찰과 수사요원은 고작 수십

명뿐이었습니다. 그들이 수만 명의 경찰을 이길 수는 없었습니다. 반민특위가 경찰을 이기기 위해서는 경찰의 지도부가 친일 경력과 무관한 깨끗한 사람들로서 반민특위의 활동에 도덕적으로 승복할 필요가 있었습니다. 아니면 경찰을 감독 지휘하는 대통령을 위시한 집권세력이 친일파 청산에 강한 정치적 의지를 가질 필요가 있었습니다. 유감스럽게도 그런 조건들은 충족되지 않았습니다. 경찰의 대다수는 정도의 차는 있지만 친일 경력의 소지자였으며, 그들이 보기에 동료가 체포되는 것은 부당한 일이었습니다. 심지어 그들이 보기에 반민특위의 사람들조차 친일 혐의로부터 자유로운 사람들이 아니었습니다. "누가 누구를 재판한단 말이야." 그들의 불평이었습니다. 그들의 입장에서 반민특위의 활동은 소수의 좌익들이 우익 진영에 압박을 가하는 정치공세에 다름 아니었습니다.

    실제로 친일파 청산은 해방 직후부터 좌우익이 첨예하게 대립한 문제의 하나였습니다. 예컨대 1945년 10월 미국에서 막 돌아온 이승만과 조선공산당의 영수 박헌영이 장장 네 시간에 걸쳐 정치회담을 한 적이 있습니다. 거기서 두 사람은 친일파 문제에서 입장의 큰 차이를 보입니다. 박헌영은 친일파를 근절한 다음 순전한 애국자로서 진보적 민주주의의 요소들만으로 이루어지는 '조건부 통합'을 주장한 반면, 이승만은 "성스러운 건국 사업에 친일파를 제외하자는 원칙에는 동의하지만 지금은 그 시기가 아니지 않으냐"고 '무조건 통합'을 역설합니다. 제11장에서 소개한 1945년 9월의 스탈린 비밀지령에서도 명백히 나와 있습니다만, 당시 좌익세력이 대중의 정치적 지지를 끌어내는 데 친일파 청산이라는 민족주의적 감정에 호소하는 전략은 전가(傳家)의 보도(寶刀)와도 같은 정치적 자산이었습니다. 그에 비하자면 일본에 협력하면서 근대를 학습하고 실천해 온 우익세력의 대다수에게 친일파 문제는 처음부터 수세에 몰릴 수밖에 없는 약점이었습니다. 그러했기에 친일파 청산은 그 순수한 대의명분에도 불구하고 처음부터 좌우익 간의 첨예한 대립각을 이룰 수밖에 없는 문제였습니다.

좌우익만이 아니었습니다. 같은 우익끼리도 이 문제는 분열의 소지였습니다. 1945년 12월, 귀국한 임시정부의 요인을 환영하는 자리가 한민당의 간부에 의해 마련되었습니다. 그 자리에서 임시정부의 신익희가 "국내에 있던 사람들은 크거나 작거나 간에 모두 친일파"라고 했습니다. 그러자 장덕수가 "그럼 난 어김없는 숙청감이군 그래"라고 받아쳤습니다. 이에 신익희가 "어디 설산(雪山, 장덕수의 호)뿐인가"라고 맞받았지요. 이를 보고 있던 송진우는 "여보 해공(海公, 신익희의 호), 표현이 좀 안됐는지 모르지만 국내에 발붙일 곳도 없이 된 임시정부를 누가 오라 하였기에 그런 큰소리가 나오는 거요"라고 말하면서 "중국에서 궁할 때 뭣을 해먹고서 살았는지 여기서는 모르고 있는 줄 알어"라고 언성을 높였습니다.

　어느 책에서 이 해프닝을 접하고 저는 마음이 심히 언짢았습니다. 그렇게들 모두가 분열돼 있었던 겁니다. 제11장에서 지적한 그대로입니다만, 해방공간에서 사람들은 민족이니 계급이니 하는 외래 담론으로 서로가 서로를 적으로 몰면서 대립하였습니다. 사람들을 선진적인 정치적 통합으로 이끌 자율적 질서의 공동체는 그 사회에 존재하지 않았습니다. 초대 정부에서 사무관으로 근무하다가, 이후 1960년대에 경제기획원 차관까지 지낸 어느 분의 회고에 의하면, 당시 정부의 관료들은 친미파, 친중파, 친일파로 나뉘었다고 합니다. 친미파는 미국에서 돌아온 소수의 고위직이었고, 친중파는 중국에서 임시정부와 함께 돌아온 사람들로서 정치적 명분이 강한 사람들이었지만 실무 능력이 거의 결여된 사람들이었으며, 수적으로 가장 많은 친일파는 일본에 유학했거나 국내 대학의 출신자들인데 정치적으로 취약한 입장이나 실무 능력은 가장 우수했다고 합니다. 그러한 갈등 구조에서 사람들의 정치적 선택은 낮과 밤으로 교묘하게 달라졌습니다. 제주도와 여수·순천에서는 남로당이 일으킨 반란이 전개 중이었습니다. 그런 가운데 반민특위의 활동은 정부의 실무 관료들을 동요시켰습니다.

박흥식의 재판기록

반민특위의 활동에 대해 좀 더 알고 싶어서 재판을 받은 38명의 재판기록을 찾았습니다. 모두 다 읽을 수는 없고, 제 전공인 경제사와 가장 밀접한 연관이 있는 박흥식을 선택했습니다. 화신백화점을 경영한 당대 최고의 조선인 사업가였지요. 반민특위가 제일 먼저 체포한 사람도 그였으며, 제일 먼저 재판을 시작한 두 사람 가운데 한 사람도 그였습니다. 그만큼 그는 친일파의 상징적인 인물이었습니다. 박흥식이 체포된 죄목은 반민법 4조 7항에 "비행기, 병기 또는 탄약 등 군수공업을 책임경영한 자" 였습니다. 그는 1944년 10월 조선비행기주식회사를 설립하여 해방될 때까지 비행기 제작에 종사하였는데, 그 죄목으로 체포된 것입니다.

 재판의 결과는 무죄였습니다. 재판관이 우익이어서 그랬을까요. 취조기록과 재판기록을 직접 읽은 저로서도 판단이 쉽지 않군요. 국민 대중의 정서를 고려하고 또 비행기 공장을 경영한 것은 사실이니까 법에 따라 얼마간 징역형을 살게 하는 것이 좋았으리라는 생각이 듭니다. 그렇지만, 그의 죄상이 흔히들 생각하는 것처럼 어마어마하여 도저히 용서받지 못할 그런 성질의 것은 아니었습니다. 재판기록을 읽은 저로서는 그 점만큼은 확실하게 이야기할 수 있습니다. 비행기 공장은 조선에 주둔한 일본군 사령관과

▲ 박흥식과
종로의 화신 백화점

참모장의 수차에 걸친 강요에 의한 것이었습니다. 그 점은 전쟁이 끝나자 일본군 참모장이 박흥식에게 비행기회사의 자본금 2,500만 원을 전액 변제한 데서 확인됩니다. 박흥식은 시키니까 할 수 없이 했지, 원래부터 사업가가 제 정신으로 할 사업은 아니라고 진술했습니다. 만들 비행기도 일종의 글라이더로서 목제 비행기였다고 합니다. 그렇게 얼토당토않은 일에 그는 나름대로는 최선을 다한 것 같습니다. 우선 1천여 명의 공원들을 모집해서 일본 나고야와 만주 선양에 있는 비행기공장에 연수를 보내고, 상하이에서 비행기 부품을 깎을 선반 수백 대를 구입하여 창고에 보관해

두고, 공장의 터를 닦고 인부들의 숙소를 짓다가 부품 못 하나 만들지 못하고 해방을 맞은 것이지요. 그 모든 과정을 지켜본 일본군이기에 전쟁이 끝나자 박흥식에게 일본으로 망명할 것을 권유합니다. 박흥식이 거절하면서 변상을 요구하니까 위와 같이 준 것이지요.

박흥식을 취조한 특별검찰은 노일환이란 국회의원이었는데, 나중에 국회프락치사건에 연루된 좌익의 인물이었습니다. 취조기록에 나타난 정치적 성향을 달리하는 두 사람의 논쟁 아닌 논쟁은 오늘날에도 그 의미가 간단하지 않군요. 이 책의 4장과 5장에서 소개한 식민지 수탈론과 근대화론의 대립이 벌써 그때부터 시작되었음을 읽을 수 있습니다. 예컨대 노일환은 "당신이 성공한 것은 일제의 부당한 비호를 받았기 때문"이라고 추궁합니다만, 박흥식은 그에 대해 "어디까지나 나 자신의 노력으로 일본인들의 신용을 얻었을 뿐"이라고 변명합니다. 박흥식은 처음 인쇄업과 종이 무역을 해서 돈을 법니다. 그러다가 은행에 보증을 선 친구가 파산한 일이 생겼습니다. 박흥식은 순순히 그 친구를 대신해 적지 않은 부채를 은행에 상환합니다. 그러자 일본인 은행장이 장래가 촉망되는 조선의 젊은이라고 극구 칭찬하면서 박흥식의 뒤를 적극 밀기 시작합니다. 박흥식은 자신의 이러한 행적을 소개하면서 어디까지나 자신의 신용과 노력으로 사업을 일구었을 뿐이라고 주장합니다.

하나만 더 소개하겠습니다. 노일환은 "당신이 민족 수탈의 상징인 동척[동양척식주식회사]의 감사로 취임하였는데, 그것은 반민족행위가 아니냐"고 추궁하였습니다. 박흥식이 조선 총독의 권유로 동척의 감사로 들어가는 것은 1941년경이었습니다. 박흥식은 "당시 동척은 민족의 수탈과 무관한 금융기관이었다"고 반박합니다. 이 점은 오늘날에도 납득이 쉽지 않을 강변일지 모르겠습니다만, 솔직히 말해 경제사 전문가로서 저는 박흥식의 주장에 공감합니다. 동척은 1908년 일본 농민을 조선에 이주시킬 목적으로 세워진 국책회사였습니다. 그렇지만, 이주 실적은 고작 4천 호를 넘지 못했습니다. 일본자본주의가 워낙 급성장을 하는 통에 일본에서조차 노동력이 부족해진 까닭이었죠. 그러자 동척은 농지를 구입하여 농장경영을 행합니다. 1925년 당시 전국 80여 곳에 농장을 설치하였는데, 경지면적은 도합 7만여 정보였습니다. 이후 점차 농장경영을 축소하면서 주로 토지담보의 금융업으로 활동의 중심을 바꿉니다. 거래 상대의 7~8할은 일본인들이었습니다. 결국 박흥식은 농장경영과 일본인을 상대로 한 금융업이 왜 민족경제의 수탈이냐고 반박한 셈이지요.

노일환이 다시 박흥식을 추궁하기 위해서는 동척이 농지를 구입할 때 값을 치르지 않고 마구잡이로 빼앗았다든가, 다른 지주

보다 소작농의 대우에서 악독하였다든가, 조선에서 금융업을 한 것 자체가 수탈이라든가 등을 증명할 필요가 있었습니다만, 제가 보기에 그런 증명은 불가능한 성질입니다. 제4장에서 식민지수탈론을 비판하면서 한 이야기입니다만, 일제는 토지를 마구잡이로 빼앗는 야만적인 짓을 하지 않았습니다. 누차 강조합니다만, 식민지 지배의 일환으로 대량의 자본이 건너와 손에 물을 묻히고 좁쌀을 줍듯이 저가의 토지를 대량 매수한 것 자체가 이미 식민지적 수탈이지요. 그러나 그것을 두고 법정에서 불법이니 수탈이니 이름을 붙여 처벌하기는 곤란한 법이지요.

요컨대 박흥식을 법정에서 처벌할 실정법상의 근거는 취약하였습니다. 그의 주요 죄목인 비행기회사는 그의 의지가 아니었고 강요에 의한 것이었습니다. 사실이든 아니든 간에 피고의 해명과 변호인의 주장은 그러하였습니다. 그것을 뒤집을 증거는 법정에 제출되지 않았습니다. 이러한 한편의 희극과도 같은 재판을 피하기 위해서는 어떻게 해야 했을까요. 정치적으로 또 군사적으로 접근하는 수밖에 없지요. 인류의 역사는 그러한 초법적인 상황을 몇 가지 실례로 전하고 있습니다. 제2차 세계대전 말기에 연합군이 프랑스를 회복하자 뒤를 따른 드골의 군대와 레지스탕스들이 나치스 협력자 수만 명을 인민재판에 붙여 처형한 것이 그 좋은 예로 자주 거론되고 있습니다. 우리도 광복군이 연합군의 뒤를 따라

▲ 제2차 세계대전 말기, 프랑스 레지스탕스가 나치스에 협력한 자를 즉결 처형하는 장면

들어와 권력을 장악하였다면 그러한 초법적 상황이 벌어졌겠죠.

역사의 아픔을 정신혁명으로

다시 이태준의 《해방전후》란 소설입니다. 일제의 압박을 피해 시골로 피신한 주인공은 그곳의 김직원이란 유생과 일제의 패망이 멀지 않았음을 다음과 같이 이야기합니다. 국경 바깥에서 삼십 만 대군의 독립군이 일본에 선전포고까지 하였다지요. 해방될 조국의 국호는 고려민국이라고 합니다. 김직원은 감격에 가슴 벅찬 듯 후 한숨을 쉬면서 눈물까지 글썽거렸습니다. "삼십 만! 제법 대군이구려! 옛날엔 십 만이라두 대병인데! 거 인제 독립이 돼 가지구 우리 정부가 환국할 땐 참 장관이겠소! 오래 산 보람 있으려나 보!".

그렇지요. 그런 식의 민족의 영웅 서사가 실현됐다면 친일파 청산이 왜 어려웠겠습니까. 친일파들은 혼비백산하여 일본으로 도망쳤을 겁니다. 망명을 권유받은 박흥식은 조금도 망설이지 않았을 겁니다. 그러나 개인자격으로 환국한 광복군의 수는 고작 기백 명을 넘지 못했고, 제가 만날 수 있었던 그 중의 몇 사람은 곧장 고향으로 돌아가고 말았습니다. 이후 3년간 남한을 통치한 미군정은 친일파의 숙청에 거부감을 표하면서 선거에 의한 대의정부가 들어서기 전에는 할 일이 아니라는 미국다운 입장을 취합니다. 그 사이 경찰과 군대는 친일 경력의 인물로 채워졌습니다. 그런 마당에 반민특위로 모인 소수의 급진적 민족주의자와 좌익세력이 이미 손에 총을 쥐고 있는 경찰과 군대의 친일인사를 그냥 아무렇지도 않게 처벌할 수 있었을까요. 많은 사람들이 그랬어야 한다고 믿었습니다만, 그러한 역사적 당위는 역사적 현실과 거리가 멀었습니다. 마치 《해방전후》의 삼십 만 대군이라는 영웅 서사가 역사적 현실이 아니었듯이 친일파 청산이라는 대의명분은 자력으로 해방을 맞지 못했다는 엄연한 역사적 제약 앞에서 실현될 수 없는 꿈에 불과하였습니다.

　이제 반민특위의 좌절에 정치적 책임을 피할 수 없는 이승만 대통령에 대해 생각해 봅시다. 이 대통령이 누구보다 열렬한 민족주의자였음에는 아무도 이의가 없을 것입니다. 그는 미국에 40년 가까이나 살면서 끝내 미국의 시민권을 취득하지 않았습니다. 독립운동에 절망하지 않았던 것이지요. 그를 친미 사대주의자라고 하는 것은 참으로 부당한 비난입니다. 그는 사사건건 미국과 대립하고 갈등을 빚었습니다. 최근에 공개된 1958~1959년도 국무회의 회의록을 보면 그의 반미 감정은 상상을 초월할 지경입니다. 또한, 그는 지독히도 반일주의였습니다. 집권 내내 그는 일본이 미국의 양해를 얻어, 두고 간 재산을 찾으려 다시 쳐들어온다고 믿었습니다. 그에 대비하여 그는 돈이 없어 해군을 만들 수 없는 처지에 민간 상선이라도 많이 만들어 두어야 한다고 각료들을 채근했습니다. 그렇다면 일찌감치 국내에 잔류한 친일파의 상징적 인물들을 극형으로 처리하는 편이 정치적으로 득책이라는 판단도 들었을 법합니다.

　그럼에도, 그는 끝내 친일파의 청산에 소극적이었습니다. 그는 해방 직후부터 민족의 '무조건 대통합'을 주장했습니다. 냉정한 현실주의자인 그는 자신의 정치적 우군이 일제와 협력한 근대화세력이란 것을 잘 알고 있었습니다. '무조건 대통합'은 그렇게 계산된 정치기술이었습니다. 그런데 그것뿐이었을까요. 1949년 1월 반민특위가 활동을 개시하자 그는 될 수 있는 대로 신중하고 가볍게 처리해 달라고 부탁하는 취지의 성명을 발표하면서 다음과 같이 이야기합니다. "우리가 우리의 힘으로 주권을 회복하였다면 이완용·송병준 등 반역 원괴(怨魁)를 다 처벌하고 공분(公憤)을 씻어 민심을 안정케 했을 것인데, 그렇지 못한 관계로 또 국제 정세로 인하여 지금까지 실시를 연기하여 왔으나(하략)."

그렇게 그는 우리 힘으로 주권을 회복하지 못한 역사의 아픔을 이야기했습니다. 《해방전후》의 김직원처럼 그 역시 전통 유생 출신이지만 삼십 만 대군의 영웅 서사를 꿈꿀 정도로 낭만적인 사람은 아니었습니다. 그가 보기에 민족의 거의 절반이나 차지하는 친일파를 단죄하는 것은 또 하나의 부질없는 분열과 혼란을 의미할 뿐이었습니다. 그리하여 그는 그 역사적 아픔을 냉정한 현실주의적 판단과 정치기술로 승화시켰던 것입니다. 그가 구성한 초대 내각에 두세 명의 친일파가 포함되었다는 여론이 일자 그는 단호하게 말합니다. "악질적인 독립운동 방해자 이외에 친일파란 있을 수 없다." 실제로 악질적인 친일파가 정부에 중용된 적은 없었습니다. 그 점에 오해가 없으시길 바랍니다. 제9장에서 썼습니다만 건국에 참여한 사람들의 친일이라 해봐야 테크노크라트형에 불과한 차원이었습니다. 자꾸 반복되고 있습니다만, 그들은 개항기 이래 문명개화파의 후예들로서 외래의 근대 문명을 학습하고 실천해 온 사람들이었습니다. 그들에 의해 대한민국이 세워진 것은 문명사의 대전환이란 관점에서 정당하였고 또 필연이었습니다.

    1954년 이승만 대통령은 다시 친일파 문제에 대한 성명을 발표합니다. 왜정 때에 아무리 고등관을 지낸 사람이라도 건국 사업에 참여하여 큰 공적을 세우면 그 사람은 이미 친일파가 아니요, 두드러진 친일 사적이 없는 사람이라도 일본말을 자주 입에 올리면서 일본음식을 좋아하고 일본에 자주 들락거리면서 속으로 일본이 다시 오기를 기다리는 사람이라면 그들이야말로 청산될 친일파라고 말입니다. 한마디로 건국을 위한 미래지향적인 정신혁명으로서 친일 청산이지요. 제가 찾은 정답은 바로 그것입니다. 정신혁명으로서의 친일 청산!

15

한국전쟁은 누가 왜 일으켰나

전쟁의 상처

1950년 6월 25일에 발발한 한국전쟁은 대한민국의 건국사에 씻을 수 없는 커다란 상처를 안겨 주었습니다. 그 비극적인 동족상잔의 전쟁으로 남북한을 합하여 엄청난 인명의 손실이 발생했습니다. 한국정부의 공식 발표에 의하면 국군만으로 사망, 부상, 행방불명자는 99만이며 북한군까지 합하면 191만이나 됩니다. 여기에다 미군의 피해 15만과 중공군의 피해 90만을 합하면 군인으로 사망, 부상, 행방불명자는 300만에 달합니다. 이외에 민간인의 피해자가 있습니다. 그 수는 정확히 알 수 없는데 남북한을 합하여 적어도 200만은 되었을 겁니다. 이만한 사상자 수는 일제가 15년전쟁을 치르면서 감당했던 것과 비슷합니다. 3년간의 한국전쟁이 얼마나 참혹했는지 이를 통해 잘 알 수 있습니다. 또한 전쟁은 산업시설을 파괴하였습니다. 남한에서만 공장건물의 44%, 기계시설의 42%, 발전설비의 80%가 피해를 입었습니다. 전쟁은 분단으로 인해 이미 농업과 경공업 중심으로 불구가 된 남한 경제에 소생하기 어려울 정도의 심대한 타격을 가했습니다.

전쟁 당시 남북한의 인구는 총 2,500만 정도로서 대략 500만 가호였습니다. 한국인으로서 남북한 군인과 민간인의 피해자를 대략 400만 명이라고 잡으면 전체 가호의 8할에서 1명의 피해자가 났던 셈입니다. 제 주변을 소개하면 사촌 형님 한 분과 외삼촌 한 분이 군인으로 나가 전사했습니다. 한 분은 평남 덕천 청천강 전투에서, 다른 한 분은 경북 안강 전투에서 돌아가셨습니다. 또한 전쟁 과정에서 대략 120만 명의 북한 주민이 남으로 내려왔습니다. 그 외에 피난길에서 이리저리 흩어진 이른바 이산가족에 속하는 인구와 관련해서는 흔히들 1천만 명이 언급되고 있습니다. 거리에는 부모를 잃은 고아들, 남편을 잃은 과부들, 손발이 잘라진 상이군인들이 넘쳐났습니다. 고아와 과부와 상이군인은 1950년대 슬픈 한국의 상징이었습니다.

전쟁은 이제 막 출범한 대한민국의 도덕적 정통성에 큰 흠집을 남겼습니다. 북한군의 갑작스런 침공으로 경상도 남부로까지 쫓겨 간 정부는 마구잡이로 젊은이들을 전장으로 끌고 갔습니다. 전황이 워낙 급했던 탓이긴 합니다만, 권력의 정당성을 담보할 공

▲ 남으로 남으로 길게 이어진 피난민 행렬

적 도덕과 명분에서 최소한의 조건도 갖추지 못한 채 젊은이들을 징발하였습니다. 피난행렬을 세워 놓고 젊은이들을 색출하여 끌고 갔습니다. 제 사촌 형님이 그러했습니다. 마을사람들을 학교 운동장에 집합시켜 놓고 무작정 끌고 가기도 했습니다. 학교 정문에 트럭을 세워놓고 등교하는 학생들을 차곡차곡 싣고 간 경우도 있습니다. 밤중에 마을을 포위하고 가택 수색을 하기도 했는데, 이를 두고 당시 경상도 사람들은 '훌치기'라 했습니다.

그것도 공정한 것이 아니었습니다. 있는 집안의 자제나 대학생은 강제징발의 대상에서 제외되었습니다. 끌려간 사람들은 대개 없는 집안의 자식들이었습니다. 그리고선 부질없이 치열하기만 했던 전장에서 의미 없는 죽음으로 소모되었지요. 동원의 실상이 그러했기에 보통 사람들의 기억에서 국가는 저 멀리 있다가 갑자기 나타나 사람들을 끌고 가는 폭력체에 불과했습니다. 사회의 정치적 통합체로서 국가가 사람들의 일상생활과 의식에서 질서나 가치로서 내면화하기가 어렵게 되었습니다. 한국전쟁이 우리의 건국사에 안긴 그러한 부담은 지금까지도 여러 방면에서 쉽게 관찰되고 있습니다. 대한민국이 잘못 세워진 나라라는 《인식》이나 역사교과서의 언설을 그 대표적인 예라고 할 수 있지요.

    전쟁의 와중에서 민간 사회는 사회대로 적지 않은 상처를 주고받았습니다. 그 지역적 범위와 피해의 정도에 대해서는 짐작할 길이 없습니다만, 수많은 마을에서 학살이 자행되었습니다. 학살이 전개된 양상은 대개 패턴화되어 있습니다. 인민군에 밀려 급하게 퇴각하는 군경이 보도연맹에 속한 전향 좌익들을 학살한 것이 도화선이 되었습니다. 혹자에 의하면 그 수가 전국적으로 근 20만에 달했다는군요. 피해를 입은 집안에서는 인민군이 들어오자 마을의 우익 인사를 보복 살해합니다. 대개 여기서 그칩니다만 심한 경우 한 단계 더 나갑니다. 국군이 들어오자 우익이 다시 좌익을 보복 학살했습니다. 주로 충청도와 전라도의 여러 마을에서 그러한 양변(兩邊) 학살이 많았습니다. 그런 마을에서는 1980년대까지

◀ 인민군에 의한 집단학살의 현장(1950. 9. 30. 전주)

▶ 아기를 등에 업은 한 여인이 학살된 시체들 속에서 가족을 찾고 있다.

일 년에 두어 차례 여러 집안이 같은 날에 제사를 지냈는데, 그날만 되면 마을의 분위기가 싸늘하게 식어 버렸습니다. 제가 다녀본 여러 마을 가운데 충남 논산군 성동면의 어느 마을이 그 한 예입니다. 18세기 이래 조씨 양반 가문이 지배하던 마을이었습니다. 1983년 조씨 가문의 종손은 양변 학살이 있었던 마을의 슬픈 역사를 제게 들려주었습니다. 그러면서 하는 말이 인상적이었습니다. 지나간 일로 마을이 계속 불화할 수는 없지 않느냐. 그 슬픈 역사를 절대 어린아이들에겐 전하지 말기로 하자. 이렇게 서로 다짐하였답니다. 그래서 가끔 원수의 집 아이들끼리 사이좋게 손을 잡고 학교를 다니는 것을 보지만, 그래도 제삿날만 되면 마을의 공기가 싸늘하게 식는다는군요.

커밍스의 수정설

도대체 이 말도 되지 않은 전쟁은 누가 무엇 때문에 일으킨 것입니까. 주지하듯이 남한에서 오랫동안 정통설로 받아들여진 것은 북한의 남침설입니다. 북한의 김일성이 민족통일의 명분을 내걸고 소련과 중공의 지원을 얻어 남침을 감행하였다는 것이지요. 1980년대가 되면 이러한 정통설에 강력한 도전이 제기됩니다. 미국의 브루스 커밍스(Bruce Cummings)라는 학자가 쓴 《한국전쟁의 기원》(일월서각)이란 책이 그 도화선을 이루었는데요, 그것을 가리켜 흔히들 수정설이라 부릅니다. 수정설을 간략히 요약하면 내전설과 유인설의 두 가지라 할 수 있습니다.

내전설은 한국전쟁은 어느 날 갑자기 터진 것이 아니고 멀게는 식민지기부터 시작된 서로 다른 이념의 국가를 세우기 위한 계급 간의 갈등이 해방 후 크고 작은 반란과 충돌로 이어지다가 결국 대규모 군사적 충돌의 전쟁으로 나타났다는 겁니다. 갈등을 증폭시킨 직접적인 계기는 미군정이었습니다. 미군정은 대중의 광범한 지지를 받고 있는 혁명적인 민주노선을 억압하는 대신 소수의 보수적인 지주계급을 옹호하였습니다. 갈등의 핵심은 토지개혁이었으며, 미군정은 지주의 편을 들어 개혁을 미루기만 했습니다. 그에 대해 혁명적인 민주노선은 1946년 대구 폭동, 1949년 제주도와 여수·순천의 반란, 뒤이은 야산 유격대 등으로 저항했습니다. 다른 한편으로는 38선을 둘러싸고 남한과 북한의 두 군대 간에 크고 작은 무력 충돌이 계속되었습니다. 한국전쟁이 터진 것은 그러한 사실상의 내전의 연장에 다름 아니었다고 주장하는 것이 커밍스의 내전설이지요. 유인설은 북한이 남침을 하도록 미국이 덫을 놓았다는 뜻입니다. 제2차 세계대전이 끝나자 미국의 경제는 전쟁에 따른 호황이 사라지고 1930년대의 악몽과도 같은 공황이 다시 살아날 조짐을 보였습니다. 그러자 미국은 또 하나의 전쟁 특수를 위해 남한에서 일부러 미군을 철수시켜 군사적 공백 상태를 조장함으로써 북한군이 남쪽으로 내려오도록 유인했다는 것이지요.

　1981년에 나온 커밍스의 수정설은 국내에서 큰 반향을 일으켰습니다. 1980년대의 이른바 민주화운동의 파도를 타면서 커밍스의 수정설은 한국 현대사를 급진적으로 재해석하는 지렛대로 작용하였습니다. 그 결과로 나온 것이 바로 제1장에서 소개한 《인식》여섯 권이라 할 수 있지요. 다시 소개할 필요는 없겠습니다만, 커밍스의 수정설은 《인식》에 실린 여러 논문이 주장하는 그대로 마오쩌둥의 신민주주의혁명론에 기초한 한국현대사의 좌파적 해석으로 발전할 수밖에 없는 논리적 필연을 안고 있었습니다.

오늘날의 연구 수준에서 커밍스의 수정설이 논리나 실증에서 안고 있는 문제점을 지적하는 것은 별로 어려운 일이 아닙니다. 제 12, 13장에서 쓴 그대로 남한에서 농지개혁은 무작정 미루어졌다기보다는 지주와 소작농 간의 자율적인 사전 방매의 형태로 해방과 동시에 시작되었으며, 1949년의 농지개혁법이 이후 급피치를 올려 한국전쟁 이전에는 사실상 완료된 상태였습니다. 토지개혁을 위한 민중의 혁명적 요구가 내전으로 이어지다가 한국전쟁으로 발전했다는 주장에도 근거가 없습니다. 38선을 둘러싼 크고 작은 군사적 충돌은 대개 1949년 8월까지의 일입니다. 그 이후엔 스탈린이 그것을 금지하는 엄명을 내린 바도 있어서 군사적으로 평온한 상태가 유지되었음이 구체적인 자료를 통해 명확해졌습니다.

모스크바 문서가 이야기하는 전쟁의 진실

무엇보다 결정적인 것은 비밀이 해제된 구(舊)소련의 문서들이었습니다. 그 문서들이 전하는 생생한 정보에 기초하여 한국전쟁의 국제정치적 요인과 의미를 신정통설로 되돌려 놓은 논문으로서 《재인식》에 실린 김영호 교수의 〈한국전쟁 원인의 국제정치적 재해석—스탈린의 롤백 이론—〉을 소개할 수 있습니다. 이 논문에 의하면 김일성이 스탈린에게 남침의 의사를 표명한 것은 1949년 3월 5일 모스크바 회담에서였습니다. 이에 대해 스탈린은 남한이 먼저 북침해 올 경우에 한해서 반격을 가할 수 있다고 하면서 김일성의 제안을 거부했습니다. 그리고선 김일성에게 남한에는 아직 미군이 주둔해 있으며, 38선은 소련과 미국이 합의해서 그은 국제적 성격의 분할선임을 상기시켰습니다.

그러했던 스탈린이 김일성의 남침 계획을 승인하는 것은 1950년 1월 30일의 일이었습니다. 10개월 사이에 몇 가지 중대한 국제정세의 변화가 있었던 것이지요. 1949년 8월 주한 미군이 철수했습니다. 같은 해 10월에는 중국의 공산당 정부가 국공 내전에서 승리하여 장제스(蔣介石)의 국민당 정부를 대만으로 내쫓았습니다. 내전에 승리한 마오쩌둥은 1949년 12월 16일 스탈린에게 우호동맹을 제안합니다만, 스탈린은 여전히 망설입니다. 왜냐하면 그때까지 연합군의 일원이었던 장제스의 국민당 정부와 맺은 우호조약이 있었기 때문입니다. 연합군의 국제적 우호체제를 1945년의 얄타회담에서 비롯되었다 하여 흔히들 얄타체제라 합니다.

소련은 그 얄타체제의 일환으로 미국과 합의하여 38선을 긋고 그 이북을 점령하였으며, 또한 일본의 북방 영토인 사할린을 점령했던 것이지요.

그렇지만 스탈린은 미국과의 냉전이 심화되는 가운데 새롭게 부상한 사회주의 우방인 중공과 우호동맹을 맺을 수밖에 없었습니다. 1950년 1월 22일의 일입니다. 그로 인해 얄타체제가 붕괴하였습니다. 38선도 더는 우호적인 분할선이 될 수 없었습니다. 그런데 바로 며칠 전인 1월 17일에 김일성은 다시 남침의 계획을 스탈린에 올립니다. 1950년 1월 30일, 드디어 스탈린은 38선을 돌파하겠다는 김일성의 제안을 승인하는 비밀 전보를 평양으로 날리지요. 결국 중국혁명의 성공으로 아시아에서 유리하게 전개된 전략적 상황을 적극 이용하여 한반도 전체를 소련의 영향권으로 흡수함으로써 미국과의 냉전대결에서 결정적인 승기를 잡기 위한 적극적인 공세정책이었습니다.

남침계획을 승인한 스탈린은 1950년 4월 극비리에 모스크바를 방문한 김일성과 회담합니다. 그 자리에서 스탈린은 미국이 개입할 가능성을 검토하고 그 대책으로 중공의 마오쩌둥에게 협조를 약속 받도록 지시합니다. 이후 5월 13일 김일성은 마오쩌둥을 찾아 남침 계획을 밝히고 협조를 구합니다. 마오쩌둥은 별도의 경로로 스탈린이 이미 그 계획을 승인하였음을 확인하지요. 그리고선 만

▲ 철원평야를 장악하기 위해 치열한 공방이 벌어진 백마고지. 심한 포격으로 산이 낮아졌다고 한다.

약 미국이 전쟁에 개입하면 중국이 병력을 파견하여 북한을 돕겠다고 약속합니다. 곧바로 마오쩌둥은 만주 선양 부근에 9개 사단을 배치합니다. 아울러 소련과의 군사방위조약을 서둘러 체결합니다. 스탈린은 마오쩌둥에게 미국의 개입을 두려워하지 말라고 격려합니다. 만약 미국이 압록강을 넘어 만주로까지 진격하면 중국과 소련의 협공을 받아 미국은 커다란 실패를 맛볼 것이라고 장담합니다. 이와 관련해서는 1949년 소련이 원자폭탄의 실험에 성공했다는 사실을 염두에 둘 필요가 있습니다. 어쨌든 한국전쟁은 만주라는 광활한 지역을 덫으로 펼쳐 놓고 미국을 그곳으로 유인한 소련과 중공의 무시무시한 국제음모로 기획되었던 것입니다.

다른 한편 미국은 냉전이 심화됨에 따라 일본에 대한 점령정책을 일본 경제를 부흥시키는 방향으로 전환합니다. 그렇게 미국에 의해서도 얄타체제는 사실상 해체되었습니다. 그런 상황에서 한반도의 남쪽마저 가지겠다는 스탈린의 군사적 공세를 묵과할 수는 없었던 것이지요. 결국 한국전쟁은 냉전에서 결정적인 승기를 잡으려는 미국과 소련 간의 양보할 수 없는 전쟁으로 벌어진 것입니다. 한국전쟁의 원인과 책임을 미국에 돌려온 종래 커밍스의 수정설은 이렇게 전쟁의 발발 과정을 소상하게 전하는 모스크바의 비밀문서가 공개됨에 따라 더 이상 발붙일 데가 없어지고 말았습니다. 한국전쟁은 주도면밀하게 기획되고 추진된 국제전이었습니다. 전쟁의 양상이 형언하기 힘들만큼 참혹했던 것도 바로 그 때문이었습니다. 이상 김영호의 논문을 빌어 한국전쟁의 원인과 성격을 소개해 드렸습니다.

일제가 북한에 남긴 군사공업

한국전쟁의 발발과 관련하여 정치학자들이 간과하고 있는 경제사적 요인에 관해 한 마디 덧붙이겠습니다. 제9장에서 논문을 소개한 바 있는 키무라 미츠히코(木村光彦) 교수가 2003년에《북조선의 군사공업화》(知泉書館)라는 책을 출간하였습니다. 여기서 키무라 교수는 김일성이 남침을 결행하게 된 역사적 배경의 하나로,

북한에 상당 수준의 군사공업시설이 존재했음을 지적하고 있습니다. 일제는 1930년대 후반부터 1945년까지 제철·전기·화학 등 군수 관련 공업을 북한지방에 대량으로 건설했습니다. 해방 후 그 공업시설의 일부는 소련군이 해체하여 자국으로 반출했습니다만, 그 대부분은 오롯이 북한 정부에 인계되었습니다. 그와 더불어 일제가 비축해 둔 원자재와 부품의 재고가 풍부하였기 때문에 해방 후의 북한경제는 커다란 혼란이 없이 신속하게 공업생산을 회복할 수 있었습니다. 약 800명에 달하는 일본인 기술자들이 전쟁 전까지 억류되었던 것도 공업생산을 신속히 복구하는 데 큰 도움이 되었습니다. 그리하여 전쟁 이전에 북한은 소총·기관총·박격포와 같은 소화기에서부터 총알·대포알·수류탄·각종 화약을 자체 생산하는 수준에 도달하였습니다. 일제가 평양에 건설했던 종업원 6천의 평양병기제조소(平壤兵器製造所)란 시설이 그 대표적인 공장이었습니다. 해방 후 이 공장은 M정공(精工)이란 비밀암호명으로 이름이 바뀌는데, 전쟁 전에 김일성이 이 공장에 들러서 병기와 폭탄 생산을 독려했음이 전쟁 중 미군이 노획한 북한문서에 나옵니다.

이 같은 북한의 사정에 비한다면 남한에서는 아무것도 없었던 편입니다. 김일성이 볼 때 미군이 물러간 남한을 군사적으로 점령하는 것은 식은 죽 먹기와 같았지요. 그래서 자꾸만 스탈린에게 남침을 건의하였던 것입니다. 다시 말해 북한이 전쟁을 도발할 수 있었던 한편의 힘은 일제가 중국 대륙을 먹기 위해 북한에 건설한 군사공업에 있었습니다. 일제가 건설한 군사공업이 후일 북한이 남침을 결행하는 군사력으로 바뀌었다는 사실은 참으로 볼 만한 역사의 아이러니이군요. 북한이 스스로 민족의 혁명기지로 자처하면서 제국주의의 식민지 지배하에 있는 남한을 해방시키겠다며 동원한 군사력이 원래 그 제국주의가 건설한 것이었다니 아이러니가 아닙니까. 제11장에서 지적한 바 있습니다만, 김일성의 북한은 민족의 혁명기지라기보다 정신이나 물질의 모든 면에서 일본제국주의를 계승하는 위치에 있었습니다.

끝나지 않은 '나라세우기'

끝으로 최근에 다시 불거진 강정구 교수의 내전론에 대해 코멘트하겠습니다. 널리 알려진 대로, 강정구는 한국전쟁이 혁명적인 민중세력과 외세의존 반혁명세력 사이에 벌어진 내전이라고 주장하고 있습니다. 북한의 입장에서는 남한을 외세의 식민지적 지배로부터 해방하기 위한 민족통일 전쟁이기도 했습니다. 커밍스의 수정설과 《인식》의 역사관을 발전적으로 계승하고 있는 강정구의 주장에 대해 추가적인 해설을 덧붙일 필요는 없겠습니다. 한국전쟁이 내전인 것은 기능적으로 보아 틀린 이야기는 아닙니다. 여러 번 강조했습니다만 '나라세우기'의 정치는 서로 다른 이념을 가진 정치세력이 헤게모니를 다투는 사실상의 내전이자 많은 경우 실제적 내전을 동반하는 과정이었습니다. 남한의 자유민주주의나 북한의 프롤레타리아트독재나, 이승만의 북진통일론이나 김일성의 국토완정론이나 엄밀히 말해 정치적 기능에서 대등합니다. 동시대인들에게 그것은 어려운 선택이었습니다. 사회주의를 신념으로 삼았던 많은 지식인이 북으로 올라간 반면, 그 밑에서는 살 수 없었던 대략 100만의 북한 주민이 전쟁 전에 이미 남으로 내려 왔던 것 자체가 대립적 선택으로서 곧 내전이었지요.

문제는 강정구가 제기한 내전설은 이러한 '나라세우기' 정치가 내포하고 있는 기능적으로 대등한 의미의 내전이 아닙니다. 그는 숨기지 않고 김일성의 북한이 일찍이 주장했던 혁명기지론을 지지함으로써 기능적이 아니라 이데올로기적으로 내전의 일방을 지지하고 있습니다. 이 같은 그의 입장은 당초 내전으로 일어났던 한국전쟁이 미국의 부당한 개입으로 참혹한 국제전으로 비화되었다는 주장으로 이어집니다. 바로 그 점에 커밍스의 수정설을 넘는 강정구 독자의 한국전쟁 이해가 있습니다. 결국 그는 커밍스 이상으로 전쟁을 기획한 북한의 입장을 이해하고 또 변함없는 지지를 표명하고 있는 셈입니다. 몇 차례 이야기하였습니다만, 저는 강정구와는 달리 민족 중심이 아니라 개인 중심으로 역사의 발전을 이해하고 있습니다. 그런 관점에서 보면 식민지기 이래의 지주-소작 관계는 화해 불가능한 계급대립의 관계도 아니었을 뿐더러 해방 후 미국체제에 포섭된 남한을 두고 식민지적 상태라 하는 것도 맞는 이야기가 아닙니다. 강 교수와 저는 얼굴색이 같고 언어가 같아 같은 민족임이 사실이지만 역사를 감각하는 지성에서는 전혀 별개의 인간이지요.

서로 다른 사람이 서로 다른 생각을 하는 것은 민주주의 사회에서 얼마든지 용납할 수 있고 또 당연히 그래야 합니다. 그렇지만, 서로 다른 생각이 '나라세우기'의 정치와 관련하여 서로 적대하는 입장이라면, 그곳은 사상의 자유를 보장한 헌법의 경계선입니다. '나라세우기'의 정치는 1948년 8월 15일 그 날에 있었던 정부 수립의 공포로 종료된 사건이 아닙니다. 그것은 오늘날까지도 이어지고 있는 전통과 명분의 축적 과정입니다. 그러한 건국사에서 적잖은 잘못이 있었음은 사실입니다. 학살 등, 진상을 규명해야 할 반인륜 범죄도 있었습니다. 그러나 건국사에 대한 비판이 사회의 정치적 통합으로서 국가를 보다 높은 문명으로 발전시키려는 선의를 넘어 건국사 자체를 부정하는 정치적 도전으로 나타날 때는, 그리고 그것이 한두 개인의 학문적 소신을 넘어 잘 조직된 정치세력의 힘으로 과시될 요량이라면, 그러한 비판의 자유가 끝까지 보호되어야 할 헌법적 가치인지에 대해 저는 회의적입니다. 강정구의 주장에 실정법상의 문제가 있다고 하여 검찰이 그를 구속코자 하였을 때 법무부 장관이 자신에게 부여된 권한을 발동하여 막았습니다. 그 순간 저는 대한민국이 잠시 없어졌다고 생각합니다. 건국사의 기본 줄기가 크게 흔들렸지요. 나라의 정치 지도자는 나라의 기본 정체성과 관련하여 수많은 사람들이 강처럼 피를 흘린 그 전쟁에 관한 공식 기억을 함부로 바꾸어서는 안 됩니다. 한국전쟁은 한국인들이 사회주의 국제세력의 공세로부터 그들의 자유와 인권을 지켜낸 전쟁입니다.

16

1950년대의 재평가

1950년대의 암울

지금 그 사람의 이름은 잊었지만
그의 눈동자 입술은 내 가슴에 있어
바람이 불고 비가 올 때도
나는 저 유리창 밖
가로등 그늘의 밤을 잊지 못하지
사랑은 가고 과거는 남는 것
여름날의 호숫가 가을의 공원
그 벤치 위에 나무 잎은 떨어지고
나무 잎은 흙이 되고 나무 잎은 덮여서
우리들 사랑이 사라진다 해도
그의 눈동자 입술은 내 가슴에 있어

내 서늘한 가슴에 있건만

1956년에 나온 박인환 시인의 〈세월이 가면〉입니다. 좀 나이 든 한국인이라면 대개 젊은 날의 애틋한 사랑의 추억과 함께 이 시를 기억하고 있을 겁니다. 시인은 50년대의 허무와 죽음을 사라진 옛사랑의 추억으로 노래하고 있습니다. 명동 어느 허름한 술집에서 즉흥으로 지은 이 시를 동석한 시인의 친구가 음악으로 옮겼습니다. 그 뒤로 사랑하는 사람을 전쟁으로 떠나보내야 했던 수많은 사람들의 가슴을 울리는 노래로 번져 나갔습니다.

50년대의 황폐와 방황을 그린 대표적인 소설로서는 흔히들 이범선의 《오발탄》을 꼽습니다. 계리사 사무실 서기인 송철호 가족은 월남민입니다. 서울 남산 밑 해방촌의 판잣집에서 살고 있습니다. 사무실에서 돌아온 철호에게 전쟁 통에 정신이 이상해진 어머니는 자꾸만 "가자 가자" 하면서 북쪽 고향으로 돌아가자고 채근합니다. 동생 영호는 어머니의 원수를 갚는다고 입대했다가 상이군인으로 돌아와 결국 권총강도를 저지릅니다. 여동생 명숙은 양공주가 되어 밤마다 늦게 돌아옵니다만, 몸을 판 돈으로 올케의 병원비를 내놓습니다. 아내는 아름다운 미모의 음악도 출신이지만 가난한 살림에 찌들려 고생만 하다가 병원에서 출산 도중에 사망합니다. 철호가 병원에 도착했을 때는 이미 싸늘한 시체로 변해

▲ 1950년대의 해방촌

있었습니다. 극도의 혼란에 빠진 철호는 택시를 탑니다. 하지만, 어디로 갈지 몰라 해방촌으로, 경찰서로, 병원으로 헛소리만 합니다. 전쟁이 할퀴고 간 50년대의 참담한 현실에서 삶의 지표를 잃은 인간들의 몸부림을 《오발탄》은 그렇게 애달프게 그리고 있습니다.

그렇지요, 50년대는 참으로 암울한 시대였습니다. 제 기억에 남아 있는 50년대도 그러했습니다. 조그만 시골 군청 소재지에 있는 것이라곤 장터, 정육점, 신발가게, 약국, 일본인이 남기고 간 높은 굴뚝의 정미소, 아이스케키 공장, 제재소뿐이었습니다. 가끔 어디선가 목재를 가득 실은 트럭이 제재소에 들어오는 날이면 동네 아주머니들이 낫을 들고 나무껍질을 벗기러 모여 들곤 했습니다. 그것으로 죽을 끓여 먹는다지요. 4~5월 보릿고개에는 이웃집 아저씨의 얼굴이 황달에 걸린 것처럼 누렇게 변했습니다. 가끔 쥐약을 먹고 자살한 사람의 벌거벗은 시체가 리어카에 실려 급하게 병원으로 옮겨지기도 했습니다. 그 길을 따라 하루에 몇 차례 완행버스가 지나가면서 흙먼지를 뿌려 온 동네가 회색빛이었습니다. 사방의 산들도 참담하게 헐벗어 있었습니다.

절대 가난의 역사적 업보

50년대에 대한 사람들의 기억이 이토록 암울한 것은 60년대 이후와의 도드라진 대비 때문이기도 할 것입니다. 60년대 이후의 고도 경제성장이 거둔 화려한 실적에 비하자면 50년대의 성적은 초라하기 짝이 없습니다. '조국근대화'의 구호가 거창하게 내걸린 가운데 사람들이 활기차게 움직였던 60년대에 비하자면 50년대는 무기력하게 내버려진 시대와도 같았습니다. 50년대가 암울하게 기억되는 가장 큰 이유는 아마도 정치와 사회의 부정부패 때문일 겁니다. 늙은 이승만 정부는 부정선거를 획책하다가 결국 국민의 심판을 받아 쫓겨났습니다. 부정부패가 얼마나 심하였는지, 당시를 증언하는 기록을 읽으면 상상을 초월할 정도입니다. 한국전쟁이 한창인 1951년 정월 한 겨울의 일입니다. 제2국민병으로 편성된 국민방위군의 병사 9만 명이 굶어 죽고 얼어 죽는 사건이 발생하였습니다. 사령관 이하 고급장교들이 군수물자를 횡령했기 때문입니다.

어디 군대에서만 그러했습니까. 한 나라의 경제순환이 온통 부정부패였다고 말해도 좋을 지경이었습니다. 미국에서 온 원조자금의 일부는 정부에서 기업으로, 기업에서 자유당으로 흐르는 특혜와 정치자금이었습니다. 기업은 그런 부정한 먹이사슬 속에서만 기업으로 클 수 있었습니다. 그에 관해서는 《재인식》에 실린 우정은 교수의 〈비합리성 이면의 합리성을 찾아서－이승만시대 수입대체산업화의 정치경제학〉이란 논문이 좋은 참고거리인데, 이 논문에 관해선 다음 장에서 다시 언급하겠습니다.

그런데 그 시대의 부정부패에 관해 역사가로서 저의 생각은 조금 다릅니다. 그것은 절대 가난으로 빚어진 우리의 문화이기도 했습니다. 누가 누구를 탓할 수 없는, 모두가 시대의 공범인, 그러한 역사의 업보였습니다. 자세하게 예를 들 겨를이 없습니다만, 19세기까지 조선왕조의 시대가 그러하였습니다. 정약용의 《목민심서》(牧民心書)에서는 양반관료들이 백성을 밭으로 갈아 먹는다고 했습니다. 권세를 이용해서 백성의 재산을 갈취한다는 뜻이지요. 제5장에서 썼습니다만, 조선의 양반관료들은 '면허 받은 흡혈귀'였습니다. 일정 때는 관기가 엄격하여 이런 일을 찾아보기 힘들었습니다만, 해방 후에는 버릇처럼 되살아났습니다. 1939년부터 논산군에서 공직생활을 출발한 어느 분의 회고에 의하면 일정 때는 상급자가 바뀌면 사무실 책상에다 사이다와 과자를 벌여 놓고 환영회나 송별회를 가졌는데, 해방 후가 되니 장소가 기생집으로 바뀌더랍니다. 기생집에 갈 돈이 어디서 나옵니까.

멀리 갈 것도 없습니다. 제가 자라면서 겪어온 삶의 주변이 온통 그러하였습니다. 저는 자랑스럽게도 1970년대 초반에 육군의 병졸로서 휴전선 근방에서 근무했습니다. 쇠고기나 닭고기 등, 육류는 그야말로 구경하기 힘들었고 그것들이 헤엄쳐 간 국물만 마셨습니다. 장교들만 해먹은 것이 아니지요. 하사관 심지어 내무반의 고참 사병까지 취사병에 강요하여 졸병들이 먹을 고기를 빼돌렸습니다. 그렇게 위에서부터 조금씩 빼돌리니 말단 졸병들이 고기 한 점이라도 제대로 먹을 수 있었겠습니까. 어느 날 사단 사령부에 들렀다가 연대 본부로 돌아오는데 같은 방향의 트럭이 지나가기에 올라탔습니다. 연대로 쌀을 싣고 오는 수송트럭이었습니다. 어느 고개에 이르자 타고 있던 군수계의 병장이 쌀가마니 하나를 발로 차 밖으로 떨어뜨렸습니다. 그러자 기다리고 있던 민간인 몇 명이 튀어 나와 집안으로 날랐습니다. 다른 사람이 옆에서 뻔히 보고 있는데도 일개 병졸이 태연히 그런 짓을 하였습니다. 너무나 오래 된, 아마도 창군 이래로 물려받은 버릇이었을 겁니다.

개인적인 경험담으로 치우쳐 미안합니다. 우리의 역사에서 부정부패란 것은 50년대만의 일도 아니고, 위정자의 책임만도 아니고, 일종의 문화로서 오로지 경제성장만으로 치유될 수 있는 역사의 업보였음을 강조하다 보니 그렇게 되었습니다. 그렇게 관점을 바꾸어 놓고 보면, 50년대는 부정부패가 심각한 시대이긴 했습니다만, 부패하지 않은 구석도 있었고, 그러했기 때문에 적지 않은 성취가 있었던 시대라고도 이야기할 수 있습니다. 50년대라 하지만 실은 1953년의 휴전 이후를 따지면 6년의 짧은 세월에 불과하지요. 그렇게 짧았습니다만 그 시대를 전제하기 않고서는 60년대 이후를 설명할 수 없을 만큼 적지 않은 변화와 발전이 있었습니다. 이제부터 그에 대해 이야기하도록 합시다.

교육혁명

우선 《재인식》에 실린 유영익 교수의 논문, 〈거시적으로 본 1950년대의 역사―남한의 변화를 중심으로〉를 소개하겠습니다. 유영익에 의하면 50년대는 역사상 최초로 공화제 민주주의가 시도되고 나름대로 뿌리를 내린 시기였습니다. 이승만 대통령의 권위주의적 독재에도 대의민주주의의 기틀이 무너진 적은 없습니다. 예정된 선거는 반드시 치러야 했고, 집권당은 선거에서 이기려고 안간힘을 썼습니다. 그러다 보니 부정선거가 생긴 것이지요. 건국 이후 1960년까지 대략 일곱 차례의 선거를 치르면서 보통선거제가 정착되어 갔습니다. 그런 가운데 국민의 정치의식이 발달해서 사실상 양당제를 정착시켜 가는 성과를 거두고 있었습니다. 그 점에서 저는 50년대의 정치를 두고 오늘날의 역사교과서가 '민주주의의 시련'을 이야기하는 것은 옳지 않다고 생각합니다. 왜냐하면 그 말에는 이전 어느 시기에 민주주의가 활짝 꽃을 피운 적이 있다는 전제가 있어야 하지만, 아무리 생각해도 그런 적이 없었기 때문입니다. 50년대는 민주주의의 '시련'이라기보다 민주주의를 위한 '진통' 또는 '산고'라고 말해야 옳습니다. 역사상 처음 민주주의를 학습하고 실천하는 과정에서 적지 않은 시행착오의 비용을 지불하였다는 뜻에서 말입니다.

유영익 교수에 의하면 50년대가 거둔 가장 볼 만한 성취는 교육에서였습니다. 가히 '교육기적' 또는 '교육혁명'이라고 부를 만큼 교육에 대한 국민적 수요가 폭발했던 시기가 50년대였습니다. 의무교육이 시행되고 각급 학교와 학생 수가 크게 증가했습니다. 1945~1960년에 걸쳐 초등학생이 163만에서 359만으로, 중·고등학생이 13만에서 78만으로, 대학생이 7,800에서 9만 8,000으로 증가했습니다. 여대생의 수는 1945년에 불과 1,086이었습니다만, 1960년까지 1만 7,000으로 늘었습니다. 대학생의 수가 크게 늘자 대학망국론이라 하여 그 사회적 폐단을 걱정하는 소리가 나올 정도였습니다. 당시 한국인의 일반적 인식에서 인간의 사회적 성공과 행복을 결정짓는 가장 중요한 요소는 학력이었습니다. 그래서 누구나 대학에 가려고 그렇게 애를 썼던 것이지요. 가난한 농민이 소를 팔아서라도 자식을 대학에 보내는 것은 너무나 흔한 일이었습니다. 그래서 대학을 가리켜 우골탑(牛骨塔)이라 하는 이상한 말까지 생겨났지요. 그런데 자식을 공부시키려고 농가에 없어서 안 될 소를 파는 무모하기 짝이 없는 민족이 이 지구상에 달리 어디에 있습니까. 그러했기 때문에 60년대 이후의 고도성장을 가능케 했던 우수한 '사회적 능력'이 사회에 가득 축적될 수 있었던 것이지요.

또한 많은 수의 학생과 관료와 군인이 해외 유학과 연수의 길을 떠났습니다. 1953~1966년에 7,400명의 학생이 외국 유학을 떠났고, 50년대에 걸쳐 2,400명의 공무원이 국외로 단기훈련이나 시찰을 다녀왔으며, 50년대에 걸쳐 9,000명 이상의 장교가 외국에서 군사훈련을 받고 돌아왔습니다. 다녀온 국가는 주로 미국이었습니다. 대학의 교수들도 마찬가지였습니다. 너나 할 것이 없이 기회를 찾아 외국 연수를 떠나는 통에 물리학회의 경우 회장단이 모두 국내에 부재하여 정기총회를 열 형편이 못 되었다고 합니다.

유영익 교수의 논문에서 가장 주목할 점은 이러한 50년대의 성취를 19세기말부터 시작된 문명개화라는 장기추세의 한 국면으로 자리매김하고 있다는 겁니다. 좀 더 구체적으로 설명하면 다음과 같습니다. 개화기의 개화파 인사들은 제국주의적 영토 확장에 별 욕심이 없는 미국의 도움을 받아 한반도에 대한 중국, 일본, 러시아의 욕심을 제어하면서 자주적 근대화의 길을 모색하였습니다. 고종황제의 무능과 무책으로 실천에 옮겨진 적은 없습니다만, 그러한 연미(聯美) 방식의 근대화 노선은 식민지기의 독립운동과 근대화 과정을 거쳐 해방 후에 이르러서는 미국으로 향하는 유학과 연수의 긴 행렬로 계승되었다는 겁니다. 다소 추상적이긴 하지만 저는 유영익의 이러한 문명사적 시각을 존중합니다. 몇 번이고 강조했습니다만, 지난 130년간의 한국 근·현대사는 개화기 이래 문명개화파와 그 후예들이 주도한 문명사의 대전환 과정이었습니다. 실은 저의 독창적인 발상이 아니고 사계의 원로이신 유영익 교수께서 오래전부터 해 오신 이야기를 제 나름으로 각색한 것일 뿐입니다.

마지막 소농사회

이상은 주로 50년대의 도시부를 중심으로 한 이야기입니다. 1960년까지도 도시부의 인구비중은 전체 국민의 28%에 불과했습니다. 인구의 8할 가까운 다수가 살았던 농촌의 사정은 어떠했을까요. 이와 관련해서는 《재인식》에 실린 이만갑 교수의 〈1950년대 한국 농촌의 사회구조〉라는 논문을 참고할 수 있습니다. 1958년 8월에서 12월 사이에 서울대학교 사회학과의 이만갑 교수와 대학원생들이 경기도 광주군과 용인군의 접경에 있는 여섯 마을의 사회, 경제, 문화 실태를 주민과의 면접 방식으로 세밀히 조사했습니다. 그 결과를 가지고 이만갑 교수는 1960년에 《한국농촌의 사회구조》라는 책을 출간합니다. 《재인식》에 실린 위의 논문은 이만갑 교수의 양해를 얻어 그 책의 일부를 저와 제 제자가 논문의 형태로 압축하고 간략히 해설을 붙인 것입니다.

그 여섯 마을은 오늘날의 성남시입니다. 전국 유수의 산업도시와 아파트단지의 하나인 그곳은 50년 전 이만갑 교수의 일행이 찾았을 때만 해도 순수 농촌사회였습니다. 저는 위 논문에 해설을 붙이면서 그곳에 살았던 18세기의 사람이 다시 살아나더라도 "조금 낯설긴 하지만 여전하군"이라고 했을 것이라고 너스레를 떨었습니다만, 아마도 크게 틀린 말은 아닐 것입니다. 50년대의 농촌

▲ 1950년대의 농촌 풍경. 장에 가는 길

사회는 근대 국민국가에 포섭되어 있긴 하나, 전통사회의 원래 모습을 꽤 많이 남기고 있었습니다. 해방전후사를 재인식함에 있어서 해방, 분단, 건국, 전쟁으로 급박하게 돌아간 국가 수준의 역사가 중요한 것은 사실입니다만, 느리게 움직이는 밑바닥의 흐름으로서 대다수 사람의 일상생활의 무대였던 농촌사회에 대한 전체적이며 구조적인 이해가 그에 못지않게 중요함을 강조해 두고 싶습니다.

농촌 주민의 사회적 인간관계를 규정했던 가장 중요한 요소는 양반인가 상민인가라는 신분의식이었습니다. 마을의 상민들이 양반가의 장례에 상여를 메야 했던 것과 같은 전통사회의 신분

억압과 차별은 오래전에 사라졌습니다만, 관습의 영역에서 신분의식은 여전히 살아 있는 규범이었습니다. 사람들은 자신이 속한 원 신분을 예민하게 의식하였습니다. 양반 출신은 상민 출신을 멸시하였으며, 두 출신이 우정으로 교류하는 일은 드물었습니다. 신분의식이 첨예하게 드러나는 경우는 결혼이었습니다. 결혼은 동일 신분 간의 중매를 통한 신분내혼(身分內婚)이 대부분이었습니다. 마을마다 양반과 상민 신분의 구성은 달랐습니다. 양반마을과 상민마을은 그런대로 잘 단합된 질서를 보였습니다만, 양반과 상민이 비슷한 세력으로 대립한 마을에서는 골목의 쓰레기조차 치워지지 않을 만큼 자치질서가 취약했습니다.

사람들이 믿고 의지하는 신뢰관계는 친족이 기본이었습니다. 피가 통하지 않는 사람들의 신뢰관계로서 사회단체는 그 종류가 많지 않았고 기능도 약했습니다. 농촌사회를 통합한 가장 중요한 힘은 친족이었고 그 다음이 마을이었습니다. 그 바깥으로 나가면 면 단위의 관료기구가 있었습니다만, 일정 시대에 비해 권위나 효율이 많이 떨어져 있었습니다. 학교와 교회가 있었지만 농촌사회의 내부 질서로 정착한 상태는 아니었습니다. 교사와 목사는 어디까지나 손님으로 머물렀을 뿐입니다. 경제활동과 관련하여 축산조합, 채소조합, 산림조합 등 여러 단체가 있었지만 농민들의 참여 의식은 약했습니다. 농촌주민들이 가장 많이 가입한 단체는 자유당이라는 지배 정당이었습니다. 면접의 대상이 된 336명 가운데 무려 66명이 자유당의 당원이었습니다. 그러나 그 대다수는 관료기구와 마을의 유력자에 의해 정치적으로 동원된 수준을 넘지 못했습니다. 어쨌든 농촌사회를 통합한 가장 규정적인 질서는 친족과 마을과 관료제였습니다. 그 외에 인간이 믿고 의지할 수 있는 관계나 단체는 희박하였습니다. 친족과 마을을 벗어나면, 심지어는 마을 내부에서조차, 사람들은 대개 고독하였습니다.

새로운 시대를 조망할 수 있는 긍정적인 조짐이 없지는 않았습니다. 인간의 사회적 성취와 행복을 결정하는 가장 중요한 요인은 무엇인가라는 질문에 돈과 명예와 재능이라고 대답한 사람은 다 합해도 30%가 되지 않았습니다. 반면에 교육에 따른 학력이라고 대답한 사람이 58%나 되었습니다. 농민들은 농지개혁으로 그들의 삶이 개선되었음을 인정하지만, 농촌의 가난과 관료기구의 무관심과 무능력에는 강한 불만을 드러내었습니다. 대학을 졸업한 마을의 엘리트에게 양반인가 상민인가의 신분의식은 그리 중요하지 않았습니다. 그들을 중심으로 농촌사회에는 새로운 협동 질서가 창출되고 있었습니다. 60~70년대의 농촌사회가 과시한 개발과 협동의 능력이 전통사회의 끝자락에서 놓였던 50년대의 농촌에서 이미 뚜렷한 조짐으로 성숙되고 있었던 겁니다.

17

개발의 새로운 시대를 위하여

그 고집불통의 합리성

이제 해방전후사의 재인식을 위한 마지막 주제로서 50년대의 경제에 대해 생각해 보도록 합시다. 관련해서 소개할《재인식》의 논문은 우정은 교수의〈비합리성 이면의 합리성을 찾아서—이승만 시대 수입대체산업화의 정치경제학〉입니다. 이 논문은 50년대의 경제를 재평가함에 선구를 달린 연구입니다. 50년대의 경제와 관련하여 먼저 지적해 두어야 할 것은 한국 경제가 해방, 분단, 전쟁의 과정을 겪으면서 참으로 비참한 지경에 빠지고 말았다는 사실입니다. 1953~1955년 1인당 실질소득은 거의 1910년대 수준으로 후퇴하고 말았습니다. 1인당 실질소득이 1940년의 수준을 회복하는 것은 1965년이 되어서입니다. 그렇게나 비참한 상황에서 세금을 제대로 거둘 수 없으니까 국가 재정의 거의 7할이 미국의 원조

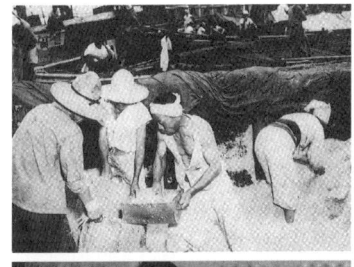

▲ 원조 구호품을 받기 위해 줄을 선 사람들
◀ 고아원의 어린이들이 미국 만화를 보며 즐거워하고 있다.

자금으로 채워졌습니다. 1945년부터 1961년까지 미국은 대략 31억 달러의 경제 원조를 제공하였습니다. 솔직히 말해 50년대 한국은 미국의 원조에 빌붙어 사는 거지와 같은 나라였습니다.

    그런데 우정은 교수의 논문을 읽으면 이야기가 조금 달라집니다. 미국의 원조로 먹고사는 나라가 미국의 요구를 물리치면서 독자의 경제정책을 펼친 것입니다. 미국은 한국이 독자의 공업화를 이루는 것이 가능하지도 않고, 또 바로 옆에 일본이 있기 때문에 바람직하지도 않다고 생각했습니다. 미국은 한국이 일본의 공산품을 수입해 쓰는 편이 훨씬 효과적이라고 생각했습니다. 그 대신 한국은 농업에 비교우위가 있으니까 거기에 주력하여 농업국가로 발전하는 편이 경제도 안정시키고 경제성장도 빨라지는 효과를 거둘 것으로 보았습니다. 1960년에《경제발전의 제단계—반마르크스주의사관》이란 책을 써서 세계적으로 유명해진 미국의 로스토우(W. W. Rostow)라는 경제학자가 있습니다. 그가 1961년에 한국 경제에 관해 낸 보고서는 한국경제가 수백 년에 걸쳐 내려온 고질적인 동양적 문제로 절망적인 상태에 있는 것으로 결론을 내리고 있습니다. 미국인이 보기에 한국 정치의 분열과 부정부패는 교정될 수 없는 풍토병과 같은 것이었습니다. 그런데 독자노선의 공업화를 추구하다니요, 말이 되지 않는다는 겁니다. 약 30년 뒤 로스토우는 다시 한국을 방문한 자리에서 자기가 틀렸음을 시인하면서 도대체 이 민족에 내가 알지 못했던 어떠한 문명의 저력이 있었던가를 물었지요. 그건 그렇고, 50년대 한국 경제를 충고하던 미국의 입장은 확실했습니다. 미국의 원조로 경제를 안정시키면서 일본과 협력하라는 것입니다. 그리고 그것은 일본을 축으로 한 미국의 동아시아 정책이기도 했습니다.

    그렇지만, 고집불통의 이승만 대통령은 미국의 말을 듣지 않습니다. 언제 다시 쳐들어올지 모르는 일본으로부터 필요한 물건을 사서 쓰라니, 그것은 다시 일본에 종속되라는 말도 안 되는 소리였습니다. 이승만 대통령은 자립경제의 건설을 위한 독자의 공업화 정책을 강행합니다. 미국이 어쩔 것이냐, 그렇다고 미국이

냉전의 전초기지인 한국을 버리기야 하겠느냐 하는 배짱에서였습니다. 사실 미국으로서도 이 완고하기 짝이 없는 노인 때문에 난처한 지경에 처한 적이 한두 번이 아니었습니다. 제13장에서 잠시 언급했습니다만, 한때 미국은 한국의 대통령을 장면처럼 미국에 고분고분한 야당 지도자로 갈아치울 것을 심각하게 고민한 적도 있습니다만, 이승만과 같은 강력한 카리스마와 지도력이 한국의 실정에 더 좋다는 실용적인 판단으로 그만 접고 말았습니다.

원조와 수입대체공업화

이승만 대통령이 펼친 자립경제를 위한 공업화 노선을 가리켜 흔히 수입대체공업화(輸入代替工業化) 전략이라 합니다. 외국에서 수입하여 쓰는 공산품을 국내 공업을 일으켜 국산품으로 대체하자는 뜻입니다. 이 공업화 전략의 핵심적 정책 수단은 저환율 정책입니다. 예컨대 1달러에 300환이 시장에서 성립한 균형 환율임에도 1달러에 100환으로 1/3 수준으로 환율을 낮추는 것을 말합니다. 그렇게 되면 어떤 효과가 발생합니까. 미국에서 1달러어치 물건을 사올 때 300환이 아니라 100환만 지불해도 되지요. 수입대체를 위한 국내 공업을 일으키려면 미국에서 기계와 부품을 수입할 필요가 있습니다. 그 비용을 줄이고자 저렇게 저환율 정책을 취했던 것이죠.

이승만 정부가 저환율을 고집한 또 하나의 이유는 유엔군 대여금의 상환 달러를 극대화하기 위해서였습니다. 당시 한국정부가 달러를 손에 쥘 수 있는 거의 유일한 경로는 한국에 주둔하는 유엔군이 필요로 하는 한국화폐를 대여한 다음, 그것을 달러로 상환 받는 길이었습니다. 그때 될 수 있는 한 많은 달러를 상환 받으려고 저환율로 한국화폐의 가치를 실세 이상으로 높여 둔 것이지요. 이를 두고 미국정부와 적지 않은 마찰이 있었습니다. 미국은 부당하게 낮은 환율을 높이라고 요구하면서 대여금 상환 달러의 지급을 미루었습니다.

이제 미국에서 원조가 주어지고 한국에서 집행되는 경로에 대해 좀 더 구체적으로 설명하겠습니다. 예컨대 어느 해에 미국의 원조가 3억 달러로 책정되었다고 칩시다. 3억 달러의 돈이 오는 것이 아니라 3억 달러만큼의 미국이나 다른 나라 제품을 구입할 수 있는 권리를 주는 것입니다. 정부는 장부상으로 들어온 3억 달러를 민간의 수입업자에게 배당합니다. 가령 어느 업자가 100만 달러를 배당받았다 칩시다. 업자는 그에 상당하는 1억 환의 한국화폐를 한국은행에 예치한 다음 수입허가증을 얻습니다. 그리고선 그 증서를 미국의 원조당국과 금융기관에 제출하여 필요한 물건을 구입해 오는 것입니다. 한국은행에 예치된 수입대금은 미국 정부의 감독하에 한국정부의 재정자금으로 지출되었습니다. 이를 가리켜 대충자금(對充資金)이라 했습니다.

달러를 배당받은 수입업자는 횡재한 셈이나 다름없습니다. 왜냐하면, 수입한 물건을 그대로 국내 시장에 내다 팔면 실세 환율에 따라 몇 배나 큰 이익이 생기니까요. 그럼에도, 정부가 그런 특혜를 부여한 것은 수입업자가 외국에서 원료와 부품과 기계를 사와서 팔아먹지 않고 공장을 지을 것이라고 기대했기 때문입니다. 그런 식으로 공업화를 서둘러 일본으로부터 공산품을 수입하지 않아도 좋을 자립경제를 만들겠다는 것이 이승만 대통령의 꿈이었습니다. 실제 기업가들이 정부의 기대대로 공장을 짓고 돌렸던가요. 그랬다고 말할 수 있습니다. 주로 밀가루·설탕·면방직과 같은 소비재공업의 공장이 건설되었습니다. 모두 원료가 희다고 해서 이들을 가리켜 삼백(三白) 공업이라고 했습니다. 그 외에 유리, 제련, 시멘트 공장도 건설되었습니다. 충주에서 비료공장의 건설도 착수되었습니다만, 완공을 보는 것은 1961년의 일입니다.

이러한 공업화 정책의 결과 1954~1955년은 연간 6%, 1956년에 일시 정체한 후 1957년은 8.8%의 고도성장을 보였습니다. 1958년 이후에는 2~4%로 정체하여 조금 뒤에 쓰겠습니다만 경제위기였습니다. 1954~1960년을 평균하면 연간 4.9%로서 당시 후

▲ 1955년 착공하여 1961년 4월에 준공된 충주 비료공장

진국의 평균 성장률 이상이었습니다. 산업별로는 2차산업의 성장률이 가장 높아서 연간 10% 이상이었습니다. 그로 인해 2차산업의 국민경제 비중이 1954년의 13.5%에서 1960년의 19.4%로 높아졌습니다. 저는 50년대가 이 정도라도 거둔 공업화의 성과를 전제하지 않는다면 60년대에 들어 박정희 정부가 수출주도공업화로 경제발전의 전략을 바꾸는 것이 그리 쉽지만은 않았다고 생각합니다. 식료나 의류와 같은 기초적 생필품의 수급에서 어느 정도 수출의 여력이 있었으니까 그런 식의 대전환이 가능했던 것이죠. 최소한의 비빌 언덕은 있었던 셈입니다.

도덕해이를 피하다

그런데 달러를 배당받은 업자가 수입한 물자를 엉뚱한 데 쓰거나 되팔아먹었더라면 어떻게 됐겠습니까. 칼자루를 쥔 정치가와 관료가 그 짓을 눈감아 주고 뇌물이나 받았다면 그 결과가 어땠겠습니까. 당시 많은 후진국이 그러했습니다. 아프리카 일부 국가들은 오늘날도 그렇다고 합니다. 하지만, 50년대의 한국정부는 그렇지 않았습니다. 부정부패가 심했던 것은 사실이지만, 원조로 들어온 자금과 물자가 공장의 건설과 가동으로 들어가는 흐름 자체를 막거나 다른 방향으로 바꿀 정도로 부패한 것은 아니었습니다. 오히려 금융시장이 제대로 발달하지 못한 당시의 경제수준에서, 부패라고는 하나 그 기능을 세밀히 분석해 보면 그것이 없었을 경우보다 시장거래를 활성화했던 측면도 있었으리라 짐작됩니다. 아직 그런 연구는 없지만 도전해 볼 만한 가설이라고 생각합니다. 이와 관련하여 우정은 교수의 논문은 부정부패가 정치의 역동성에 의해 상쇄되었다고 달리 표현하고 있습니다. 쉽게 말해 경제개발에 대한 집권자의 의지가 시퍼렇게 살아 있어서 시장을 대신하여 관료기구가 금융자원을 배분했지만 나름의 원칙과 효율성을 실현했다는 뜻으로 이해해도 좋다고 생각합니다.

관련하여서 한 가지만 말씀드리면 원조자금을 배당하는 데 아무에게나 아무렇게나 배정하지 않고 공장을 지을 만한 실수요자들에게 우선으로 배당하였습니다. 또한, 국민경제의 입장에서 수입 물자의 우선순위를 정한 다음, 물자마다 적용되는 환율을 달리하였습니다. 아주 요긴한 물자에 관해선 가장 낮은 환율을, 덜 긴요한 물자에는 좀 더 높은 환율을, 별로 중요하지 않은 물자에 대해선 아주 높은 환율을 적용하는 것입니다. 최근 김낙년 교수의 추계에 의하면 당시 공정환율과 시장환율의 차이에 따라 원조 달러의 배당에 따른 초과이윤은 총 국민소득의 10% 수준이었다고 합니다. 이 거대한 초과이윤이 국민경제의 건설을 위해 공장을 짓고 돌릴 의지와 능력이 있는 사람에게 우선으로 배정되도록 고안되었던 것이 위와 같은 복수환율제라고 할 수 있습니다.

요컨대 당시 정부가 원조나 유엔군 대여금으로 확보한 달러를 외환시장을 통하지 않고—당시에는 그런 시장이 있지도 않았습니다—재량으로 민간에 배당함에 나름의 일관성과 도덕성의 규범은 확보하고 있었습니다. 여기에는 식민지기에 일본에서 대학을 나오고 은행 등에서 실무 경험을 쌓고 해방 후 미국 연수를 다녀온 유능하고 청렴한 실무 관료들의 공덕이 컸습니다. 그 점에 대한 정당한 평가를 놓쳐서는 곤란합니다. 어느 사회와 국가가 내장하고 있는 그러한 실무적 정책능력과 도덕적 규율능력을 과소평가해서는 곤란합니다. 그런 능력은 아무 나라에서 아무렇게나 찾아끼는 역사의 미덕이 아니지요. 많은 후진국이 그러한 정책능력과 도덕능력에서 실패했습니다. 그러나 대한민국은 달랐습니다. 이승만 대통령이 단돈 1달러를 아끼려고 어떻게 했습니까. 어느 외교관이 일본에 출장을 갔다가 고급 요리점에 들러 몇 백 달러짜리 식사를 했습니다. 대노한 이 대통령의 꾸지람이 얼마나 혹독했는지가 그를 흠모하는 사람들 사이에서 일화로 전해 오고 있습니다.

국제환경은 변하는데

그렇지만, 1958년부터 모든 사정이 달라지기 시작했습니다. 경제가 매우 나빠지기 시작했습니다. 미국으로부터 원조가 줄어들었기 때문입니다. 1957년에 3.8억 달러이던 원조가 1960년까지 2.4억 달러로까지 점점 줄었습니다. 재정자금과 투자자금의 대부분을 원조에 기대는 나라의 경제가 원조가 줄어드니 나빠지는 것은 당연한 일입니다. 원조가 줄어든 것은 미국의 대외정책의 기조가 바뀌었기 때문입니다. 제2차 세계대전 후 세계의 여러 나라는 미국이 원조의 형태로 세계에 뿌린 달러에 기대어 전후 부흥을 추구하였습니다. 1950년대 후반이면 미국은 국제수지가 악화하여 더는 달러를 뿌릴 여유를 갖지 못합니다. 그 대신 1950년대 중반을 넘기면서 서유럽과 일본 등 주요 자본주의 국가들이 자력으로 국제수지를 방위할 능력을 갖추게 됩니다. 미국으로서는 세계 자유무역을 위한 IMF-GATT체제를 본격적으로 가동할 여건이 갖추어진 셈이지요. 그와 더불어 군사적 논리에 따른 원조가 후진국의 경제발전에 본질적인 도움이 되지 못한다는 지적도 있었습니다. 후진국은 원조보다 차관을 도입하여 자기 책임으로 장기적인 개발계획을 세워 경제발전을 추구할 일이라는 겁니다. 대외정책의 기조가 이렇게 바뀌면서 미국은 한국정부에 원조의 감축을 통보하고 그에 대한 대책을 세울 것을 종용하였습니다.

그렇지만, 이승만 정부는 그 같은 미국의 변화와 요구에 효율적으로 대응하지 못했습니다. 오히려 미국과의 마찰과 긴장을 증폭시켜 가지요. 그러한 50년대 후반의 위기 상황을 세밀히 추적하고 있는 것이 《재인식》에 실린 이철순 교수의 논문, 〈1950년대 후반 미국의 대한정책〉입니다. 여기서 이철순은 미국의 대한정책이 1957년을 경계로 군사적 안보정책에서 대내적 안보정책으로 바뀌었다고 주장합니다. 미국이 보기에 북한이 군사적으로 다시 공격해 올 가능성은 거의 사라졌습니다. 오히려 남한의 내부가 문제였습니다. 일정한 경제적 성과에도 한국은 여전히 세계 최빈국의 하나였습니다. 이승만의 권위주의적 통치를 제어할 국내의 정치세력은 존재하지 않았습니다. 미국이 보기에 한국은 국민의 환멸과 저항으로 표류하는 나라였습니다. 그러한 나라가 내부에서 무너져 내린다면 반미국적인 정권이 들어설 위험성이 크지요. 미국이 그렇게 걱정하게 된 것은 1956년의 정부통령 선거가 중요한 계기였습니다. 부통령에 야당의 장면이 당선되고, 진보당의 조봉암이 대통령 선거에서 30%라는 큰 지지율을 획득했습니다. 그러자 이미 나이 80을 넘긴 대통령의 후계가 불투명해지면서 정국이 큰 혼란으로 빠져들었습니다. 그 혼란을 수습하고 반미국적 정권이 들어서는 것을 막으려면 정치적으로 민주주의를 강화하고 경제적으로 성장을 촉진할 필요가 있었습니다. 미국의 그러한 대한정책을 이철순은 대내적 안보정책이라 부르고 있습니다. 그러나 이승만 정부는 미국의 요구에 그리 적극적인 반응을 보이지 않습니다. 부흥부를 중심으로 경제개발계획이 만들어집니다만, 집권자와 정부의 총력 의지를 담지는 못했습니다. 정치적으로는 야당에 대한 불신이 지나쳐 강경일변도로 야당과 언론을 탄압했습니다. 1959년 미국의 강력한 저지에도 끝내 진보당의 조봉암을 간첩으로 몰아 처형하지요. 이 무렵 미국은 이승만 정부를 포기합니다. 그리고선 때를 기다립니다. 곧이어 1960년 3·15부정선거에 대한 국민적 저항으로 4·19의거가 일어나자 미국은 신속히 개입합니다. 이승만을 하야시켜 4·19의 성과를 선점한 것이지요. 이상이 이철순 교수의 논문입니다.

▲ 4·19 의거의 시위대

그의 시대는 저물고

모든 절대 권력은 부패한다고 했습니다. 1950년대 후반 너무 늦긴 했지만 한국의 보나파르트가 된 이승만은 자신이 성취한 것에 도취하여선지 더할 나위 없이 완고해져 있었습니다. 최근에 공개된 1958년의 국무회의록을 보면 이승만은 나이 83세의 노인치고는 믿기지 않을 정도로 강인한 체력을 과시하면서 3~4일마다 있는 국무회의를 꼬박꼬박 챙기고 있습니다. 각료들은 이승만의 앞에 서는 자식과 다를 바 없는 사람들입니다. 국무회의라고 하나 옛날 왕조 시대의 조정에서 임금이 하문하고 분부하는 장면과 다를 바 없습니다. 그러한 군주형 집권자가 헤게모니 국가인 미국에 대해 지나치게 완강합니다. 1958년 8월 2일의 회의록입니다. 송인상 부흥부 장관이 워싱턴의 지시에 따라 미국대사가 요청하여 양국의 관계자들이 한국의 경제정책 방향을 둘러싸고 회의를 가졌음을 보고합니다. 그러면서 미국이 한국의 정계나 행정이 부패하여 경제 원조를 계속할 수 없는 형편이므로 여러 가지 개혁을 추진하도록 요구했다고 보고합니다. 그러자 이승만 대통령이 대노합니다. "그들의 부패상은 말하기조차 거북할 정도인데 우리 보고 부패 운운하고 있다. 한국경제를 이 같이 만든 원인은 그들이 차용한 환화(圜貨)를 장기간 반제하지 않았던 까닭이다. 이러한 사실을 조사하여 신문에 발표하고 그들 보고 다 가버리라고 하라"라고 말입니다. 기세는 참으로 대단합니다만, 후진국의 지도자로서 책임 있는 대응이었다고는 생각되지 않습니다.

    싫거나 좋거나 협력의 상대인 이웃 일본과의 관계도 문제였습니다. 50년대 양국의 외교관계에 대해선 잘 알지 못하고, 또 당시 일본이 어느 정도나 성의가 있었는지도 회의적이어서 함부로 이야기하기가 두렵습니다. 그 점을 전제하고서 하는 말입니다만,

국무회의록에 나타난 이승만 대통령의 대일본 입장도 지나치게 비현실적이군요. 그에게 일본은 두고 간 재산을 찾으려 언제 다시 쳐들어올지 모를 적국이었습니다. 그러나 제가 보기에 이미 일본은 그 옛날의 일본이 아니었습니다. 그 점만은 어느 정도 확실하게 이야기할 수 있습니다. 1956년 일본의 경제백서는 일본이 이미 이전과 상이한 발전단계에 들어섰음을 선포하고 있습니다. 이제 전후(戰後)는 아니다. 회복은 끝났다. 지금부터의 성장은 근대화이다. 메이지유신이 있었지만 구조적인 변혁이 없었다. 대외적 조건을 무리하게 우리에게 맞추려고 군사적 팽창을 시도한 잘못을 범하였다. 세계는 지금 평화적인 경존(競存)의 시대이다. 경제성장률의 투쟁이다. 대강 이러한 내용으로 알고 있습니다.

 확실히 세계는 바뀌고 있었습니다. 미국도 일본도 바뀌고 있었습니다. 커다란 국제시장이 열리는 새로운 60년대가 다가오고 있었습니다. 그에 기민하게 대응하면서 국내에 잠재한 근대화의 지체에 따른 국민의 불만을 개발과 성장을 위한 동력으로 승화시킬 정치적 리더십이 필요한 단계가 되었습니다. 헤게모니 국가인 미국과, 또 세계의 공업국가로 무섭게 튀어 오르는 일본과, 개방적인 협력관계를 재정립할 필요도 있었습니다. 그 역시 그에 걸맞는 새로운 정치적 리더십을 요구하였습니다. 이승만의 시대는 서서히 끝이 나고 있었습니다. 그의 역사적 역할은 '나라세우기'

의 기틀을 잡는 것으로 충분하였습니다. 자유민주주의와 자유시장경제로 나라의 기틀을 잡았던 것만으로도 그의 공적은 태산과 같습니다. 그 기틀 위에서 나라를 부유하게 하는 일은 그 일에 적합한 의지와 능력을 갖춘 새로운 지도자를 요구하였습니다. 그다음은 4·19와 5·16을 경과한 개발시대의 역사가 되겠지요. 언젠가 기회가 닿으면 마음 맞는 친구들과 함께 《개발시대의 재인식》이란 책도 편집해 보고 싶군요.

맺음말 : 역사로부터의 자유를

필부필부의 삶의 이야기로

대한민국이 역사 문제로 몸살을 앓고 있습니다. 앓지 않아도 좋을 몸살을 괜하게 앓고 있습니다. 그래서 몸과 마음이 더 아픈지도 모릅니다. 몸살의 원인은 잘못된 역사관입니다. 역사관을 밝고 건강하게 고치면 몸살은 금방 사라질 것입니다. 악몽으로 밤을 뒤척이다가 밝은 태양의 아침을 맞는 기분이 될 것입니다. 사람들의 발걸음은 다시 활기가 넘치고, 웃는 낯으로 서로 친절하게 대하는 즐거운 사회가 될 것입니다. 역사관을 바로잡을 필요가 있습니다. 아니 역사 그 자체로부터 자유로울 필요가 있습니다. 선진 한국인은 역사로부터 해방된 자유인들입니다.

  잘못된 역사관은 지난 130년간의 근·현대사를 오욕의 역사로 가르치고 있습니다. 보석과도 같이 아름다운 문화의 조선왕조가 강도 일본의 침입을 받았습니다. 이후는 민족의 반역자인 친일파들이 활개를 친 시대였습니다. 해방은 또 하나의 점령군인 미국이 들어온 사건이었습니다. 친일파들은 재빨리 친미 사대주의자로 모습을 바꾸었습니다. 민족의 분단도, 비극의 한국전쟁도 이들 민족 반역자 때문이었습니다. 이후 1950년대의 이승만 정부도, 1960~1970년대의 박정희 정부도 이들이 지배한 반역의 역사였습니다. 경제개발을 했다고 하나 정신은 잃어버리고 말았습니다. 역사에서 정의는 패배했습니다. 기회주의가 득세한 불의의 역사였습니다.

저는 이 책에서 현행 중·고등학교 역사교과서에까지 깊이 침투해 있는 이 같은 잘못된 역사관의 문제점을 비판해 왔습니다. 그러면서 미숙하나마 제 나름의 비판적 상상력에 입각한 역사관을 제시해 보려고 노력했습니다. 대안적 역사관의 출발점은 역사의 기초 단위로서 민족을 해체하고 상대화하는 것입니다. 흔히들 생각하는 대로 민족은 수천 년부터 존재해 온 초역사적인 실체가 아닙니다. 민족은 20세기에 들어 일제의 억압을 받는 가운데 한반도의 주민들이 발견한 정치적 공동체의식에 다름 아닙니다. 그렇게 이전에 언젠가 생겨난 것인 만큼 앞으로 언젠가 없어질 수도 있는 것이 민족입니다. 지난 130년의 근·현대사가 오욕의 역사인 것은 이 같은 민족을 역사의 기초 단위로 하는 민족주의 역사관의 주장일 뿐이지요. 통일이 되기 전에는 우리의 근·현대사는 완성되지 않았다는 무언가 비장한 느낌의 신탁과도 같은 주장도 민족주의 역사관에 뿌리를 두고 있지요.

그렇지만, 역사의 단위를 살아 있는 개별 인간으로 바꾸면 모든 것이 다르게 보입니다. 개별 인간만큼 확실하고 분명한 것이 없지요. 언젠가 자료 조사차 어느 농촌 마을에 들렀을 때의 일입니다. 85년이란 긴 세월을 그 마을에서만 죽 살아온 노인분을 만났습니다. 빈농의 아들로 태어나 남의 집 머슴살이로 사회생활을 출발한 사람이었습니다. 신체가 강건하여 아시아·태평양전쟁과 한국전쟁 모두에 동원된 인물이기도 했습니다. 그분에게 부탁했습니다. 할아버지의 인생을 차근히 듣고 싶다고 말입니다. 그랬더니 재미있는 표정을 지으며 하시는 말씀이었습니다. "내 인생의 역사 말입니까." 그렇지요. 역사란 것은 무슨 거창한 것이 아니고 필부필부(匹夫匹婦)의 삶의 이야기이지요. 그것이 역사의 기초입니다. 그분들이 살아온 재미있고 슬픈 삶의 이야기 속에서 민족이니 계급이니 하는 거창한 정치적 담론은 하나의 사치품일 뿐입니다. 그분들의 삶에서 민족은 해방과 더불어 들이닥친 정치적 구호였습니다. 그 분들의 인생에서 국가란 것은 전쟁이 났다고 갑자기 나타나 사람들을 끌고 가는 폭력에 다름 아니었습니다. 그분들의 경제생활은 서로 다른 이해관계의 사람들이 엮어내는 협동의 과정이었습니다. 화해가 불가능한 계급관계는 일반 민중들의 일상생활과는 거리가 먼 이야기였습니다.

다시 쓸 해방전후사를 위하여

필부필부의 평범한 삶의 이야기로 역사의 기초를 바꾸어 놓으면 지난 20세기는 한반도에서 국가의 역사가 시작된 이래 가장 심각한 변화와 발전이 있었던 시대입니다. 사람들이 정치적으로 사회적으로 자유롭고 평등해졌습니다. 경제적으로는 풍요해졌습니다. 드디어 빈곤과 질병의 굴레로부터 해방되었습니다. 그러한 세기적 변화의 기초는 무엇입니까. 정치적으로는 자유민주주의이고 경제적으로는 자유시장경제이지요. 종교적 내지 사상적으로는 개인주의 내지 자유주의라고 할 수 있습니다. 그 모두가 서유럽에 기원을 둔 외래문명입니다. 20세기의 한국사는 이러한 외래문명이 들어와 우리의 오래된 전통문명과 상호작용하면서 나름의 형태로 정착하는 과정이었습니다. 다시 말해 전통문명과 외래문명이 충돌하고 접합하는 문명사의 대전환 과정이었습니다. 1950년대까지의 해방전후사는 그 전반부라고 할 수 있습니다.

이 책에서 저는 그러한 새로운 역사관에 입각해서 지난 20세기의 한국사를 전면적으로 재해석하고자 시도하였습니다. 조선왕조가 패망한 원인, 식민지수탈론 비판, 친일협력자 재평가, 일본군 위안부 문제의 실체, 반민특위 좌절의 의미 등, 이른바 민족정서에 저촉될지 모르는 민감한 문제들을 피하지 않고 다루었습니다. 적당히 얼버무리거나 타협하지 않고 평소의 생각을 있는 그대로 정직하게 드러내 보였습니다. 민족이란 것이 20세기의 새로운 역사적 현상이었음과 마찬가지로 일제가 토지의 40%를 빼앗고 매년 쌀의 50%를 실어 갔다는 식민지수탈론은 대개 1960년대부터 한국의 민족주의가 고양되면서 만들어진 신화에 불과합니다. 친일파란 존재도 대부분 테크노크라트형으로서 신구 두 문명의 접합 과정에서 생겨난 새로운 중산층이자 지식층에 다름 아니었습니다. 일본군 위안부 문제도 1980년대까지 우리의 현대사에 깊숙이 침투해 있는 군에 의한 여성의 성 약취 방식의 하나였습니다. 공개된 구소련의 비밀문서에 의하면 민족의 분단을 서두른 것은 소련의 스탈린이었습니다. 한국전쟁은 미국과의 냉전에서 승기를 잡고자 소련이 승인하고 북한과 중국이 공동으로 실천한 국제전이었습니다. 이승만 대통령에 대한 온갖 비방도 '나라세우기'의 정치라는 관점에서 보면 애초부터 그와 대립한 좌파들의 중상모략에 불과하지요. 1950년대는 허무와 절망의 시대만은 아니었습니다. 새로운 도약을 준비하는 적지 않은 성취의 시대이기도 했습니다. 대한민국은 결국 어떻게 세워진 나라입니까. 저는 그에 대해 개항기 이래 외래문명을 이해하고 실천해 온 문명개화파의 후예들이 주도해서 세운 근대 국민국가라는 역사상을 제시했습니다.

역사를 전면적으로 재해석하는 작업은 분명히 한 개인의 역량을 넘는 일입니다. 책을 쓰면서 그러한 개인적 한계를 몇 차례나 절감하였습니다. 그러한 작업이 성공하려면 사전에 충분한 연구성과가 쌓일 필요가 있습니다. 그런데 아직 연구자의 손길이 닿지 않는 공백이 너무나 큰 것 같습니다. 특히 국민국가가 성립하는 정치사의 과정을 깊이 규정하고 있는 사회사와 사상사에서 그러함을 느꼈습니다. 1948년의 초대 정부에 참여한 인사들의 증언은 왜 그리 빈약합니까. 한국전쟁을 몸으로 겪어낸 수많은 병사들의 증언은 가뭄에 콩 나듯이 드문 실정입니다. 일제가 동원한 병사와 군속이 남긴 증언과 기록도 마찬가지입니다. 불과 몇 년 뒤면 모두 돌아갈 분들입니다. 그러면 영원히 알 수 없는 역사가 되고 말지요. 이 같은 객관적 제약이 크기 때문에 이 책은 앞으로 언젠가 체계적으로 다시 쓰이게 될 한국 근·현대사를 위한 길라잡이 정도의 의미밖에 갖지 못하는 것 같습니다. 그런 정도로만 기억될 수 있다면 큰 영광이지요.

죽은 자로부터의 해방을

역사를 새롭게 재해석하는 데 요구되는 또 하나의 전제조건은 역사로부터 자유로운 시대정신이라고 생각합니다. 저는 직업이 역사가이지만 역사를 결정적으로 중요하게 생각하지는 않습니다. 과거의 역사가 어떠했든 미래는 살아 있는 인간들의 선택일 뿐입니다. 역사란 무엇입니까. 과거에 대한 인간들의 기억이지요. 그 기억이 어떠하든 인간정신은 본질적으로 자유입니다. 역사는 살아 있는 인간들의 선택 행위를 규정하는 여러 가지 중의 하나일 뿐입니다.

대조적으로 중세인들은 역사에 종속되어 살았습니다. 우리 조상들은 매일 이른 새벽에 사당에 참배하고 조상의 영혼을 호흡하는 일로 하루 일과를 시작했습니다. 기일과 명절에 제사를 빼먹지 않음은 물론입니다. 나라에 대사가 생기면 열성조(列聖朝)가 안치되어 있는 종묘에 제사를 드렸지요. 그렇게 죽은 자의 혼령이 산 자의 생활을 지배하는 것이 중세였습니다. 근대가 되면서부터 사람들은 죽은 자로부터 해방되었습니다. 죽은 자가 산 자의 발목을 잡는 행위는 근대와 더불어 단절되었습니다. 정치는 산 자의 약속이요 선택일 뿐입니다. 그것이 근대정치의 본질이라고 저는 생각합니다.

그런 의미에서 저는 요사이 한국의 정치가 과도하게 역사화하고 있음을 우려합니다. 그것 때문에 대한민국이 몸살을 심하게 앓고 있습니다. 안으로는 무려 16건이나 되는 과거사청산 특별법이 제정되어 16개의 위원회가 활동 중입니다. 그 중에는 110년도 더 된 조선왕조 시대의 사건에 관한 특별법도 포함되어 있습니다. 밖으로는 야스쿠니, 위안부 문제로 일본과 외교적 갈등이 계속되고 있습니다. 노무현 대통령의 표현을 빌리면 '역사전쟁'이 진행 중입니다. 중국과는 2천 년 전 만주 벌판의 주인이 누구인가를 둘러싸고 또 하나의 역사전쟁을 벌이고 있습니다. 현 정부가 특별한 사명감을 가지고 추진하고 있는 과거사청산 가운데 거역할 수 없는 것이 있습니다. 국가권력에 의해 저질러진 반인륜 범죄로서 학살이나 고문 등이 그러한 경우입니다. 한국전쟁을 전후하여 벌어진 제주 4·3사건, 거창사건 등이 그러한 예라고 생각합니다. 이러한 반인륜 범죄가 만약 지금까지 진상이 은폐되어 왔다면 특별법을 제정해서 끝까지 그 진상을 추구할 필요가 있음에 저는 동의합니다.

제가 이의를 제기하는 것은 이 같은 실정법의 시효 규정을 초월하는 반인륜 범죄가 아니라 입장에 따라 해석이 달라질 수 있는 과거사에 관한 특별법입니다. 이른바 친일파를 조사하여 법률로 그 이름을 공포해 두자는 "일제강점하 반민족행위 진상규명에 관한 특별법"이 그 대표적인 경우이지요. 지금까지 여러 단체나 연구기관에서 대략 1천 명 정도의 친일파를 조사하여 명단과 행적을 공개한 적이 있습니다. 그러나 그것만으로 부족하다는 것이지요. 국가가 공적 통치행위의 일환으로 친일파를 조사하여 그 이름을 공포해 둘 필요가 있다는 겁니다. 저는 과거에 몇 차례 친일파 명단이 공포되었을 때 약간의 사회적 소란이 일다가 그친 것처럼 지금의 특별법도 마찬가지 결과로 끝나리라 짐작합니다. 이미 동 특별위원회가 시기별로 나누어 두 차례 친일파 명단을 발표했지만, 사람들은 관심을 두고 있지 않습니다. 살아 있는 사람들의 절실한 관심사가 아니기 때문이지요. 그렇다면, 굳이 그 특별법에 반대하여 얼굴을 붉힐 필요야 없지 않을까요. 그 점에 대해 잠시 해명하는 것으로 이 책의 끝을 맺겠습니다.

    이 특별법의 '제안이유'를 보면 다음과 같습니다.

우리나라가 해방된 지 반세기가 넘도록 당시 일본제국주의에 부역한 자들이 저지른 반민족행위에 관한 진상을 밝히려는 노력이나 실질적인 조사가 미비하였던 관계로 그 동안 우리사회의 정의가 흐려지고 왜곡된 역사가 시정되지 아니하는 등 많은 폐해가 존재하고 있으므로(하략).

제가 보기에 이러한 제안이유는 반증(反證)이 불가능한 비과학적인 명제들로 구성되어 있습니다. 예컨대 우리 사회의 정의가 흐려졌다고 하는데 무슨 기준으로 그렇게 이야기하는 겁니까. 역사가 왜곡되었다고 하는데 무슨 기준으로 그렇게 이야기할 수 있지요. 설령 정의가 흐려지고 역사가 왜곡되었다 칩시다. 일제에 부역한 반민족행위에 대한 조사가 미비했음이 그 유일하거나 가장 중요한 원인이라는 증거는 어디에 있습니까. 저는 이런 식의 사고방식을 《재인식》에 실린 저의 논문에서 '근본주의의 함정' 이라고 비판했습니다. 쉽게 이야기해서 위에서 소개한 대로 죽은 자의 혼령이 역사와 종교의 형태로 산 자를 지배하고 있는 전근대적 사고방식에 다름 아닙니다.

어찌 객관적 인과로 증명될 수 없는 지난 60년간의 역사를 한국의 정치인들은 그토록 안이하게 입법의 대상으로 삼을 수 있을까요. 한 나라의 입법과정은 그 나라의 지성 수준을 총체적으로 대변합니다. 국가 이성이란 것이 있다면 바로 입법과정이 그 상징이지요. 그런데 위의 특별법이 발의되고 통과되는 과정에서 한국의 지성은 아무런 저항도 하지 않았습니다. 죽은 자의 명예를 다루는 위 특별법이 법리적으로 어떠한 모순을 안고 있는지는 법학자들의 몫이겠지요. 그와 별도로 저는 위와 같은 제안이유의 특별법이 대한민국의 국회에서 별다른 저항을 받지 않고 통과한 데서 아직도 우리 주변을 서성거리는 중세의 그림자를 발견합니다.

동 특별법이 열거하고 있는 반민족행위 가운데는 1949년의 특별법에서 볼 수 없는 몇 가지 특이한 조항이 추가되어 있습니다. 예컨대 "일본군을 위안할 목적으로 주도적으로 부녀자를 강제동원한 행위"와 "동양척식회사 또는 식산은행 등의 중앙 및 지방조직 간부로서 우리민족의 재산을 수탈하기 위한 의사결정을 중심적으로 수행하거나 그 집행을 주도한 행위"와 같은 것입니다. 위안부에 관해서는 앞서 충분히 논의한 바 있으므로 여기서는 생략하겠습니다. 재산의 수탈과 관해서만 간략히 코멘트하겠습니다. 동양척식주식회사가 민족의 수탈기구냐 아니냐는 이미 1949년 반민특위의 법정에서 논란이 있었던 문제입니다. 그에 대해서는 제14장에서 동 법정에 선 박흥식의 행적과 관련하여 소개한 적이 있습니다. 식산은행은 일본에서 채권을 발행하여 조성한 자금으로 조선 농촌의 개발 자금을 공급한 금융기관입니다. 조선의 자금을 일본으로 가져갔다면 이야기가 다릅니다만, 일본의 자금을 조선으로 가져왔는데 어떻게 해서 그 금융기관이 민족의 재산을 수탈했다고 할 수 있지요. 지금까지 모두가 그렇게 알아왔기에 당연한 것 같지만 막상 따지고 들면 대답이 쉽지 않은 문제입니다. 이미 몇 차례 지적했습니다만, 그런 식의 수탈론은 1960년대 이후 한국의 민족주의가 고양됨에 따라 일부 무책임한 연구자에 의해 아무렇게나 만들어진 다음, 대중의 집단기억으로 전파된 것에 불과합니다. 동 특별법의 공청회에 전문적인 경제사학자가 초대되었더라면 위와 같은 어처구니없는 실수는 피할 수 있었을 겁니다. 결과적으로 한 나라의 지성 수준을 상징하는 입법과정이 전문적인 증언에 기초하지 않은 인민재판이 되어 버린 셈이죠.

한국의 정치는 과거사의 혼령으로부터 해방될 필요가 있습니다. 정치는 오로지 산 자의 몫일 뿐입니다. 미래를 위한 산 자들의 선택과 약속에 더 이상 죽은 자가 산 자의 발목을 잡지 못하도록 해야 합니다. 과거를 가지고 다투는 일만큼 어리석은 일도 없을 것입니다. 개인이든 집단이든 심지어 나라든 간에 다 자기 나름의 과거에 대한 기억이 있습니다. 함부로 다른 사람의 기억을 문제 삼아서는 곤란하지요. 모든 기억은 민주적으로 평등합니다. 서로 다른 기억을 가진 사람들이 만면에 웃음을 띠고 아름다운 미래를 건설하려고 경쟁하고 약속하는 것이 현실의 정치입니다. 그 점은 국제정치에서도 마찬가지라 생각합니다. 벌써 몇 년째 '역사전쟁'이 부질없이 이어지고 있어서 하는 말입니다. 그런 일일랑 역사가들에게 맡겨 주셔도 충분하다고 생각합니다.

대한민국 이야기
<해방전후사의 재인식> 강의

1판 1쇄 발행일 2007년 5월 21일
1판 19쇄 인쇄일 2024년 5월 20일

지은이 | 이영훈
펴낸이 | 안병훈

펴낸곳 | 도서출판 기파랑
등록 | 2004년 12월 27일 제300-2004-204호
주소 | 서울시 종로구 대학로8가길 56 동숭빌딩 301호 우편번호 03086
전화 | 02-763-8996(편집부) 02-3288-0077(영업마케팅부)
팩스 | 02-763-8936

이메일 | info@guiparang.com
홈페이지 | www.guiparang.com
ISBN 978-89-91965-60-7 03910

ⓒ 이영훈, 2007, printed in Korea

이 책은 저작권법에 따라 보호를 받는 저작물이므로 무단전재와 복제를 금지하며,
이 책 내용의 전부 혹은 일부를 이용하려면 도서출판 기파랑의 서면동의를 받아야 합니다.